Sefer Ha'Kuzari

Buch des Chasaren

Rabbi

Yehuda Halevi

Übersetzung

Saphir Shalom Toledano

SimchatChaim.com

There is no known book without mistakes. Therefore, I ask in every language of application if anyone has any questions, comments, clarifications, corrections, please send to: book@simchatchaim.com

All material used in this section may not be used for commercial purposes, but only for study and teaching. To get this book or books and information Email me at:

Sefer

Ha'Kuzari

Buch des Chasaren

INHALTSVERZEICHNIS

Sefer Ha'Kuzari

Buch des Chasaren

Einführung

Rebbi Yehuda Halevi [auch Yehuda Halevi oder ha-Levi; hebräisch: יהודה הלוי und Yehuda ben Shmuel Halevi יהודה בן שמואל הלוי; arabisch: يهوذا اللاوي Yahuda al-Lawi; c. 1075 - 1141] war ein spanisch-jüdischer Arzt, Dichter und Philosoph. Er wurde 1075 oder 1086 in Spanien, entweder in Toledo oder Tudela, geboren und starb kurz nach seiner Ankunft im Heiligen Land im Jahr 1141, dem damaligen Kreuzritterkönigreich Jerusalem.

Rebbi Yehuda Halevi gilt als einer der größten hebräischen Dichter, der sowohl für seine religiösen als auch für seine weltlichen Gedichte gefeiert wird, von denen viele in der heutigen Liturgie erscheinen. Sein größtes philosophisches Werk war das - Sefer ha-Kuzari.

Es ist das philosophische Werk von Rebbi Yehuda Halevi [Riha "l], das im Jahr 1139 in jüdischem Arabisch geschrieben wurde. Der jüdische Weise Rebbi Yehuda Ben Tibbon übersetzte dieses Buch aus dem Arabischen ins Hebräische. Die erste hebräische Fassung des Buches wurde "Sefer ha-kuzari" genannt und erhielt so seinen berühmten

Namen. Das Buch ist in Form eines Gesprächs zwischen dem König der Chasaren und einem jüdischen Weisen über die Grundlagen des Judentums geschrieben. Die Geschichte der freiwilligen Konversion der Chasaren einige Generationen zuvor dient dem Autor als Hintergrund und Grundlage für den Charakter eines Chasarenkönigs. Das Kuzari-Buch gilt als eine der Säulen der jüdischen Philosophie im Besonderen und des jüdischen Denkens im Allgemeinen.

Das Buch, das aus fünf Teilen besteht, ist in fünf Essays verfasst. Es beschreibt und schützt die Lehren des jüdischen Glaubens in einer Zeit, in der das Judentum zwischen dem christlichen Hammer und dem muslimischen Amboss steht, und in einem Angriff beider Teile der Philosophie und seitens der Karaiten [Gruppe von Juden, die das Judentum verließen und sich weigerten, den Weisen zu folgen]. Das Buch bedient sich äußerlich der platonischen Methodik des Dialogs, wobei der Begriff des Dialogs etwas anders interpretiert wird, und innerlich verwendet Rebbi Yehuda Halevi, der trotz seiner prinzipiellen Ablehnung aristotelischer Konzepte oft auf diese zurückgreift, um die von ihm vorgestellten Ideen zu illustrieren.

Anhand von Dialogen zwischen dem König der Chasaren, der auf der Suche nach einer neuen Religion ist, und dem jüdischen Weisen, der ihm das Judentum beschreibt, zeigt Rebbi Yehuda Halevi ein ganzes Fundament des jüdischen Glaubens auf, das nicht auf kalter philosophischer Logik, sondern auf historisch-prophetischer Offenbarung beruht, die dem rationalen Denken hier nicht widerspricht. Anhand der Fragen und Untersuchungen von König Kuzor konfrontiert Rebbi Yehuda Halevi verschiedene Religionen, Glaubensrichtungen und philosophische Meinungen und stellt die Position des Judentums zu diesen Fragen gemäß seiner Interpretation dar. Im Gegensatz zu theoretischen philosophischen Büchern ist dieses Buch pulsierend und lebendig und fordert den Leser durch seine Form, seinen Stil und seinen Inhalt zum Weiterlesen auf. Rebbi Yehuda Halevis tiefes Wissen um die Tugenden des Judentums, seine umfassende philosophische Ausbildung sowie sein wissenschaftliches Verständnis und sein Beruf [Arzt] sind in diesem Buch offensichtlich.

Das Buch beginnt mit dem Traum eines Kuzor-Königs, in dem er einen Engel sieht, der ihn informiert: "Deine Absicht ist wünschenswert, aber die Tat ist nicht wünschenswert." Dieser Traum kehrt mehrmals zu ihm zurück. Da der König an der chasarischen Religion in ihrer Gesamtheit festhält, begreift er, dass er die gewünschte Tat anderswo suchen muss. Er trifft sich zunächst mit einem nicht-jüdischen Philosophen. König Kuzor stimmt den logischen und konsequenten Worten des Philosophen zu, aber sie stehen im Widerspruch zu den Worten des Traums, in dem der König nach der gewünschten Tat sucht. Während der Philosoph behauptet, dass G-tt keinen Willen hat und sich nicht um die Menschen der anderen Religionen kümmert, geht der König der Begegnung mit dem Christen voraus. Die christlichen Antworten setzen sich nicht in seinem Herzen fest, denn sie hängen nicht von Logik und Weisheit ab, und sie sind eines Menschen würdig, der seit seiner Kindheit von ihnen erzogen wurde oder in seinen Augen dieselben Zeichen voraussah. In seiner Begegnung mit dem muslimischen Weisen akzeptiert er nicht die Möglichkeit der Existenz einer universellen Religion, die in einer nationalen Sprache geschrieben ist. Da er keine andere Wahl hat und sieht, dass die großen Religionen sich von ihr ernähren. Er befasst sich mit dem Judentum - der "verachtenswerten Religion" - und trifft sich mit einem jüdischen Rebbi. Er findet einen Sinn in dessen Worten und stellt ihm oft Fragen. Daraufhin bekehren sich der König und sein ganzes Volk. Auch nach seiner Konversion diskutiert der König weiter mit dem Rebbi.

Das Kuzair-Argument ist ein berühmtes jüdisches Beispiel für den Versuch, die Rechtschaffenheit der Religion durch die Tradition auf eine Offenbarungserfahrung oder ein Wunder zu stützen, das tatsächlich geschehen ist.

Sefer Ha'Kuzari

Buch des Chasaren

Erstes Essay

Der Autor Yehuda ben Shaul sagte: "Ich wurde gebeten, darzulegen, welche Argumente und Antworten ich gegen die Angriffe von Philosophen und Anhängern anderer Religionen und auch gegen jüdische Sektierer, die den Rest Israels angriffen, vorbringen konnte. Dies erinnerte mich an etwas, das ich einmal über die Argumente eines Rebbi gehört hatte, der sich beim König der Chasaren aufhielt. Dieser war, wie wir aus historischen Aufzeichnungen wissen, vor etwa vierhundert Jahren zum Judentum konvertiert. Er hatte einen Traum, und es schien, als ob ein Engel ihn ansprach und sagte: "Deine Art zu denken ist dem Schöpfer wohlgefällig, aber nicht deine Art zu handeln. Dennoch war er so eifrig bei der Ausübung der chasarischen Religion, dass er sich mit ganzem Herzen dem Tempeldienst und den Opfern widmete. Trotz dieser Hingabe kam der Engel in der Nacht wieder und wiederholte: Deine Art zu denken ist G-tt wohlgefällig, aber nicht deine Art zu handeln". Dies veranlasste ihn, über die verschiedenen Glaubensrichtungen und Religionen nachzudenken, und schließlich konvertierte er zusammen mit vielen anderen Chasaren zum Judentum. Da ich unter den Argumenten des Rebbi viele fand, die mich ansprachen und die mit meinen eigenen Ansichten übereinstimmten, beschloss ich, sie genau so niederzuschreiben, wie sie gesagt worden waren. Als der König der Chasaren, wie erzählt wird, träumte, dass seine Art zu denken g-ttgefällig sei, nicht aber seine Art zu handeln, und ihm im selben Traum befohlen wurde, das g-ttgefällige Werk zu suchen, erkundigte er sich bei einem Philosophen nach seiner religiösen Überzeugung.

1. Der Philosoph antwortete: Es gibt keine Gunst oder Abneigung in der Natur G-ttes, weil er über dem Wunsch und der Absicht steht. Ein Verlangen deutet auf einen Mangel in demjenigen hin, der es empfindet, und erst wenn es befriedigt ist, wird er sozusagen vollständig. Bleibt es unerfüllt, fehlt ihm die Vollendung. In ähnlicher Weise steht Er nach Meinung der Philosophen über dem Wissen der Menschen, weil diese sich mit den Zeiten verändern, während G-ttes Wissen sich nicht verändert. Er kennt dich also nicht, noch viel weniger deine Gedanken und Handlungen, noch hört er deine Gebete oder sieht deine Bewegungen. Wenn die Philosophen sagen, Er habe dich erschaffen, so ist das nur eine Metapher, denn Er ist die Ursache aller Ursachen bei der Erschaffung aller Geschöpfe, aber nicht, weil dies von Anfang an Seine Absicht war. Er hat den Menschen nie erschaffen. Denn die Welt ist ohne Anfang, und der Mensch ist nie anders entstanden als durch einen, der vor ihm ins Dasein kam, in dem sich Formen, Gaben und Eigenschaften vereinigten, die von Vater, Mutter und anderen Verwandten ererbt wurden, neben den Einflüssen des Klimas, der Länder, der Nahrungsmittel und des Wassers, der Sphären, der Sterne und der Sternbilder. Alles wird auf eine Hauptursache zurückgeführt, nicht auf einen von dieser ausgehenden Willen, sondern auf eine Emanation, aus der eine zweite, dritte und vierte Ursache hervorgeht. Die Ursache und das Verursachte sind, wie ihr seht, eng miteinander verbunden, ihr Zusammenhalt ist so ewig wie die Hauptursache und hat keinen Anfang. Jedes Individuum auf der Erde hat seine vervollständigenden Ursachen; folglich wird ein Individuum mit vollkommenen Ursachen vollkommen, und ein anderes mit unvollkommenen Ursachen bleibt unvollkommen, wie der Neger, der nichts anderes als die menschliche Gestalt und Sprache in ihrer am wenigsten entwickelten Form zu empfangen vermag. Der Philosoph aber, der mit dem höchsten Vermögen ausgestattet ist, erhält dadurch die Vorzüge der Veranlagung, der Intelligenz und der aktiven Kraft, so dass es ihm an nichts fehlt, was ihn vollkommen macht. Diese Vollkommenheiten sind aber nur abstrakt vorhanden und bedürfen der Belehrung und Schulung, um praktisch zu werden, und damit diese Fähigkeit mit all ihrer Vollkommenheit oder Unvollkommenheit und ihren unendlichen Abstufungen sichtbar wird. Im vollkommenen Menschen ist ein Licht der g-ttlichen Natur, der sogenannte aktive Verstand, mit ihm, und sein passiver Verstand ist so eng mit ihm verbunden, daß beide nur eins sind. Der Mensch von solcher Vollkommenheit bemerkt also, dass er selbst der

Aktive Intellekt ist, und dass es keinen Unterschied zwischen ihnen gibt. Seine Organe - ich meine die Gliedmaßen eines solchen Menschen - dienen nur zu den vollkommensten Zwecken, in der geeignetsten Zeit und im besten Zustand, als wären sie die Organe des aktiven Intellekts, nicht aber des materiellen und passiven Intellekts, der sie zu einer früheren Zeit, manchmal gut, öfter aber unsachgemäß, benutzte. Der Aktive Intellekt ist jedoch immer erfolgreich. Dieser Grad ist das letzte und ersehnteste Ziel für den vollkommenen Menschen, dessen Seele, nachdem sie geläutert wurde, die inneren Wahrheiten aller Wissenschaftszweige erfasst hat, so einem Engel gleich geworden ist und einen Platz auf der untersten Stufe der seraphischen Wesen gefunden hat. Das ist der Grad des Aktiven Intellekts, d.h. jener Engel, dessen Grad unterhalb des Engels liegt, der mit der Mondsphäre verbunden ist. Es gibt geistige Kräfte, die von der Materie losgelöst sind, aber ewig wie die Urursache und niemals vom Verfall bedroht. So werden die Seele des vollkommenen Menschen und jener Intellekt eins, ohne sich um den Verfall seines Körpers oder seiner Organe zu kümmern, weil er sich mit dem anderen vereint. Seine Seele ist fröhlich, solange er lebt, weil sie sich der Gesellschaft von Hermes, Asklepios, Sokrates, Platon und Aristoteles erfreut; ja, er und sie, wie auch jeder, der ihren Grad teilt, und der Aktive Intellekt sind eine Einheit. Das ist es, was man allumfassend und annähernd das Wohlgefallen G-ttes nennt. Bemühe dich, es zu erreichen, und die wahre Erkenntnis der Dinge, damit dein Verstand aktiv, aber nicht passiv wird. Bewahre gerechte Wege in Bezug auf Charakter und Handlungen, denn dies wird dir helfen, die Wahrheit zu bewirken, Unterweisung zu erlangen und diesem aktiven Intellekt ähnlich zu werden. Die Folge davon wird Zufriedenheit, Demut, Sanftmut und jede andere lobenswerte Neigung sein, begleitet von der Verehrung der obersten Ursache, nicht um von ihr Gunst zu erhalten oder ihren Zorn abzulenken, sondern einzig und allein, um wie der Aktive Intellekt die Wahrheit zu finden, alles in angemessener Weise zu beschreiben und seine Grundlage richtig zu erkennen. Das sind die Eigenschaften des aktiven Verstandes. Wenn du eine solche Glaubenshaltung erreicht hast, kümmere dich nicht um die Formen deiner Demut oder Religion oder Anbetung oder um das Wort oder die Sprache oder die Handlungen, die du verwendest. Du kannst sogar eine Religion in der Art der Demut, der Anbetung und des Segens wählen, um dein Temperament, dein Haus und die Menschen deines Landes zu verwalten, wenn sie damit einverstanden sind. Oder gestalte deine Religion nach den Gesetzen der Vernunft, die die Philosophen aufgestellt haben, und strebe nach Reinheit der Seele. Kurzum, suche die Reinheit des Herzens, auf welche Weise auch immer du es vermagst, vorausgesetzt, du hast die Summe des Wissens in seiner wahren Essenz erworben; dann wirst du dein Ziel erreichen, nämlich die Vereinigung mit diesem geistigen oder vielmehr aktiven Intellekt. Vielleicht wird er mit dir kommunizieren oder dich das Wissen um das Verborgene durch wahre Träume und positive Visionen lehren.

2. Sagte der Chasari zu ihm: Ihre Worte sind überzeugend, aber sie entsprechen nicht dem, was ich zu finden wünsche. Ich weiß bereits, dass meine Seele rein ist und dass meine Handlungen darauf ausgerichtet sind, die Gunst G-ttes zu erlangen. Auf all das erhielt ich die Antwort, dass diese Art des Handelns keine Gunst findet, wohl aber die Absicht. Zweifellos gibt es eine Art des Handelns, die von Natur aus wohlgefällig ist, aber nicht durch die Absichten. Wenn das nicht so ist, warum kämpfen dann Christen und Muslime, die die bewohnte Welt unter sich aufteilen, miteinander, während jeder von ihnen seinem G-tt mit reiner Absicht dient, entweder als Mönch oder als Einsiedler lebt, fastet und betet? Trotzdem wetteifern sie miteinander im Morden, weil sie glauben, dass dies ein frommes Werk ist und sie G-tt näher bringt. Sie kämpfen in dem Glauben, dass das Paradies und die ewige Glückseligkeit ihr Lohn sein werden. Es ist jedoch unmöglich, mit beiden einverstanden zu sein.

3. Der Philosoph antwortete: Das Credo der Philosophen kennt keinen Totschlag, da sie nur den Intellekt kultivieren.

4. Al Khazari: Was könnte nach Ansicht der Philosophen irriger sein als der Glaube, die Welt sei in sechs Tagen erschaffen worden, oder dass der Urgrund mit den Sterblichen gesprochen habe, ganz zu schweigen von der philosophischen Lehre, die den ersteren für über die Kenntnis der Einzelheiten erhaben erklärt. Darüber hinaus könnte man erwarten, dass die Gabe der Weissagung unter den Philosophen recht verbreitet ist, wenn man ihre Taten, ihr Wissen, ihre Forschungen nach der Wahrheit, ihre Anstrengungen und ihre enge Verbindung mit allen geistigen Dingen in Betracht zieht, und dass auch Wunder und außergewöhnliche Dinge von ihnen berichtet werden. Wir sehen jedoch, dass wahre Visionen denjenigen zuteil werden, die sich nicht dem Studium oder der Läuterung ihrer Seelen widmen, während das Gegenteil bei denen der Fall ist, die sich um diese Dinge bemühen. Das beweist, dass sowohl der g-ttliche Einfluss als auch die Seelen ein Geheimnis haben, das nicht mit dem übereinstimmt, was du sagst, o Philosoph.

4. Daraufhin sagte der Chasari zu sich selbst: Ich werde die Christen und die Muslime fragen, denn eine dieser Überzeugungen ist zweifellos die g-ttgefällige. Was die Juden anbelangt, so bin ich überzeugt, dass sie von niedrigem Stand sind, nur wenige sind und im Allgemeinen verachtet werden.

Dann lud er einen christlichen Scholastiker ein und stellte ihm Fragen zur Theorie und Praxis seines Glaubens.

Der Scholastiker antwortete: Ich glaube, dass alle Dinge geschaffen sind, während der Schöpfer ewig ist; dass er die ganze Welt in sechs Tagen erschaffen hat; dass alle Menschen von Adam abstammen und nach ihm von Noah, auf den sie sich zurückführen; dass G-tt sich um die geschaffenen Wesen kümmert

13

und mit den Menschen in Verbindung bleibt; dass er Zorn, Wohlgefallen und Barmherzigkeit zeigt; dass er spricht, erscheint und sich seinen Propheten und Begünstigten offenbart; dass er bei denen wohnt, die ihm gefallen. Kurzum, ich glaube an alles, was in der Thora und in den Aufzeichnungen der Kinder Israels geschrieben steht, die unbestritten sind, weil sie allgemein als dauerhaft bekannt sind und einer großen Zahl von Menschen offenbart worden sind. Später verkörperte sich das g-ttliche Wesen in einem Embryo im Schoß einer Jungfrau, die aus den edelsten Reihen der israelitischen Frauen stammte. Sie gebar Ihn mit dem Anschein eines menschlichen Wesens, aber mit einer g-ttlichen Hülle, scheinbar ein Prophet, aber in Wirklichkeit ein gesandter G-tt. Er ist der MASHIACH, den wir den Sohn G-ttes nennen, und Er ist der Vater und der Sohn und der Heilige Geist. Wir fassen sein Wesen in einem einzigen Wort zusammen, obwohl die Dreifaltigkeit auf unseren Zungen erscheint. Wir glauben an Ihn und an Seinen Aufenthalt unter den Kindern Israels, der ihnen als Auszeichnung zuteil wurde, weil der g-ttliche Einfluss nie aufhörte, mit ihnen verbunden zu sein, bis sich die Masse gegen diesen MASHIACH auflehnte und sie Ihn kreuzigten. Dann lastete der g-ttliche Zorn unaufhörlich auf ihnen, während sich die Gunst auf einige wenige beschränkte, die dem MASHIACH folgten, und auf jene Völker, die diesen wenigen folgten. Wir gehören zu diesen wenigen. Obwohl wir nicht israelitischer Abstammung sind, verdienen wir es, Kinder Israels genannt zu werden, denn wir folgen dem MASHIACH und seinen zwölf israelitischen Gefährten, die den Platz der Stämme einnahmen. Viele Israeliten folgten diesen zwölf Aposteln und wurden sozusagen der Sauerteig für die Christen. Wir sind des Grades der Kinder Israels würdig. Auch uns wurde der Sieg und die Ausbreitung über die Länder gewährt. Alle Völker sind zu dieser Religion eingeladen und aufgefordert, sie zu praktizieren, den MASHIACH und das Kreuz, an das er geschlagen wurde, anzubeten und dergleichen mehr. Unsere Gesetze und Vorschriften leiten sich vom Apostel Simon und von den Weisungen aus der Tora ab, die wir studieren. Ihre Wahrheit ist unbestreitbar, ebenso wie die Tatsache, dass sie von G-tt stammt. So steht es auch im Neuen Testament: Ich bin nicht gekommen, um eines der Gesetze des Mose zu zerstören, sondern ich bin gekommen, um es zu bestätigen und zu erweitern.

5. Da sagte der Chasari: "Ich sehe hier keine logische Schlussfolgerung; nein, die Logik verwirft das meiste von dem, was du sagst. Wenn sowohl der Schein als auch die Erfahrung so offensichtlich sind, dass sie das ganze Herz ergreifen und den Glauben an eine Sache erzwingen, von der man nicht überzeugt ist, dann machen sie die Sache durch den Anschein von Logik glaubwürdiger. So gehen die Naturphilosophen mit seltsamen Phänomenen um, die ihnen unbewusst begegnen und die sie nicht glauben würden, wenn sie nur von ihnen hörten, ohne sie zu sehen. Wenn sie sie untersucht haben, diskutieren sie darüber und schreiben sie dem Einfluss von Sternen oder Geistern zu, ohne die

Augenbeweise zu widerlegen. Was mich betrifft, so kann ich diese Dinge nicht akzeptieren, denn sie kommen plötzlich über mich, ohne dass ich mit ihnen aufgewachsen bin. Meine Pflicht ist es, weiter nachzuforschen.

Dann lud er einen der Doktoren des Islams ein und befragte ihn über seine Lehre und seine Einhaltung.

Der Doktor sagte: Wir erkennen die Einheit und Ewigkeit G-ttes an, und dass alle Menschen von Adam und Noah abstammen. Wir lehnen die Verkörperung absolut ab, und wenn irgendein Element davon in der Schrift erscheint, erklären wir es als Metapher und Allegorie. Gleichzeitig behaupten wir, dass unser Buch die Rede G-ttes ist, ein Wunder, das wir um seiner selbst willen annehmen müssen, da niemand in der Lage ist, ihm oder einem seiner Verse etwas Ähnliches entgegenzusetzen. Unser Prophet ist das Siegel der Propheten, der jedes frühere Gesetz aufhob und alle Völker einlud, den Islam anzunehmen. Der Lohn des Frommen besteht in der Rückkehr seines Geistes zu seinem Körper im Paradies und in der Glückseligkeit, wo er nie aufhört, Essen, Trinken, die Liebe der Frau und alles, was er begehrt, zu genießen. Die Belohnung des Ungehorsamen besteht darin, daß er zum Feuer der Hölle verurteilt wird, und seine Strafe kennt kein Ende.

6. Der Chasari sagte zu ihm: "Wenn jemand in g-ttlichen Dingen geleitet werden und davon überzeugt sein will, dass G-tt zu den Menschen spricht, obwohl er es für unwahrscheinlich hält, muss er davon durch allgemein bekannte Tatsachen überzeugt werden, die keine Widerlegung zulassen und ihn besonders mit dem Glauben erfüllen, dass G-tt zu den Menschen gesprochen hat. Auch wenn Ihr Buch ein Wunder sein mag, solange es in arabischer Sprache geschrieben ist, kann ein Nicht-Araber, wie ich es bin, seinen wundersamen Charakter nicht erkennen; und selbst wenn es mir vorgelesen würde, könnte ich es nicht von irgendeinem anderen in arabischer Sprache geschriebenen Buch unterscheiden.

7. Der Doktor antwortete: Er hat zwar Wunder vollbracht, aber sie wurden nicht als Beweis für die Annahme seines Gesetzes herangezogen.

8. Al Khazari: Genau so ist es. Aber der menschliche Verstand kann nicht glauben, dass G-tt mit den Menschen verkehrt, es sei denn durch ein Wunder, das die Natur der Dinge verändert. Dann erkennt er, dass er allein dazu fähig ist, der sie aus dem Nichts erschaffen hat. Es muss auch in Anwesenheit großer Menschenmengen geschehen sein, die es mit eigenen Augen gesehen haben und es nicht aus Berichten und Überlieferungen erfahren haben. Auch dann müssen sie die Sache sorgfältig und wiederholt prüfen, damit kein Verdacht auf Einbildung oder Magie in ihren Verstand eindringen kann. Dann ist es möglich, dass der Verstand diese außergewöhnliche Sache begreift, nämlich dass der Schöpfer dieser und der nächsten Welt, der Himmel und der Lichter, mit diesem verächtlichen Stück Lehm, ich meine den Menschen, verkehrt, zu ihm spricht und seine Wünsche und Sehnsüchte erfüllt.

9. Der Doktor: Ist unser Buch nicht voll von den Geschichten über Mosche und die Kinder Israels? Niemand kann leugnen, was Er dem Pharao angetan hat, wie Er das Meer teilte, die rettete, die Seine Gunst genossen, aber die ertränkte, die Seinen Zorn erregt hatten. Dann kamen das Manna und die Wachteln während vierzig Jahren, seine Rede zu Mosche auf dem Berg, wie er die Sonne für Jehoschua stillstehen ließ und ihm gegen die Mächtigen beistand. Hinzu kommt, was vorher geschah, nämlich die Sintflut, die Vernichtung des Volkes von Lot; ist das nicht so bekannt, dass kein Verdacht auf Täuschung und Einbildung möglich ist?

11. Der Rebbi antwortete: Ich glaube an den G-tt Abrahams, Isaaks und Israels, der die Kinder Israels mit Zeichen und Wundern aus Ägypten herausführte; der sie in der Wüste ernährte und ihnen das Land gab, nachdem er sie auf wundersame Weise das Meer und den Jordan überqueren ließ; der Mosche mit seinem Gesetz sandte und danach Tausende von Propheten, die sein Gesetz durch Verheißungen für die Befolgenden und Drohungen für die Ungehorsamen bestätigten. Unser Glaube besteht aus der Tora - einem sehr großen Bereich.

12. Al Khazari: Ich hatte nicht die Absicht, irgendeinen Juden zu fragen, denn ich weiß um ihren beschränkten Zustand und ihre engstirnigen Ansichten, denn ihr Elend hat ihnen nichts Lobenswertes gelassen. Nun hättest du, o Jude, nicht sagen sollen, dass du an den Schöpfer der Welt glaubst, ihren Lenker und Führer, und an Ihn, der dich erschaffen hat und bewahrt, und an solche Eigenschaften, die jedem Gläubigen als Beweis dienen, und um derentwillen er nach Gerechtigkeit strebt, um dem Schöpfer in seiner Weisheit und Gerechtigkeit zu gleichen.

13. Der Rebbi: Das, was du sagst, ist eine Religion, die auf Spekulation und System beruht, auf der Forschung des Denkens, aber offen für viele Zweifel. Frag die Philosophen, und du wirst feststellen, dass sie sich nicht auf eine einzige Handlung oder ein einziges Prinzip einigen können, da einige Lehren durch Argumente begründet werden können, die nur teilweise zufriedenstellend sind und noch viel weniger bewiesen werden können.

14. Al Khazari: Was du jetzt sagst, o Jude, scheint mir treffender zu sein als der Anfang, und ich möchte gerne mehr hören.

15. Der Rebbi: Sicherlich war der Anfang meiner Rede nur der Beweis, und zwar so offensichtlich, dass es keines weiteren Arguments bedarf.

16. Al Khazari: Wie das?

17. Der Rebbi: Erlauben Sie mir, einige

Vorbemerkungen zu machen, denn ich sehe, dass Sie meine Worte missachten und abwerten.

18. Al Khazari: Lass mich deine Bemerkungen hören.

19. Der Rebbi: Wenn dir gesagt würde, dass der König von Indien ein hervorragender Mann ist, der Bewunderung verdient und dessen Taten sich in der Gerechtigkeit, die sein Land regiert, und in der Tugendhaftigkeit seiner Untertanen widerspiegeln, würdest du dann verpflichtet sein, ihn zu verehren?

20. Al Khazari: Wie könnte mich das binden, wo ich doch nicht sicher bin, ob die Gerechtigkeit des indischen Volkes natürlich ist und nicht von seinem König abhängt oder dem König zusteht oder beides.

21. Der Rebbi: Wenn aber sein Bote zu dir käme und dir Geschenke brächte, von denen du weißt, dass sie nur in Indien und im königlichen Palast erhältlich sind, begleitet von einem Brief, in dem genau angegeben ist, von wem sie kommen, und dem Medikamente zur Heilung deiner Krankheiten, zur Erhaltung deiner Gesundheit, Gifte für deine Feinde und andere Mittel, um sie ohne Kampf zu bekämpfen und zu töten, beigefügt wären, würde dich das ihm gegenüber verpflichtet machen?

22. Al Khazari: Gewiss. Denn damit wäre mein früherer Zweifel, dass die Inder einen König haben, beseitigt. Ich sollte auch anerkennen, dass mich ein Beweis für seine Macht und Herrschaft erreicht hat.

23. Der Rebbi: Wie würdest du ihn denn beschreiben, wenn du gefragt würdest?

24. Al Khazari: Über diese Begriffe bin ich mir im Klaren, und zu diesen könnte ich noch andere hinzufügen, die anfangs eher zweifelhaft waren, es aber jetzt nicht mehr sind.

25. Der Rebbi: Auf diese Weise habe ich deine erste Frage beantwortet. In demselben Sinne sprach Mosche zum Pharao, als er ihm sagte: "Der G-tt der Hebräer hat mich zu dir gesandt", nämlich der G-tt Abrahams, Itschaks und Jaakows. Denn Abraham war den Völkern wohlbekannt, und sie wussten auch, dass der g-ttliche Geist mit den Patriarchen in Verbindung stand, sich um sie kümmerte und Wunder für sie tat. Er sagte nicht: "Der G-tt des Himmels und der Erde", und auch nicht: "Mein und dein Schöpfer hat mich gesandt". Genauso begann G-tt seine Rede zum versammelten Volk Israel: "Ich bin der G-tt, den ihr anbetet, der euch aus dem Land Ägypten geführt hat", aber er sagte nicht: "Ich bin der Schöpfer der Welt und euer Schöpfer". So habe ich auch zu dir, einem Fürsten der Chasaren, gesprochen, als du mich nach meinem Glauben gefragt hast. Ich habe dir geantwortet, wie es sich gehört und wie es sich für ganz Israel gehört, das diese Dinge zuerst aus eigener Erfahrung und danach durch ununterbrochene Überlieferung, die der ersten gleichkommt, kannte.

26. Al Khazari: Wenn das so ist, dann ist euer Glaube

auf euch selbst beschränkt.

27. Der Rebbi: Ja, aber jeder Nichtjude, der sich uns bedingungslos anschließt, teilt unser Glück, ohne uns jedoch ganz gleich zu sein. Wenn das Gesetz nur deshalb für uns verbindlich wäre, weil G-tt uns erschaffen hat, wären der Weiße und der Schwarze gleich, denn Er hat sie alle erschaffen. Aber das Gesetz wurde uns gegeben, weil er uns aus Ägypten herausgeführt hat, und es blieb an uns hängen, weil wir die Auslese der Menschheit sind.

28. Al Khazari: Jude, ich sehe dich ganz verändert, und deine Worte sind arm, nachdem sie so angenehm waren.

29. Der Rebbi: Arm oder angenehm, schenke mir deine Aufmerksamkeit, und erlaube mir, mich besser auszudrücken.

30. Al Khazari: Sagt, was ihr wollt.

31. Der Rebbi: Die Naturgesetze umfassen Erziehung, Wachstum und Vermehrung, mit ihren Kräften und allen damit verbundenen Bedingungen. Das gilt insbesondere für Pflanzen und Tiere, nicht aber für Erde, Steine, Metalle und Elemente.

32. Al Khazari: Dies ist eine Maxime, die einer Erklärung bedarf, auch wenn sie wahr ist.

33. Der Rebbi: Was die Seele betrifft, so ist sie allen

belebten Wesen gegeben. Das Ergebnis ist Bewegung, Willenskraft, äußere und innere Sinne und dergleichen.

34. Al Khazari: Auch dem kann nicht widersprochen werden.

35. Der Rebbi: Der Intellekt ist das Geburtsrecht des Menschen vor allen anderen Lebewesen. Das führt zur Entwicklung seiner Fähigkeiten, seiner Heimat, seines Landes, aus dem sich Verwaltungs- und Ordnungsgesetze ergeben.

36. Al Khazari: Auch das ist richtig.

37. Der Rebbi: Was ist der nächsthöhere Grad.

38. Al Khazari: Der Grad der großen Weisen.

39. Der Rebbi: Ich meine nur den Grad, der diejenigen, die ihn einnehmen, vom physischen Gesichtspunkt aus trennt, so wie die Pflanze von den anorganischen Dingen oder der Mensch von den Tieren getrennt ist. Die quantitativen Unterschiede sind jedoch endlos, da sie nur zufällig sind und keinen wirklichen Grad bilden.

40. Al Khazari: Wenn das so ist, dann gibt es unter den materiellen Dingen keine Stufe über dem Menschen.

41. Der Rebbi: Wenn wir einen Mann finden, der ins

Feuer geht, ohne sich zu verletzen, oder sich eine Zeitlang der Nahrung enthält, ohne zu verhungern, auf dessen Gesicht ein Licht scheint, das das Auge nicht ertragen kann, der niemals krank ist, noch altert, bis er das natürliche Ende seines Lebens erreicht hat, der spontan stirbt, so wie ein Mann sich an einem bestimmten Tag und zu einer bestimmten Stunde auf seine Couch zurückzieht, um zu schlafen, ausgestattet mit dem Wissen um das Verborgene in Bezug auf die Vergangenheit und die Zukunft: ist ein solcher Grad nicht sichtbar von dem gewöhnlichen menschlichen Grad unterschieden.

42. Al Khazari: Dies ist in der Tat der g-ttliche und seraphische Grad, wenn es ihn überhaupt gibt. Er gehört zum Bereich des g-ttlichen Einflusses, aber nicht zu dem der intellektuellen, menschlichen oder natürlichen Welt.

43. Der Rebbi: Dies sind einige der Eigenschaften der unzweifelhaften Propheten, durch die G-tt sich offenbarte und die auch bekannt machten, dass es einen G-tt gibt, der sie führt, wie er will, je nach ihrem Gehorsam oder Ungehorsam. Er hat diesen Propheten das Verborgene offenbart und sie gelehrt, wie die Welt erschaffen wurde, wie die Generationen vor der Sintflut aufeinander folgten und wie sie ihre Abstammung von Adam berechneten. Er beschrieb die Sintflut und die Entstehung der siebzig Völker aus Sem, Ham und Jafet, den Söhnen Noahs; wie sich die Sprachen aufteilten und wo die Menschen ihre Wohnstätten suchten; wie die Künste entstanden, wie sie Städte bauten und die Zeitrechnung von Adam bis heute.

44. Al Khazari: Es ist seltsam, dass Sie eine authentische Chronologie der Erschaffung der Welt besitzen.

45. Der Rebbi: Gewiss, wir rechnen danach, und es gibt keinen Unterschied zwischen den Juden von Chasar und Äthiopien in dieser Hinsicht.

46. Al Khazari: Welches Datum halten Sie für den aktuellen Stand?

47. Der Rebbi: Viertausendundneunhundert Jahre. Die Einzelheiten können vom Leben Adams, Seths und Enoschs bis zu Noah, dann Sem und Eber bis zu Abraham, dann Itschak und Jaakow bis zu Mosche gezeigt werden. Sie alle repräsentierten das Wesen und die Reinheit Adams aufgrund ihrer Vertrautheit mit G-tt. Jeder von ihnen hatte Kinder, die nur äußerlich mit ihnen zu vergleichen waren, aber nicht wirklich wie sie, und daher ohne direkte Verbindung mit dem g-ttlichen Einfluss. Die Chronologie wurde durch die heiligen Personen erstellt, die nur einzelne Individuen und nicht eine Menge waren, bis Yaakov die zwölf Stämme zeugte, die alle unter diesem g-ttlichen Einfluss standen. So erreichte das g-ttliche Element eine Vielzahl von Personen, die die Aufzeichnungen weiterführten. Die Chronologie derer, die vor diesen lebten, wurde uns von Mosche überliefert.

25

48. Al Khazari: Eine derartige Vereinbarung beseitigt jeden Verdacht auf Unwahrheit oder gemeinsame Verschwörung. Keine zehn Personen könnten über eine solche Sache diskutieren, ohne uneins zu sein und ihr geheimes Verständnis zu offenbaren; auch könnten sie niemanden widerlegen, der versucht, die Wahrheit einer solchen Sache festzustellen. Wie ist das möglich, wenn es sich um eine solche Masse von Menschen handelt? Schließlich ist der Zeitraum, um den es geht, nicht groß genug, um Unwahrheit und Fiktion zuzulassen.

49. Der Rebbi: Das ist so. Abraham selbst lebte in der Zeit der Trennung der Sprachen. Er und seine Verwandten behielten die Sprache seines Großvaters Eber, die deshalb Hebräisch genannt wird. Vierhundert Jahre nach ihm erschien Mosche zu einer Zeit, als die Welt reich an Informationen über Himmel und Erde war. Er wandte sich an den Pharao und die Ärzte Ägyptens sowie an die der Israeliten. Obwohl sie ihm zustimmten, stellten sie ihn in Frage und weigerten sich völlig zu glauben, dass G-tt mit den Menschen sprach, bis er sie die Zehn Worte hören ließ. In gleicher Weise war das Volk auf seiner Seite, nicht aus Unwissenheit, sondern aufgrund des Wissens, das es besaß. Sie fürchteten Magie und astrologische Künste und ähnliche Fallstricke, Dinge, die wie der Betrug keiner näheren Prüfung standhalten, während die g-ttliche Macht wie reines Gold ist, das immer mehr an Glanz gewinnt. Wie könnte man sich vorstellen, dass man versucht hätte zu zeigen, dass eine Sprache, die fünfhundert Jahre zuvor gesprochen wurde, nichts anderes war als die Sprache Ebers, die in den Tagen Pelegs in Babel zersplittert war, und dass man den Ursprung dieses oder jenes Volkes auf Sem oder Ham zurückführen wollte, und dasselbe gilt für ihre Länder? Ist es wahrscheinlich, dass irgendjemand heute falsche Behauptungen über den Ursprung, die Geschichte und die Sprachen bekannter Nationen erfinden könnte, wobei letztere weniger als fünfhundert Jahre alt sind?

50. Al Khazari: Das ist nicht möglich. Wie sollte es auch, da wir Bücher in der Handschrift ihrer Autoren besitzen, die vor fünfhundert Jahren geschrieben wurden? Keine falsche Interpolation könnte in den Inhalt eines Buches eindringen, das nicht älter als fünfhundert Jahre ist, wie z. B. Ahnentafeln, linguistische und andere Werke.

51. Der Rebbi: Warum aber sollten die Reden von Mosche unwidersprochen bleiben? Haben nicht seine eigenen Leute Einwände erhoben, ganz zu schweigen von anderen.

52. Al Khazari: Diese Dinge sind fundiert überliefert und fest etabliert.

53. Der Rebbi: Glaubst du, dass die Sprachen ewig und ohne Anfang sind?

54. Al Khazari: Nein, sie hatten zweifellos einen Anfang, der auf konventionelle Weise entstanden ist.

Ein Beweis dafür ist ihre Zusammensetzung aus Substantiven, Verben und Partikeln. Sie sind aus Lauten entstanden, die von den Sprachorganen abgeleitet wurden.

55. Der Rebbi: Hast du jemals jemanden gesehen, der eine Sprache erfunden hat, oder hast du von ihm gehört?

56. Al Khazari: Weder das eine noch das andere. Es besteht kein Zweifel daran, dass sie irgendwann auftauchte, aber vorher gab es keine Sprache, über die eine Nation unter Ausschluss einer anderen eine Vereinbarung treffen konnte.

57. Der Rebbi: Hast du jemals von einem Volk gehört, das unterschiedliche Traditionen in Bezug auf die allgemein anerkannte Woche besaß, die mit dem Sonntag beginnt und mit dem Sabbat endet? Wie ist es möglich, dass die Menschen in China mit denen auf den westlichen Inseln übereinstimmen, ohne einen gemeinsamen Anfang, eine Übereinkunft und eine Konvention zu haben?

58. Al Khazari: So etwas wäre nur möglich gewesen, wenn sie sich alle geeinigt hätten. Das ist aber unwahrscheinlich, es sei denn, alle Menschen sind Nachkommen Adams, Noahs oder eines anderen Vorfahren, von dem sie die Hebdomadenrechnung erhalten haben.

59. Der Rebbi: Das ist es, was ich meinte. Ost und

West sind sich über das Dezimalsystem einig. Welcher Instinkt hat sie dazu gebracht, sich an die Zahl zehn zu halten, es sei denn, es war eine Tradition, die von dem ersten überliefert wurde, der das tat.

60. Al Khazari: Schwächt es nicht deinen Glauben, wenn man dir sagt, dass die Indischen Altertümer und Gebäude haben, die sie für Millionen von Jahren alt halten?

61. Der Rebbi: Es würde in der Tat meinen Glauben schwächen, wenn es eine feste Form der Religion gäbe oder ein Buch, über das eine Vielzahl von Menschen dieselbe Meinung vertritt und in dem keine historische Diskrepanz gefunden werden kann. Ein solches Buch gibt es jedoch nicht. Abgesehen davon sind sie ein ausschweifendes, unzuverlässiges Volk und erregen durch ihr Gerede die Empörung der Anhänger von Religionen, während sie diese mit ihren Götzen, Talismanen und Hexerei verärgern. An solche Dinge knüpfen sie ihren Glauben und verhöhnen diejenigen, die sich des Besitzes eines gttlichen Buches rühmen. Doch sie besitzen nur wenige Bücher, und diese wurden geschrieben, um die Schwachen in die Irre zu führen. Zu dieser Klasse gehören astrologische Schriften, in denen von zehntausend Jahren die Rede ist, wie das Buch über die nabatäische Landwirtschaft, in dem die Namen Janbushar, Sagrit und Roanai genannt werden. Man glaubt, dass sie vor Adam lebten, der ein Schüler von Janbuschar war, und ähnliches.

62. Al Khazari: Hätte ich meine Argumente auf ein Negervolk gestützt, ein Volk, das nicht durch ein gemeinsames Gesetz geeint ist, wäre deine Antwort richtig gewesen. Was hältst du nun von den Philosophen, die als Ergebnis ihrer sorgfältigen Forschungen darin übereinstimmen, dass die Welt ohne Anfang ist, und hier geht es nicht um Zehntausende und nicht um Millionen, sondern um eine unbegrenzte Anzahl von Jahren.

63. Der Rebbi: Es gibt eine Entschuldigung für die Philosophen. Da sie Griechen sind, sind ihnen Wissenschaft und Religion nicht in die Wiege gelegt worden. Sie gehören zu den Nachkommen Japhets, die den Norden bewohnten, während das Wissen, das von Adam stammt und durch den g-ttlichen Einfluss unterstützt wird, nur bei den Nachkommen Sems zu finden ist, die die Nachfolger Noahs darstellten und sozusagen sein Wesen ausmachten. Dieses Wissen war schon immer mit diesem Wesen verbunden und wird es auch immer bleiben. Die Griechen erhielten es erst, als sie mächtig wurden, von Persien. Die Perser hatten es von den Chaldäern. Erst dann entstanden die berühmten griechischen Philosophen, aber sobald Rom die politische Führung übernahm, brachten sie keinen Philosophen hervor, der diesen Namen verdiente.

64. Al Khazari: Bedeutet dies, dass die Philosophie des Aristoteles keine Glaubwürdigkeit verdient?

65. Der Rebbi: Gewiss. Er strengte seinen Verstand

an, denn er hatte keine Überlieferung aus einer zuverlässigen Quelle zur Verfügung. Er dachte über den Anfang und das Ende der Welt nach, fand aber in der Theorie eines Anfangs ebenso viele Schwierigkeiten wie in der der Ewigkeit. Schließlich setzten sich diese abstrakten Spekulationen über die Ewigkeit durch, und er fand keinen Grund, die Chronologie oder die Herkunft derer, die vor ihm lebten, zu erforschen. Hätte er unter einem Volk gelebt, das über gut beglaubigte und allgemein anerkannte Traditionen verfügte, hätte er seine Schlussfolgerungen und Argumente angewandt, um die Schöpfungstheorie, so schwierig sie auch sein mag, anstelle der Ewigkeitstheorie aufzustellen, die noch viel schwieriger zu akzeptieren ist.

66. Al Khazari: Gibt es einen entscheidenden Beweis?

67. Der Rebbi: Wo könnten wir für eine solche Frage eine finden? Der Himmel bewahre, dass in der Bibel etwas steht, das dem widerspricht, was offenkundig und bewiesen ist! Andererseits erzählt sie von Wundern und der Veränderung von Gewöhnlichem, von Dingen, die neu entstehen oder sich ineinander verwandeln. Dies beweist, dass der Schöpfer der Welt in der Lage ist, zu tun, was er will und wann er will. Die Frage der Ewigkeit und der Schöpfung ist unklar, während die Argumente gleichmäßig verteilt sind. Die Schöpfungstheorie erhält mehr Gewicht durch die prophetische Überlieferung von Adam, Noah und Mosche, die mehr Glaubwürdigkeit verdient als bloße

Spekulation. Wenn ein Gesetzesgläubiger sich schließlich gezwungen sieht, eine ewige Materie und die Existenz vieler Welten vor dieser einen zuzugeben, würde dies seinen Glauben nicht beeinträchtigen, dass diese Welt zu einem bestimmten Zeitpunkt erschaffen wurde und dass Adam und Noah die ersten Menschen waren.

68. Al Khazari: Bis jetzt finde ich diese Argumente recht zufriedenstellend. Sollten wir unser Gespräch fortsetzen, werde ich dich auffordern, weitere entscheidende Beweise anzuführen. Nimm nun den Faden deiner früheren Ausführungen wieder auf, wie sich die große Überzeugung in deiner Seele festgesetzt hat, dass der Schöpfer des Körpers und des Geistes, der Seele, des Verstandes und der Engel - Er, der zu hoch, heilig und erhaben ist, als dass der Verstand, noch weniger die Sinne ihn erfassen könnten - dass Er mit Geschöpfen verkehrt, die aus niedrigem und verächtlichem Material gemacht sind, so wunderbar dies auch erscheinen mag. Denn der kleinste Wurm zeigt die Wunder seiner Weisheit in einer Weise, die den menschlichen Verstand übersteigt.

69. Der Rebbi: Du hast viel von meiner beabsichtigten Antwort an dich vorweggenommen. Attribuierst du die Weisheit, die sich in der Erschaffung einer Ameise [zum Beispiel] zeigt, einer Kugel oder einem Stern oder irgendeinem anderen Objekt, ohne den allmächtigen Schöpfer zu berücksichtigen, der alles abwägt und gibt, was ihm zusteht, weder zu viel noch zu wenig?

70. Al Khazari: Dies wird auf die Wirkung der Natur zurückgeführt.

71. Der Rebbi: Was ist Natur?

72. Al Khazari: Soweit die Philosophie lehrt, handelt es sich um eine bestimmte Kraft; nur wissen wir nicht, was sie wirklich ist. Zweifellos wissen es die Philosophen.

73. Der Rebbi: Sie wissen genauso viel wie wir. Aristoteles definierte sie als den Anfang und die erste Ursache, durch die sich ein Ding entweder bewegt oder ruht, nicht durch Unfälle, sondern aufgrund seines angeborenen Wesens.

74. Al Khazari: Das würde bedeuten, dass das Ding, das sich aus sich selbst heraus bewegt oder ruht, eine Ursache hat, durch die es sich bewegt oder ruht. Diese Ursache ist die Natur.

75. Der Rebbi: Diese Meinung ist das Ergebnis sorgfältiger Forschung, Kritik und Unterscheidung zwischen zufälligen und natürlichen Vorkommnissen. Diese Dinge verblüffen denjenigen, der sie hört, aber nichts anderes entspringt der Kenntnis der Natur.

76. Al Khazari: Ich sehe nur, dass sie uns mit diesen Bezeichnungen in die Irre geführt haben und uns veranlasst haben, ein anderes Wesen mit G-tt gleichzusetzen, wenn wir sagen, dass die Natur weise und aktiv ist. In ihrem Sinne könnten wir sogar sagen: mit Intelligenz ausgestattet.

77. Der Rebbi: Gewiss, aber die Elemente, der Mond, die Sonne und die Sterne haben Kräfte wie Erwärmung, Abkühlung, Befeuchtung, Trocknung usw., aber sie verdienen es nicht, dass man ihnen Weisheit zuschreibt oder dass man ihnen mehr als eine Funktion zuschreibt. Das Bilden, Messen, Erzeugen und alles, was eine Absicht erkennen lässt, kann nur dem Allweisen und Allmächtigen zugeschrieben werden. Es schadet nicht, die Kraft, die die Materie durch Wärme und Kälte ordnet, Natur zu nennen, aber jede Intelligenz muss ihr abgesprochen werden. So muss man auch dem Menschen die Fähigkeit absprechen, den Embryo zu erschaffen, weil er der Materie nur hilft, die menschliche Gestalt von ihrem weisen Schöpfer zu erhalten. Du darfst es nicht für unwahrscheinlich halten, dass erhabene g-ttliche Spuren in dieser materiellen Welt sichtbar werden, wenn diese Materie bereit ist, sie zu empfangen. Hier sind die Wurzeln des Glaubens wie des Unglaubens zu finden.

78. Al Khazari: Wie ist das möglich?

79. Der Rebbi: Die Bedingungen, die den Menschen geeignet machen, diesen g-ttlichen Einfluss zu empfangen, liegen nicht in ihm selbst. Es ist ihm unmöglich, ihre Quantität oder Qualität zu ermessen, und selbst wenn man ihr Wesen kennen würde, könnte man weder ihre Zeit, ihren Ort und ihre Verbindung noch ihre Eignung entdecken. Dazu ist eine inspirierte und detaillierte Unterweisung notwendig. Wer auf diese Weise inspiriert worden ist und der Lehre in jeder Hinsicht mit reinem Verstand gehorcht, ist ein Gläubiger. Wer durch Spekulationen und Schlussfolgerungen versucht, die Bedingungen für den Empfang dieser Inspiration vorzubereiten, oder durch Wahrsagerei, wie sie in den Schriften der Astrologen zu finden ist, versucht, übernatürliche Wesen herbeizurufen oder Talismane herzustellen, der ist ein Ungläubiger. Er mag im Namen von Spekulationen und Vermutungen Opfer bringen und Weihrauch verbrennen, während er in Wirklichkeit nicht weiß, was er tun soll, wie viel, auf welche Weise, mit welchen Mitteln, an welchem Ort, von wem, auf welche Art und Weise, und viele andere Einzelheiten, deren Aufzählung zu weit führen würde. Er ist wie ein Unwissender, der die Praxis eines Arztes betritt, der für die Heilkraft seiner Arzneien berühmt ist. Der Arzt ist nicht zu Hause, aber die Leute kommen wegen der Medikamente. Der Narr verteilt sie aus den Gläsern, ohne den Inhalt zu kennen und ohne zu wissen, wie viel er jedem Einzelnen geben soll. So tötet er die Menschen mit der Medizin, die sie eigentlich hätte heilen sollen. Sollte er zufällig mit einer der Arzneien eine Heilung bewirkt haben, so wenden sich die Leute an ihn und sagen, er habe ihnen geholfen, bis sie entdecken, dass er sie getäuscht hat, oder sie suchen einen anderen Rat und halten sich daran, ohne zu merken, dass die wirkliche Heilung durch die Geschicklichkeit des gelehrten Arztes bewirkt wurde, der die Arzneien zubereitete und erklärte, wie sie richtig zu verabreichen seien. Er lehrte die Patienten auch, welche Nahrung und welches Getränk, welche Bewegung und welche Ruhe usw. notwendig waren, ebenso, welche Luft die beste war und welcher Ort der Erholung am besten geeignet war. So wie die Patienten, die vom Unwissenden getäuscht wurden, waren auch die Menschen, mit wenigen Ausnahmen, vor der Zeit von Moshe. Sie ließen sich von astrologischen und physikalischen Regeln täuschen, wanderten von Gesetz zu Gesetz, von Gott zu Gott oder nahmen gleich eine Vielzahl an. Sie vergaßen ihren Führer und Meister und betrachteten ihre falschen Götter als hilfreiche Ursachen, während sie in Wirklichkeit, je nach ihrer Konstruktion und Anordnung, schädliche Ursachen sind. Gewinnbringend ist der g-ttliche Einfluss für sich selbst, schädlich für sich selbst das Fehlen desselben.

80. Al Khazari: Kehren wir nun zu unserem Thema zurück und erklären Sie mir, wie Ihr Glaube wuchs, wie er sich verbreitete und allgemein wurde, wie sich die Meinungen vereinigten, nachdem sie sich unterschieden hatten, und wie lange es dauerte, bis der Glaube sein Fundament legte und zu einem starken und vollständigen Bauwerk aufgebaut wurde. Das erste Element der Religion entstand zweifellos unter einzelnen Menschen, die sich gegenseitig unterstützten, um den Glauben zu verteidigen, der nach G-ttes Willen verkündet werden sollte. Ihre Zahl nimmt ständig zu, sie werden mächtiger, oder ein König erhebt sich und unterstützt sie, zwingt auch seine Untertanen, dasselbe Glaubensbekenntnis anzunehmen.

81. Der Rebbi: Auf diese Weise können nur rationale Religionen menschlichen Ursprungs entstehen. Wenn ein Mensch Erfolg hat und eine hohe Position erreicht, heißt es, dass er von G-tt unterstützt wird, der ihn inspiriert hat, usw. Eine Religion g-ttlichen Ursprungs taucht plötzlich auf. Man fordert sie auf, sich zu erheben, und sie ist da, wie die Schöpfung der Welt.

82. Al Khazari: Du überraschst mich, oh Rebbi.

83. Der Rebbi: Es ist in der Tat erstaunlich. Die Israeliten lebten in Ägypten als Sklaven, sechshunderttausend Männer über zwanzig Jahre, Nachkommen der Zwölf Stämme. Kein einziger von ihnen hatte sich von ihnen getrennt oder war in ein anderes Land ausgewandert, noch war ein Fremder unter ihnen. Sie freuten sich auf die Verheißung, die ihren Vorfahren Abraham, Itzhak und Yaakov gegeben worden war, dass das Land Israel ihr Erbe sein sollte. Damals befand es sich in der Hand von sieben mächtigen und wohlhabenden Nationen, während die Israeliten in tiefem Elend unter der Knechtschaft des Pharao seufzten, der ihre Kinder töten ließ, damit sie sich nicht mehr vermehrten. Trotz ihrer bescheidenen Stellung gegenüber dem mächtigen Tyrannen sandte G-tt Mosche und Aaron mit Zeichen und Wundern vor den Pharao und erlaubte ihnen sogar, den Lauf der Natur zu verändern. Der Pharao konnte ihnen nicht entkommen und sie nicht verletzen, und er konnte sich auch nicht vor den zehn Plagen schützen, die über die Ägypter hereinbrachen und ihre Ströme, ihr Land, ihre Luft, ihre Pflanzen, ihre Tiere, ihre Körper und sogar ihre Seelen befielen. Denn in einem Augenblick, um Mitternacht, starben die wertvollsten und liebsten Mitglieder ihrer Häuser, nämlich alle männlichen Erstgeborenen. Es gab keine Behausung ohne Tote, außer den Häusern der Israeliten. Allen diesen Plagen gingen Warnungen und Drohungen voraus, und ihr Ende wurde auf dieselbe Weise angekündigt, so dass jeder davon überzeugt sein sollte, dass sie von G-tt bestimmt waren, der tut, was er will und wann er will, und dass es sich nicht um gewöhnliche Naturerscheinungen handelte, die durch Konstellationen oder Zufälle verursacht wurden. Die Israeliten verließen das Land, in dem der Pharao sie gefangen hielt, auf Geheiß G-ttes in derselben Nacht und in demselben Augenblick, in dem die Erstgeborenen starben, und gelangten an das Ufer des Roten Meeres. Sie wurden von Wolken- und Feuersäulen geleitet und von Mosche und Aaron geführt, den verehrten, inspirierten Oberhäuptern, die damals etwa achtzig Jahre alt waren. Bis zu diesem Zeitpunkt hatten sie nur einige wenige Gesetze, die sie von Adam und Noah geerbt hatten. Diese Gesetze wurden von Mosche nicht außer Kraft gesetzt, sondern durch ihn erweitert. Als der Pharao die Israeliten verfolgte, konnten sie nicht zu den Waffen greifen, da sie im Umgang mit ihnen nicht geübt waren. G-tt aber teilte das Meer, und sie durchquerten es. Der Pharao und sein Heer wurden ertränkt, und die Wellen schwemmten ihre Leichen zu den Israeliten, so dass sie sie mit eigenen Augen sehen konnten. Es ist eine lange und bekannte Geschichte.

84. Al Khazari: Es handelt sich in Wahrheit um g-ttliche Macht, und die damit verbundenen Gebote müssen akzeptiert werden. Niemand könnte sich auch nur einen Augenblick lang vorstellen, dass dies das Ergebnis von Geisterbeschwörung, Berechnung oder Phantasie war. Denn wenn es möglich gewesen wäre, an eine imaginäre Teilung des Wassers und dessen Überquerung zu glauben, wäre es auch möglich gewesen, eine ähnliche Behauptung über ihre Befreiung aus der Knechtschaft, den Tod ihrer Peiniger und die Ergreifung ihrer Güter zu glauben. Dies wäre noch schlimmer als die Leugnung der Existenz G-ttes.

85. Der Rebbi: Und später, als sie in die Wüste kamen, die nicht besät war, sandte er ihnen Nahrung, die mit Ausnahme des Sabbats täglich für sie geschaffen wurde, und sie aßen sie vierzig Jahre lang.

86. Al Khazari: Auch das ist unwiderlegbar, nämlich eine Sache, die sechshunderttausend Menschen vierzig Jahre lang widerfuhr. An sechs Tagen in der Woche kam das Manna herab, aber am Sabbat hörte es auf. Das macht die Einhaltung des Sabbats verpflichtend, weil darin die g-ttliche Weisung sichtbar wird.

87. Der Rebbi: Das Sabbatgesetz leitet sich aus diesem Umstand ab, ebenso wie aus der Erschaffung der Welt in sechs Tagen, auch aus einer anderen Angelegenheit, auf die später noch eingegangen wird. Obwohl das Volk an die Botschaft von Mosche glaubte, blieben ihm auch nach den Wundern Zweifel, ob G-tt wirklich zu den Menschen sprach und ob das Gesetz nicht menschlichen Ursprungs war und erst später durch g-ttliche Eingebung unterstützt wurde. Sie konnten die Sprache nicht mit einem g-ttlichen Wesen in Verbindung bringen, da sie etwas Greifbares ist. G-tt aber wollte diesen Zweifel beseitigen und befahl ihnen, sich sowohl moralisch als auch physisch vorzubereiten, indem er ihnen befahl, sich von ihren Frauen fernzuhalten und bereit zu sein, die Worte G-ttes zu hören. Das Volk bereitete sich vor und machte sich bereit, den g-ttlichen Beistand zu empfangen und sogar öffentlich die Worte G-ttes zu hören. Dies geschah drei Tage später, eingeleitet durch überwältigende Phänomene, Blitze, Donner, Erdbeben und Feuer, die den Berg Sinai umgaben. Das Feuer blieb vierzig Tage lang auf dem Berg sichtbar. Sie sahen auch, wie Mosche ihn betrat und wieder herauskam; sie hörten deutlich die Zehn Gebote, die den Kern des Gesetzes darstellen. Eines davon ist die Anordnung des Sabbats, ein Gesetz, das zuvor mit der Gabe des Manna verbunden war. Das Volk empfing diese zehn Gebote nicht von einzelnen Personen, auch nicht von einem Propheten, sondern von G-tt, nur besaß es nicht die Kraft von Mosche, um die Größe der Szene zu ertragen. Von nun an glaubte das Volk, dass Mosche in direkter Verbindung mit G-tt stand, dass seine Worte keine Schöpfungen seines eigenen Verstandes waren, dass die Prophezeiung nicht, wie die Philosophen annehmen, in einer reinen Seele hervorbrach, sich mit dem aktiven Intellekt, auch Heiliger Geist oder Gabriel genannt, vereinigte und dann inspiriert wurde. Sie glaubten nicht, dass Mosche im Schlaf eine Vision gesehen hatte, oder dass jemand zwischen Schlafen und Wachen mit ihm gesprochen hatte, so dass er die Worte nur in der Phantasie, aber nicht mit den Ohren hörte, dass er ein Phantom sah und danach so tat, als hätte G-tt mit ihm gesprochen. Vor einer solch beeindruckenden Szene verflog jeder Gedanke an Gaukelei. Auf die g-ttliche Ansprache folgte die g-ttliche Schrift. Denn er schrieb diese Zehn Worte auf zwei Tafeln aus Edelstein und übergab sie Mosche. Die Menschen sahen die g-ttliche Schrift, wie sie die g-ttlichen Worte gehört hatten. Mosche machte auf G-ttes Geheiß eine Arche und baute darüber das Zelt. Sie blieb bei den Israeliten, solange die Prophezeiung dauerte, etwa neunhundert Jahre, bis das Volk ungehorsam wurde. Dann wurde die Arche versteckt, und Nebukadnezar eroberte das Land und trieb die Israeliten ins Exil.

88. Al Khazari: Wenn jemand hört, dass G-tt mit eurer versammelten Menge gesprochen und für euch Tafeln geschrieben hat usw., wird er euch vorwerfen, dass ihr die Theorie der Personifizierung vertretet. Ihr hingegen seid frei von Vorwürfen, denn dieses große und erhabene Schauspiel, das Tausende gesehen haben, kann nicht geleugnet werden. Sie sind berechtigt, den Vorwurf des bloßen Denkens und der Spekulation zurückzuweisen.

89. Der Rebbi: Der Himmel bewahre mich davor, etwas anzunehmen, was gegen Sinn und Verstand ist. Das erste der Zehn Gebote gebietet den Glauben an die g-ttliche Vorsehung. Das zweite Gebot enthält das Verbot der Anbetung anderer Götter oder der Verbindung irgendeines Wesens mit ihm, das Verbot, ihn in Statuen, Formen und Bildern darzustellen, oder irgendeine Personifikation von ihm. Wie sollten wir Ihn nicht als über die Personifizierung erhaben betrachten, da wir dies bei vielen Seiner Schöpfungen tun, der menschlichen Seele, die das wahre Wesen des Menschen darstellt. Denn der Teil von Mosche, der zu uns sprach, uns lehrte und leitete, war nicht seine Zunge, sein Herz oder sein Gehirn. Das waren nur Organe, während Mosche selbst die intellektuelle, unterscheidende, unkörperliche Seele ist, nicht durch einen Ort begrenzt, weder zu groß noch zu klein für irgendeinen Raum, um die Bilder aller Geschöpfe zu enthalten. Wenn wir ihm schon geistige Elemente zuschreiben, wie viel mehr müssen wir das bei dem Schöpfer von allem tun. Wir dürfen jedoch nicht versuchen, die aus der Offenbarung zu ziehenden Schlüsse zu verwerfen. Wir sagen also, daß wir nicht wissen, wie die Absicht körperlich wurde und die Sprache entstand, die unser Ohr traf, noch welches neue Ding G-tt aus dem Nichts schuf, noch welches bestehende Ding er benutzte. Es fehlt ihm nicht an der Macht. Wir sagen, dass er die beiden Tafeln schuf und einen Text auf ihnen eingravierte, so wie er den Himmel und die Sterne allein durch seinen Willen schuf. G-tt wollte es, und sie wurden konkret, wie Er es wollte, eingraviert mit dem Text der Zehn Worte. Wir sagen auch, dass Er das Meer teilte und es zu zwei Mauern formte, die Er zur Rechten und zur Linken der Menschen stehen ließ, für die Er leichte, breite Wege und einen glatten Boden schuf, auf dem sie ohne Angst und Mühe gehen konnten. Dieses Zerreißen, Aufbauen und Anordnen wird G-tt zugeschrieben, der kein Werkzeug oder Vermittler benötigt, wie es bei menschlicher Arbeit notwendig wäre. So wie das Wasser auf seinen Befehl hin stand und sich nach seinem Willen formte, so nahm die Luft, die das Ohr des Propheten berührte, die Form von Tönen an, die die von Gott dem Propheten und dem Volk mitzuteilenden Dinge übermittelten.

90. Al Khazari: Diese Darstellung ist zufriedenstellend.

91. Der Rebbi: Ich behaupte nicht, dass sich diese Dinge genau so zugetragen haben; das Problem ist zweifellos zu tief, als dass ich es ergründen könnte. Aber das Ergebnis war, dass jeder, der zu dieser Zeit anwesend war, davon überzeugt war, dass die Materie direkt von G-tt ausging. Es ist mit dem ersten Schöpfungsakt zu vergleichen. Der Glaube an das Gesetz, das mit diesen Szenen verbunden ist, ist ebenso fest in den Köpfen verankert wie der Glaube an die Erschaffung der Welt, und dass Er sie auf dieselbe Weise erschaffen hat, wie Er - wie man weiß - die beiden Tafeln, das Manna und andere Dinge erschaffen hat. So verschwinden aus der Seele des Gläubigen die Zweifel der Philosophen und Materialisten.

92. Al Khazari: Hüte dich, o Rebbi, dass du dich nicht zu sehr in die Beschreibung der Überlegenheit deines Volkes vertiefst und dabei übersiehst, was über ihren Ungehorsam trotz der Offenbarung bekannt ist. Ich habe gehört, dass sie mittendrin ein Kalb gemacht und es angebetet haben.

93. Der Rebbi: Eine Sünde, die aufgrund ihrer Größe umso schwerer gewertet wurde. Groß ist der, dessen Sünden gezählt werden.

94. Al Khazari: Eine Sünde, die umso schwerer gewertet wurde, weil sie so groß war. Das ist es, was dich mühsam macht und dich deinem Volk gegenüber parteiisch erscheinen lässt. Welche Sünde könnte größer sein als diese, und welche Tat könnte diese übertreffen. Groß ist der, dessen Sünden gezählt werden.

95. Der Rebbi: Habt ein wenig Geduld mit mir, dass ich die hohe Stellung des Volkes darstelle. Mir genügt es, dass G-tt sie aus allen Völkern der Welt zu seinem Volk erwählt hat und seinen Einfluss auf sie alle wirken ließ, so dass sie sich der Ansprache durch ihn fast näherten. Er kam sogar auf ihre Frauen herab, unter denen sich Prophetinnen befanden, während seit Adam nur vereinzelte Individuen bis dahin inspiriert worden waren. Adam war die Vollkommenheit schlechthin, denn an dem Werk eines weisen und allmächtigen Schöpfers, das aus einer von ihm auserwählten Substanz und nach seinem eigenen Entwurf geschaffen wurde, war kein Makel zu finden. Es gab keinen hemmenden Einfluss, keine Furcht vor Atavismus, keine Frage der Ernährung oder Erziehung in den Jahren der Kindheit und des Wachstums; auch der Einfluss von Klima, Wasser oder Boden war nicht zu berücksichtigen. Er schuf ihn in der Gestalt eines Heranwachsenden, vollkommen an Körper und Geist. Die Seele, mit der er ausgestattet war, war vollkommen; sein Verstand war der höchste, den ein Mensch besitzen kann, und darüber hinaus war er mit einer g-ttlichen Kraft von so hohem Rang begabt, dass sie ihn mit g-ttlichen und geistigen Wesen in Verbindung brachte und ihn befähigte, mit leichtem Nachdenken die großen Wahrheiten ohne Belehrung zu erfassen. Wir nennen ihn G-ttes Sohn, und wir nennen alle, die wie er waren, auch Söhne G-ttes. Er hinterließ viele Kinder, von denen der einzige, der seinen Platz einnehmen konnte, Abel war, denn er allein war ihm gleich. Nachdem er von Kain aus Eifersucht auf dieses Vorrecht erschlagen worden war, ging es auf seinen Bruder Seth über, der ebenfalls Adam glich, da er sozusagen sein Wesen und sein Herz war, während die anderen wie Schalen und verfaulte Früchte waren. Das Wesen Seths ging dann auf Enosch über, und auf diese Weise wurde der g-ttliche Einfluss von einzelnen Menschen bis hin zu Noah vererbt. Sie werden mit dem Herzen verglichen; sie glichen Adam und wurden als Söhne G-ttes bezeichnet. Sie waren äußerlich und innerlich vollkommen, und auch ihr Leben, ihr Wissen und ihre Fähigkeiten waren einwandfrei. Ihr Leben legt die Chronologie von Adam bis Noah und von Noah bis Abraham fest. Es gab jedoch einige unter ihnen, die nicht unter g-ttlichen Einfluss kamen, wie Terach, aber sein Sohn Abraham war der Schüler seines Großvaters Eber und wurde zu Lebzeiten Noahs geboren. So ging der g-ttliche Geist vom Großvater auf die Enkelkinder über. Abraham repräsentierte das Wesen Ebers, da er sein Schüler war, und aus diesem Grund wurde er Ivri genannt. Eber vertrat das Wesen Sems, letzterer das von Noah. Er erbte die gemäßigte Zone, deren Zentrum und wichtigster Teil Kanaan ist, das Land der Prophezeiung. Jafet wandte sich nach Norden und Ham nach Süden. Das Wesen Abrahams ging auf Itzhak über, unter Ausschluss der anderen Söhne, die alle aus dem Land, dem besonderen Erbe Itzhaks, entfernt wurden. Das Vorrecht Itschaks ging auf Jaakow über, während Esau aus dem Land geschickt wurde, das Jaakow gehörte. Die Söhne des letzteren waren alle des g-ttlichen Einflusses würdig, ebenso wie des Landes, das vom g-ttlichen Geist ausgezeichnet wurde. Dies ist der erste Fall, in dem der g-ttliche Einfluss auf eine ganze Reihe von Menschen herabkommt, während er zuvor nur einzelnen Personen zuteil geworden war. Dann pflegte G-tt sie in Ägypten, vermehrte und vergrößerte sie, wie ein Baum mit einer gesunden

Wurzel wächst, bis er vollkommene Früchte hervorbringt, die der ersten Frucht ähneln, aus der er gepflanzt wurde, nämlich Abraham, Itschak, Jaakow, Josef und seine Brüder. Aus dem Samen gingen weiter hervor: Mosche, Aaron und Mirjam, Betzalel, Oholiab und die Oberhäupter der Stämme, die siebzig Ältesten, die alle mit dem Geist der Weissagung begabt waren; dann Jehoschua, Kaleb, Hur und viele andere. Dann wurden sie würdig, dass das g-ttliche Licht und die g-ttliche Vorsehung für sie sichtbar wurden. Wenn es unter ihnen ungehorsame Menschen gab, wurden sie gehaßt, blieben aber zweifellos Teil des Wesens, da sie aufgrund ihrer Abstammung und ihrer Natur dazu gehörten und Kinder zeugten, die von gleicher Art waren. Ein gottloser Mensch wurde im Verhältnis zu der Geringfügigkeit des Wesens, mit dem er ausgestattet war, bedacht, denn es zeigte sich in seinen Kindern und Enkeln entsprechend der Reinheit ihrer Abstammung. So betrachten wir Terach und andere, bei denen der g-ttliche Afflatus nicht sichtbar war, obwohl er in gewissem Maße seiner natürlichen Veranlagung zugrunde lag, so dass er einen von der Essenz erfüllten Nachkommen zeugte, was nicht bei allen Nachkommen von Ham und Japhet der Fall war. Ein ähnliches Phänomen können wir auch in der Natur beobachten. Viele Menschen ähneln nicht ihrem Vater, sondern ihren Großvätern. Es kann daher kein Zweifel daran bestehen, dass dieses Wesen und diese Ähnlichkeit im Vater verborgen waren, obwohl sie nicht äußerlich sichtbar wurden, wie das Wesen Ebers in seinen Kindern, bis es in Abraham wieder zum Vorschein kam.

96. Al Khazari: Dies ist die wahre Größe, die direkt von Adam abstammt. Er war das edelste Geschöpf auf Erden. Deshalb stehst du über allen anderen Bewohnern der Erde. Aber was ist mit diesem Vorrecht zu der Zeit, als diese Sünde begangen wurde?

97. Der Rebbi: Alle Völker waren zu jener Zeit dem Götzendienst verfallen. Selbst wenn sie Philosophen gewesen wären, die über die Einheit und die Regierung G-ttes sprachen, hätten sie nicht auf Bilder verzichten können und hätten die Massen gelehrt, dass ein g-ttlicher Einfluss über diesem Bild schwebte, das sich durch einige wundersame Eigenschaften auszeichnete. Einige von ihnen schrieben dies G-tt zu, so wie wir heute bestimmte Orte mit Ehrfurcht behandeln und so weit gehen, dass wir glauben, durch ihren Staub und ihre Steine gesegnet zu sein. Andere schrieben es dem geistigen Einfluss eines Sterns oder einer Konstellation zu, oder einem Talisman oder anderen Dingen dieser Art. Das Volk achtete nicht so sehr auf ein einzelnes Gesetz als vielmehr auf ein greifbares Bild, an das es glaubte. Den Israeliten war verheißen worden, dass etwas Sichtbares von G-tt auf sie herabkommen würde, dem sie folgen könnten, so wie sie beim Auszug aus Ägypten den Wolken- und Feuersäulen gefolgt waren. Darauf wiesen sie hin, wandten sich ihr zu, priesen sie und beteten G-tt in ihrer Gegenwart an. So wandten sie sich auch der Wolke zu, die über

Mosche schwebte, während G-tt mit ihm redete; sie blieben ihr gegenüber stehen und beteten G-tt an. Als nun das Volk die Verkündigung der Zehn Gebote gehört hatte und Mosche auf den Berg gestiegen war, um die beschrifteten Tafeln in Empfang zu nehmen, die er ihnen herabbringen sollte, und dann eine Lade zu machen, die der Punkt sein sollte, auf den sie ihren Blick während ihrer Andacht richten sollten, warteten sie auf seine Rückkehr in der gleichen Kleidung, in der sie das Schauspiel auf dem Sinai miterlebt hatten, ohne ihren Schmuck abzulegen oder ihre Kleidung zu wechseln, und blieben so, wie er sie verlassen hatte, in der Erwartung, ihn jeden Augenblick wiederkommen zu sehen. Er blieb jedoch vierzig Tage, obwohl er sich nicht mit Lebensmitteln versorgt hatte, da er sie nur mit der Absicht verlassen hatte, noch am selben Tag zurückzukehren. Ein böser Geist überkam einen Teil des Volkes, und sie begannen, sich in Parteien und Fraktionen aufzuteilen. Viele Ansichten und Meinungen wurden geäußert, bis schließlich einige beschlossen, es den anderen Völkern gleichzutun und einen Gegenstand zu suchen, an den sie glauben konnten, ohne jedoch die Oberhoheit dessen zu beeinträchtigen, der sie aus Ägypten geführt hatte. Im Gegenteil, es sollte etwas sein, auf das sie sich berufen konnten, wenn sie von den Wundertaten G-ttes erzählten, so wie es die Philister mit der Arche taten, als sie sagten, G-tt wohne in ihr. Wir tun dasselbe mit dem Himmel und jedem anderen Gegenstand, von dem wir wissen, dass er ausschließlich durch den g-ttlichen Willen in Bewegung gesetzt wird und nicht durch irgendeinen

Zufall oder Wunsch des Menschen oder der Natur. Ihre Sünde bestand darin, dass sie ein Abbild einer verbotenen Sache herstellten und einer eigenen Schöpfung g-ttliche Macht zuschrieben, etwas, das sie selbst ohne die Führung G-ttes ausgewählt hatten. Eine gewisse Entschuldigung für sie mag in der Uneinigkeit zu finden sein, die unter ihnen ausgebrochen war, und in der Tatsache, dass von sechshunderttausend Seelen die Zahl derer, die das Kalb anbeteten, unter dreitausend lag. Für die Höhergestellten, die daran mitwirkten, könnte eine Entschuldigung darin liegen, dass sie die Ungehorsamen deutlich von den Frommen trennen wollten, um diejenigen zu töten, die das Kalb anbeten wollten. Andererseits haben sie gesündigt, indem sie das, was nur eine Sünde der Absicht war, zu einer Sünde der Tat werden ließen. Diese Sünde war nicht gleichbedeutend mit einer völligen Entgleisung des Gehorsams gegenüber dem, der sie aus Ägypten herausgeführt hatte, da sie nur eines seiner Gebote übertraten. G-tt hatte Bilder verboten, und trotzdem machten sie eines. Sie hätten abwarten und nicht die Macht an sich reißen sollen, sie hätten einen Ort der Anbetung, einen Altar und Opfer einrichten sollen. Dies geschah auf Anraten der Astrologen und Magier unter ihnen, die der Meinung waren, dass ihre Handlungen, die auf ihren Vorstellungen beruhten, richtiger seien als die wahren. Sie glichen dem Narren, von dem wir sprachen, der die Praxis eines Arztes betrat und denen, die dorthin kamen, den Tod statt der Heilung brachte. Dabei hatten die Menschen nicht die Absicht, ihre Treue zu G-tt aufzugeben. Im

Gegenteil, sie waren theoretisch sogar noch eifriger in ihrer Hingabe. Deshalb wandten sie sich an Aaron, und er unterstützte sie bei ihrem Vorhaben, weil er ihren Plan öffentlich machen wollte. Aus diesem Grund ist er dafür verantwortlich, dass ihr theoretischer Ungehorsam in die Realität umgesetzt wurde. Die ganze Angelegenheit ist für uns abstoßend, denn in unserer Zeit haben die meisten Völker die Anbetung von Bildern aufgegeben. Damals erschien es weniger verwerflich, weil alle Völker damals Götzendiener waren. Hätte ihre Sünde darin bestanden, ein eigenes G-tteshaus zu errichten und einen Ort des Gebets, der Opfer und der Verehrung zu schaffen, wäre die Angelegenheit nicht so schwerwiegend gewesen, denn auch wir bauen heute unsere G-tteshäuser, halten sie in Ehren und suchen durch sie den Segen. Wir sagen sogar, dass G-tt in ihnen wohnt und dass sie von Engeln umgeben sind. Wäre dies nicht wesentlich für das Zusammenkommen unserer Gemeinschaft, wäre es so unbekannt wie zur Zeit der Könige, als es dem Volk verboten war, G-tteshäuser zu errichten, die Höhen genannt wurden. Die frommen Könige zerstörten sie, damit sie nicht neben dem von G-tt auserwählten Haus, in dem er nach seinen eigenen Vorschriften angebetet werden sollte, verehrt wurden. Die Form der Cherubim, die auf seinen Befehl hin geschaffen wurden, war nichts Ungewöhnliches. Trotzdem wurden diejenigen, die das Kalb anbeteten, noch am selben Tag bestraft, und von sechshunderttausend wurden dreitausend getötet. Doch das Manna fiel weiter, um sie zu ernähren, die

Wolke spendete ihnen Schatten, und die Feuersäule leitete sie. Die Prophezeiung breitete sich weiter unter ihnen aus und nahm zu, und nichts, was ihnen gewährt worden war, wurde ihnen genommen, außer den beiden Tafeln, die Mosche zerbrach. Aber dann bat er um ihre Wiederherstellung; sie wurden wiederhergestellt, und die Sünde wurde ihnen vergeben.

98. Al Khazari: Die Theorie, die ich mir gebildet hatte, und die Meinung dessen, was ich in meinem Traum sah, bestätigst du nun, nämlich dass der Mensch g-ttlichen Einfluss nur verdienen kann, wenn er nach G-ttes Geboten handelt, und selbst wenn es nicht so wäre, streben die meisten Menschen danach, ihn zu erlangen, sogar Astrologen, Magier, Feuer- und Sonnenanbeter, Dualisten usw.

99. Der Rebbi: Du hast Recht. Unsere Gesetze wurden in der Thora von Mosche niedergeschrieben, der sie direkt von G-tt hatte und sie an die in der Wüste versammelten Massen weitergab. Es bestand keine Notwendigkeit, irgendeine ältere Autorität zu zitieren, was die einzelnen Kapitel und Verse betrifft, auch nicht, was die Beschreibung der Opfer betrifft, wo und auf welche Weise sie dargebracht werden sollten, was mit dem Blut und den Gliedern zu tun war usw. Alles wurde von G-tt klar und deutlich gesagt, denn das kleinste fehlende Detail würde die Vollständigkeit des Ganzen beeinträchtigen. Es ist hier wie bei den Gebilden der Natur, die aus so winzigen Elementen zusammengesetzt sind, dass sie sich der Wahrnehmung entziehen, und wenn ihre gegenseitige Beziehung die kleinste Veränderung erleiden würde, wäre das ganze Gebilde beschädigt, die Pflanze oder das Tier oder das Glied wäre unvollkommen und nicht existent. In gleicher Weise schreibt das Gesetz vor, wie das geopferte Tier zerlegt werden soll und was mit den einzelnen Gliedern geschehen soll, was gegessen und was verbrannt werden soll, wer essen und wer verbrennen soll und welche Gruppe von Priestern die Aufgabe haben soll, es zu opfern, und welche es nicht wagt. Es wurde auch vorgeschrieben, in welchem Zustand diejenigen zu sein hatten, die die Opfergaben brachten, so dass sie tadellos waren, sowohl was das Aussehen als auch was die Kleidung betraf, insbesondere der Hohepriester, der das Vorrecht hatte, den Ort der G-ttlichkeit zu betreten, der G-ttes Herrlichkeit, die Lade und die Tora umschloss. Damit verbunden sind die Regeln für Sauberkeit und Reinheit und die verschiedenen Stufen der Reinigung, der Heiligung und des Gebets, deren Beschreibung uns zu weit führen würde. In all diesen Angelegenheiten mussten sie sich auf die Lesung der Tora in Verbindung mit den Überlieferungen der Rebben verlassen, die auf den Mitteilungen G-ttes an Mosche beruhten. Auf dieselbe Weise wurde Mosche auf dem Berg die Form der Stiftshütte gezeigt, d.h. die Stiftshütte, ihr Inneres, der Leuchter, die Lade und der sie umgebende Vorhof mit ihren Säulen, Decken und allem Zubehör wurden von G-tt veranlasst, ihm in ihrer wirklichen Gestalt zu erscheinen, in der Form, in der Er sie auszuführen befahl. In gleicher Weise wurde der Tempel Shlomos nach dem David offenbarten Modell gebaut. So wird auch das letzte Heiligtum, das uns verheißen ist, nach den Einzelheiten, die der Prophet Hesekiel gesehen hat, geformt und gestaltet werden. Im Dienst G-ttes wird nicht gestritten, argumentiert und debattiert. Wäre dies möglich gewesen, hätten die Philosophen mit ihrer Weisheit und ihrem Scharfsinn noch mehr erreicht als Israel.

100. Al Khazari: So kann der menschliche Verstand das Gesetz freudig und ohne zu zögern annehmen, ohne daran zu zweifeln, dass ein Prophet zu dem unterdrückten und versklavten Volk kommen und ihm versprechen würde, dass es zu einer bestimmten Zeit, also ohne Verzögerung, aus der Knechtschaft befreit werden würde. Mosche führte sie nach Kenaan gegen sieben Völker, von denen jedes stärker war als sie selbst, und wies jedem Stamm seinen Teil des Landes zu, bevor sie es erreichten. All dies geschah in kürzester Zeit und wurde von wundersamen Ereignissen begleitet. Dies beweist die Allmacht des Absenders ebenso wie die Größe des Gesandten und die hohe Stellung derer, die allein diese Botschaft empfangen haben. Hätte er gesagt: Ich wurde gesandt, um die ganze Welt auf den richtigen Weg zu führen, und hätte seine Aufgabe nur teilweise erfüllt, wäre seine Botschaft mangelhaft gewesen, da der g-ttliche Wille nicht vollständig ausgeführt worden wäre. Die Vollkommenheit seines Werkes wurde durch die Tatsache getrübt, dass sein Buch in Hebräisch geschrieben war, was es für die Völker von

Sind, Indien und Chasar unverständlich machte. Sie waren daher nicht in der Lage, seine Gesetze anzuwenden, bevor nicht einige Jahrhunderte verstrichen waren oder sie durch Eroberungen oder Bündnisse darauf vorbereitet worden waren, aber nicht durch die Offenbarung dieses Propheten selbst oder eines anderen, der für ihn eintreten und sein Gesetz bezeugen würde.

101. Der Rebbi: Mosche lud nur sein Volk und die Angehörigen seiner eigenen Sprache ein, sein Gesetz anzunehmen, während G-tt versprach, dass es zu allen Zeiten Propheten geben sollte, die sein Gesetz auslegten. Das tat er so lange, wie sie in seinen Augen Gunst fanden und seine Gegenwart mit ihnen war.

102. Al Khazari: Wäre es nicht besser und der g-ttlichen Weisheit angemessener gewesen, wenn die gesamte Menschheit auf den wahren Weg geführt worden wäre.

103. Der Rebbi: Oder wäre es nicht besser gewesen, wenn alle Tiere vernünftige Wesen gewesen wären? Du hast offenbar vergessen, was wir zuvor über die Genealogie von Adams Nachkommenschaft gesagt haben, und wie der Geist der g-ttlichen Prophezeiung auf einer Person ruhte, die aus seinen Brüdern auserwählt wurde, und das Wesen seines Vaters. Er war es, in dem sich das g-ttliche Licht konzentrierte. Er war der Kern, während die anderen wie Schalen waren, die keinen Anteil daran hatten. Die Söhne Yaakovs unterschieden sich jedoch von anderen

Menschen durch g-ttliche Eigenschaften, die sie sozusagen zu einer Engelskaste machten. Jeder von ihnen, der von der g-ttlichen Essenz durchdrungen war, bemühte sich, den Grad der Prophetie zu erreichen, und den meisten von ihnen gelang dies auch. Diejenigen, denen dies nicht gelang, versuchten, sich durch fromme Handlungen, Heiligkeit, Reinheit und den Umgang mit Propheten diesem Grad zu nähern. Wisse, dass derjenige, der sich mit einem Propheten unterhält, eine Vergeistigung erfährt, während er seinen Reden zuhört. Er unterscheidet sich von seinesgleichen in der Reinheit der Seele, in der Sehnsucht nach den höheren Graden und in der Anhänglichkeit an die Eigenschaften der Sanftmut und der Reinheit. Dies war für sie ein offensichtlicher Beweis und ein klares und überzeugendes Zeichen für die Belohnung im Jenseits. Denn das einzige Ergebnis, das daraus zu erwarten ist, ist, dass die menschliche Seele g-ttlich wird, indem sie sich von den materiellen Sinnen löst, in die höchste Welt eintritt und sich der Vision des g-ttlichen Lichts erfreut und die g-ttliche Rede hört. Eine solche Seele ist vor dem Tod sicher, auch wenn ihre physischen Organe zugrunde gegangen sind. Wenn du also eine Religion findest, deren Kenntnis und Ausübung zur Erlangung dieses Grades beiträgt, und zwar an dem von ihr angegebenen Ort und unter den von ihr festgelegten Bedingungen, dann ist dies zweifellos die Religion, die die Unsterblichkeit der Seele nach dem Ableben des Körpers gewährleistet.

104. Al Khazari: Die Antizipationen anderer

Kirchen sind grober und sinnlicher als die Ihren.

105. Der Rebbi: Sie werden alle erst nach dem Tod erkannt, während in diesem Leben nichts auf sie hinweist.

106. Al Khazari: Mag sein; ich habe noch nie jemanden gesehen, der an diese Verheißungen geglaubt hat, der ihre baldige Erfüllung wünschte. Im Gegenteil, wenn er sie tausend Jahre hinauszögern und in den Fesseln dieses Lebens bleiben könnte, trotz der Mühsal dieser Welt, würde er es vorziehen.

107. Der Rebbi: Was ist deine Meinung über den, der Zeuge dieser großartigen und g-ttlichen Szenen war?

108. Al Khazari: Zweifellos sehnt er sich nach der ewigen Trennung seiner Seele von seinen materiellen Sinnen, um dieses Licht zu genießen. Ein solcher Mensch würde sich den Tod wünschen.

109. Der Rebbi: Alles, was unsere Verheißungen beinhalten, ist, dass wir mit dem g-ttlichen Einfluss durch Prophezeiung oder etwas, das dem nahe kommt, in Verbindung gebracht werden, und auch durch unsere Beziehung zum g-ttlichen Einfluss, wie er sich uns in großen und ehrfurchtgebietenden Wundern zeigt. Deshalb finden wir in der Tora nicht: "Wenn ihr dieses Gesetz haltet, werde ich euch nach dem Tod in schöne Gärten und große Freuden bringen. Vielmehr heißt es: "Ihr sollt mein auserwähltes Volk sein, und ich will euch ein G-tt sein, der euch leitet. Wer von euch zu mir kommt und in den Himmel aufsteigt, ist wie diejenigen, die selbst unter den Engeln wohnen, und meine Engel werden unter ihnen auf der Erde wohnen. Ihr werdet sie einzeln oder in Scharen sehen, wie sie euch beobachten und für euch kämpfen, ohne dass ihr mitkämpft. Ihr werdet in dem Land bleiben, das ein Sprungbrett zu diesem Grad ist, nämlich dem Heiligen Land. Seine Fruchtbarkeit oder Unfruchtbarkeit, sein Glück oder Unglück hängen von dem g-ttlichen Einfluss ab, den du durch dein Verhalten verdienst, während die übrige Welt ihren natürlichen Lauf fortsetzen wird. Denn wenn die g-ttliche Gegenwart unter euch ist, werdet ihr an der Fruchtbarkeit eures Landes, an der Regelmäßigkeit, mit der eure Regenfälle zu den richtigen Zeiten auftreten, an euren Siegen über eure Feinde trotz eurer Unterzahl erkennen, dass eure Angelegenheiten nicht durch einfache Naturgesetze, sondern durch den g-ttlichen Willen geleitet werden. Ihr seht auch, dass Dürre, Tod und wilde Tiere euch als Folge eures Ungehorsams verfolgen, obwohl die ganze Welt in Frieden lebt. Das zeigt euch, dass eure Belange von einer höheren Macht als der bloßen Natur geregelt werden. All das, auch die Gesetze, steht in engem Zusammenhang mit den Verheißungen, und eine Enttäuschung ist nicht zu befürchten. Alle diese Verheißungen haben eine Grundlage, nämlich die Erwartung, G-tt und seinen Heerscharen nahe zu sein. Wer diesen Grad erreicht hat, braucht den Tod nicht zu fürchten, wie unser Gesetz deutlich zeigt. Das folgende Gleichnis soll dies veranschaulichen: Einer aus einer Schar von Freunden, die an einem abgelegenen Ort Trost suchten, reiste einst nach Indien und wurde von ihrem König, der wusste, dass er zu diesen Freunden gehörte, und der auch ihre Väter, frühere Kameraden von ihm, gekannt hatte, mit Ehre und Rang ausgezeichnet. Der König überhäufte ihn mit Geschenken für seine Freunde, gab ihm kostbare Gewänder für sich selbst und entließ ihn dann, indem er Mitglieder seines eigenen Gefolges schickte, die ihn auf seiner Rückreise begleiten sollten. Keiner wusste, dass sie zum Hof gehörten und dass sie in die Wüste reisten. Er hatte Aufträge und Verträge erhalten und musste im Gegenzug dem König die Treue schwören. Dann kehrte er mit seiner indianischen Eskorte zu seinen Gefährten zurück und wurde von ihnen herzlich empfangen. Sie bemühten sich, sie zu beherbergen und ihnen Ehre zu erweisen. Sie bauten auch eine Burg und erlaubten ihnen, darin zu wohnen. Von nun an schickten sie häufig Botschafter nach Indien, um den König zu empfangen, was nun leichter zu bewerkstelligen war, da die ersten Boten ihnen den kürzesten und direktesten Weg wiesen. Alle wussten, dass das Reisen in diesem Land dadurch erleichtert wurde, dass man seinem König die Treue schwor und seine Gesandten respektierte. Es gab keine Veranlassung zu fragen, warum diese Huldigung notwendig war, denn es war offensichtlich, dass er auf diese Weise in Verbindung mit dem Monarchen kam - ein höchst erfreulicher Umstand. Diese Gefährten sind die Kinder Israels, der erste Reisende ist Mosche, die späteren Reisenden sind die Propheten, während die indischen Boten die Shekinah und die Engel sind. Die kostbaren Gewänder sind das geistige Licht, das aufgrund seines Prophetenschiffs in der Seele von Mosche wohnte, während das sichtbare Licht auf seinem Antlitz erschien. Die Geschenke sind die beiden Tafeln mit den Zehn Geboten. Diejenigen, die im Besitz anderer Gesetze waren, sahen nichts davon, sondern es wurde ihnen gesagt: "Bleibt dem König von Indien gehorsam wie diese Gesellschaft von Freunden, und ihr werdet nach dem Tod die Gefährten des Königs werden, sonst wird er euch abweisen und nach dem Tod bestrafen. Manche mögen sagen: Keiner ist je zurückgekehrt, um uns mitzuteilen, ob er nach dem Tod im Paradies oder in der Hölle verweilt. Die Mehrheit war mit der Regelung zufrieden, die mit ihren Vorstellungen übereinstimmte. Sie gehorchten bereitwillig und erlaubten sich, eine schwache Hoffnung zu hegen, die allem Anschein nach eine sehr starke war, da sie begannen, stolz zu sein und sich anderen gegenüber hochmütig zu verhalten. Aber wie können sie sich einer Erwartung nach dem Tod rühmen, wenn sie die Erfüllung schon im Leben genießen? Ist nicht die Natur der Propheten und g-ttesfürchtigen Menschen der Unsterblichkeit näher als die Natur dessen, der diesen Grad nie erreicht hat?

110. Al Khazari: Es entspricht nicht dem gesunden Menschenverstand, dass, wenn der Mensch stirbt, Körper und Seele gleichzeitig verschwinden, wie es bei den Tieren der Fall ist, und dass die Philosophen allein - wie sie glauben - entkommen werden. Dasselbe gilt für die Behauptung der Andersgläubigen, dass der Mensch durch die Aussprache eines einzigen Wortes das Paradies erben kann, selbst wenn er sein ganzes Leben lang kein anderes Wort als dieses kannte und nicht einmal die große Bedeutung dieses Wortes begriff, nämlich dass ein einziges Wort ihn von der Stufe eines Tieres zu der eines Engels erhob. Wer dieses Wort nicht ausspricht, bleibt ein Tier, auch wenn er ein gelehrter und frommer Philosoph ist, der sich sein Leben lang nach G-tt sehnt.

111. Der Rebbi: Wir leugnen nicht, dass die guten Taten eines jeden Menschen, zu welchem Volk er auch gehören mag, von G-tt belohnt werden. Aber der Vorrang gehört den Menschen, die G-tt während ihres Lebens nahe sind, und wir schätzen den Rang, den sie nach dem Tod bei G-tt einnehmen, entsprechend ein.

112. Al Khazari: Wenden Sie dies auch in der anderen Richtung an, und beurteilen Sie ihren Grad in der nächsten Welt nach ihrer Stellung in dieser Welt.

113. Der Rebbi: I see thee reproaching us with our degradation and poverty, but the best of other religions boasts of both. Do they not glorify Him who said: He who smites thee on the right cheek, turn to him the left also; and he who takes away thy coat, let him have thy shirt also. He and his friends and followers, after hundreds of years of contumely, flogging and slaying, attained their well-known success, and just in these things they glorify. This is also the history of the founder of Islam and his friends, who Ich sehe, dass du uns unsere Erniedrigung und unsere Armut vorwirfst, aber die beste der anderen Religionen rühmt sich beider. Verherrlichen sie nicht den, der gesagt hat: Wer dich auf die rechte Backe schlägt, dem biete auch die linke an; und wer dir den Mantel wegnimmt, dem halte auch das Hemd hin. Er und seine Freunde und Anhänger haben nach Hunderten von Jahren der Schmähung, des Auspeitschens und des Tötens ihren bekannten Erfolg errungen, und gerade diese Dinge verherrlichen sie. Dies ist auch die Geschichte des Gründers des Islam und seiner Freunde, die sich schließlich durchsetzten und mächtig wurden. Mit ihnen rühmen sich die Völker, aber nicht mit diesen Königen, deren Kraft und Macht groß ist, deren Mauern stark sind und deren Wagen schrecklich sind. Doch unsere Beziehung zu G-tt ist enger, als wenn wir bereits auf Erden Größe erreicht hätten.

114. Al Khazari: Das könnte so sein, wenn deine Demut freiwillig wäre; aber sie ist unfreiwillig, und wenn du Macht hättest, würdest du töten.

115. Der Rebbi: Du hast unseren schwachen Punkt berührt, oh König der Chasaren. Wenn die Mehrheit von uns, wie du sagst, aus unserem niedrigen Stand heraus Demut vor G-tt und seinem Gesetz lernen würde, hätte die Vorsehung uns nicht gezwungen, sie so lange zu ertragen. Nur der kleinste Teil denkt so. Doch die Mehrheit darf eine Belohnung erwarten, weil sie ihre Erniedrigung teils aus Notwendigkeit, teils aus freiem Willen erträgt. Denn wer das will, kann mit einem Wort und ohne Schwierigkeiten zum Freund und Gleichen seines Unterdrückers werden. Ein solches Verhalten entgeht dem gerechten Richter nicht. Wenn wir unser Exil und unsere Erniedrigung um G-ttes willen ertragen, wie es sich gehört, werden wir der Stolz der Generation sein, die mit dem MASHIACH kommen wird, und den Tag der erhofften Befreiung beschleunigen. Nun lassen wir nicht zu, dass jemand, der unsere Religion nur theoretisch durch ein Wort annimmt, mit uns gleichgestellt wird, sondern wir verlangen tatsächliche Selbstaufopferung, Reinheit, Wissen, Beschneidung und zahlreiche religiöse Zeremonien. Der Konvertierte muss unsere Lebensweise vollständig übernehmen. Wir müssen bedenken, dass der Ritus der Beschneidung ein g-ttliches Symbol ist, das von G-tt verordnet wurde, um anzuzeigen, dass unsere Begierden gezügelt werden müssen und wir Besonnenheit walten lassen sollen, damit das, was wir hervorbringen, geeignet ist, den g-ttlichen Einfluss zu empfangen. G-tt erlaubt demjenigen, der diesen Weg beschreitet, sowie seinen Nachkommen, sich Ihm sehr zu nähern. Diejenigen aber, die Juden werden, nehmen nicht den gleichen Rang ein wie die geborenen Israeliten, denen es besonders vergönnt ist, zur Prophetie zu gelangen, während die ersteren nur etwas erreichen können, indem sie von ihnen lernen, und nur fromm und gelehrt werden können, aber niemals Propheten. Was die Verheißungen betrifft, über die du so erstaunt bist, so haben unsere Weisen vor langer Zeit das Paradies und die Hölle beschrieben, ihre Länge und Breite, und die Freuden und Strafen ausführlicher dargestellt, als es in allen späteren Religionen der Fall ist. Von Anfang an sprach ich zu dir nur von dem, was in den Büchern der Propheten enthalten ist. Sie behandeln jedoch die Verheißungen des Jenseits nicht so ausführlich wie die Sprüche der Rebben. Dennoch weisen die prophetischen Bücher darauf hin, dass der Staub des menschlichen Körpers zur Erde zurückkehrt, während der Geist zu seinem Schöpfer zurückkehrt, der ihn gegeben hat. Sie erwähnen auch die Auferstehung der Toten in einer zukünftigen Zeit, die Aussendung eines Propheten namens Eliyahu Al-Khidr, der schon einmal gesandt worden war, der aber von G-tt weggenommen wurde, so wie ein anderer sagte, dass er den Tod nie geschmeckt hat. Die Tora enthält das Gebet eines Mannes, dem es besonders vergönnt war, ein Prophet zu werden, und der darum betete, dass sein Tod leicht sein möge und sein Ende wie das Ende der Kinder Israels sei. Nach dem Tod Samuels rief König Saul seinen Beistand an, und er prophezeite ihm alles, was mit ihm geschehen würde, so wie er es ihm zu Lebzeiten prophezeit hatte. Obwohl diese Handlung Sauls, nämlich die Befragung der Toten, in unserem Gesetz verboten ist, zeigt sie, dass die Menschen zur Zeit der Propheten an die Unsterblichkeit der Seele nach dem Verfall des Körpers glaubten. Aus diesem Grund konsultierten sie die Toten. Alle gebildeten Menschen, auch die Frauen, kennen das Eingangsgebet unserer Morgenliturgie auswendig, das wie folgt lautet: Herr, der Geist, den Du mir eingehaucht hast, ist geheiligt; Du hast ihn erschaffen, Du behütest ihn, und Du wirst ihn nach einiger Zeit von mir nehmen, ihn mir aber in der anderen Welt wiedergeben. Solange sie in mir ist, preise ich Dich und bin Dir dankbar, o Herr des Universums. Gepriesen seist Du, der den Toten den Geist wiedergibt. Der Begriff "Paradies" selbst, von dem oft die Rede ist, stammt aus der Tora und bezeichnet den erhabenen Aufenthaltsort, der für Adam bestimmt war. Wäre er nicht ungehorsam gewesen, so wäre er für immer darin geblieben. In ähnlicher Weise war Gehinnom [Hölle] nichts anderes als ein bekannter Ort in der Nähe des Heiligen Hauses, ein Graben, in dem das Feuer nie erlosch, weil dort unreine Knochen, Aas und andere Unreinheiten verbrannt wurden. Das Wort ist ein zusammengesetztes hebräisches Wort.

116. Al Khazari: Wenn das so ist, dann hat es seit der Verkündigung eurer Religion nichts Neues gegeben, außer einigen Einzelheiten über das Paradies und die Hölle, deren Anordnung und deren Wiederholung und Erweiterung.

117. Der Rebbi: Auch das ist nicht neu. Die Rebbis haben so viel zu diesem Thema gesagt, dass es nichts gibt, was du darüber hören könntest, was nicht in ihren Schriften zu finden wäre, wenn du nur danach suchen würdest.

Sefer Ha'Kuzari

Buch des Chasaren

Zweites Essay

1. Danach war der Chasari, wie in der Geschichte der Chasaren berichtet wird, bestrebt, seinem Vezier [Minister] in den Bergen von Warsan das Geheimnis seines Traums und dessen Wiederholung zu offenbaren, in dem er aufgefordert wurde, die g-ttgefällige Tat zu suchen. Der König und sein Vezier reisten zu den verlassenen Bergen am Meer und kamen eines Nachts zu der Höhle, in der einige Juden den Sabbat zu feiern pflegten. Sie gaben sich ihnen zu erkennen, nahmen ihre Religion an, ließen sich in der Höhle beschneiden und kehrten dann in ihr Land zurück, um das jüdische Gesetz zu lernen. Sie hielten ihre Bekehrung jedoch geheim, bis sie eine Gelegenheit fanden, die Tatsache nach und nach einigen ihrer besonderen Freunde mitzuteilen. Als sich deren Zahl vergrößert hatte, machten sie die Sache öffentlich und veranlassten den Rest der Chasaren, den jüdischen Glauben anzunehmen. Sie sandten in verschiedene Länder, um Gelehrte und Bücher zu holen, und studierten die Tora. Ihre Chroniken erzählen auch von ihrem Wohlstand, wie sie ihre Feinde besiegten, ihre Ländereien eroberten, große Schätze sicherten; wie ihre Armee auf Hunderttausende anschwoll, wie sie ihren Glauben liebten und eine solche Liebe zum Heiligen Haus hegten, dass sie ein Tabernakel in der Form des von Mosche erbauten errichteten. Sie ehrten und schätzten auch die geborenen Israeliten, die unter ihnen lebten. Während der König die Tora und die Bücher der Propheten studierte, beschäftigte er den Rebbi als seinen Lehrer und stellte ihm viele Fragen zu hebräischen Themen. Die erste dieser Fragen bezog sich auf die Namen und Attribute, die G-tt zugeschrieben werden, und auf ihre anthropomorphistischen [Vermenschlichung] Formen, die sowohl für die Vernunft als auch für das Gesetz eindeutig zu beanstanden sind.

2. Sagte der Rebbi: Alle Namen G-ttes, mit Ausnahme des Tetragrammatons, sind Prädikate und attributive Bezeichnungen, die sich aus der Art und Weise ergeben, wie seine Geschöpfe von seinen Anordnungen und Maßnahmen betroffen sind. Er wird barmherzig genannt, wenn er den Zustand eines Menschen verbessert, den die Menschen wegen seiner traurigen Lage bemitleiden. Sie schreiben ihm Barmherzigkeit und Mitgefühl zu, obwohl dies in unserer Vorstellung sicherlich nichts anderes ist als eine Schwäche der Seele und eine schnelle Bewegung der Natur. Das kann man nicht auf G-tt anwenden, der ein gerechter Richter ist, der die Armut des einen und den Reichtum des anderen bestimmt. Sein Wesen bleibt davon völlig unberührt. Er hat kein Mitleid mit dem einen und keinen Zorn gegen den anderen. Das Gleiche sehen wir bei menschlichen Richtern, denen Fragen gestellt werden. Sie entscheiden nach dem Gesetz und machen die einen glücklich, die anderen unglücklich. Er erscheint uns, wenn wir sein Tun beobachten, manchmal als ein barmherziger und mitfühlender G-tt, manchmal als ein eifersüchtiger und rachsüchtiger G-tt, während er niemals von einer Eigenschaft zur anderen wechselt. Alle Attribute, mit Ausnahme des Tetragrammatons, werden in drei Klassen eingeteilt, nämlich in schöpferische, relative und negative. Was die schöpferischen Attribute betrifft, so leiten sie sich aus Handlungen ab, die von Ihm auf natürlichem Wege ausgehen: arm und reich machen, erhöhen oder erniedrigen, "barmherzig und mitfühlend", "eifersüchtig und rachsüchtig", "stark und allmächtig" und dergleichen. Was die relativen Attribute betrifft, nämlich "gesegnet, gelobt, verherrlicht, heilig, erhaben und gepriesen", so sind sie der Verehrung entlehnt, die ihm von den Menschen entgegengebracht wird. Wie zahlreich sie auch sein mögen, sie bewirken keine Pluralität, was Ihn betrifft, noch beeinträchtigen sie seine Einheit. Was die negativen Attribute betrifft, wie "Lebendig, Einziger, Erster und Letzter", so werden sie Ihm gegeben, um ihre Gegensätze zu verneinen, nicht aber, um sie in dem Sinne zu begründen, wie wir sie verstehen. Denn wir können das Leben nur verstehen, wenn es von Empfindung und Bewegung begleitet wird. G-tt aber steht über ihnen. Wir bezeichnen Ihn als lebendig, um die Idee des Starren und Toten zu verneinen, denn es wäre eine a priori Schlussfolgerung, dass das, was nicht lebt, tot ist. Dies lässt sich jedoch nicht auf den Intellekt übertragen. Man kann nicht sagen, dass die Zeit mit Leben ausgestattet ist, aber daraus folgt nicht, dass sie tot ist, da ihre Natur weder mit Leben noch mit Tod zu tun hat. Genauso kann man einen Stein nicht als unwissend bezeichnen, obwohl man sagen kann, dass er nicht gelehrt ist. So wie ein Stein zu niedrig ist, um mit Gelehrsamkeit oder Unwissenheit in Verbindung gebracht zu werden, so ist das Wesen G-ttes zu erhaben, um mit Leben oder Tod zu tun zu haben, noch können die Begriffe Licht oder Finsternis auf es angewendet werden. Wenn man uns fragen würde, ob dieses Wesen Licht oder Finsternis ist, müssten wir metaphorisch Licht sagen, denn man könnte daraus schließen, dass das, was nicht Licht ist, Finsternis sein muss. Tatsächlich muss man sagen, dass nur materielle Körper dem Licht und der Finsternis unterworfen sind, das g-ttliche Wesen aber ist kein Körper und kann daher die Attribute Licht oder Finsternis nur als Gleichnis oder zur Verneinung eines Attributs, das auf einen Mangel hinweist, erhalten. Leben und Tod sind also nur auf materielle Körper anwendbar, während das g-ttliche Wesen von beiden ebenso ausgenommen ist, wie es hoch über sie erhaben ist. Das "Leben", von dem wir in diesem Zusammenhang sprechen, ist nicht wie das unsrige, und das möchte ich behaupten, denn "wir können uns kein anderes Leben als das unsrige vorstellen. Es ist, als ob man sagen würde: Wir wissen nicht, was es ist. Wenn wir sagen: "Lebendiger G-tt" und "G-tt des Lebens", so ist das nur ein relativer Ausdruck, der im Gegensatz zu den Göttern der Heiden steht, die "tote Götter" sind, von denen keine Handlung ausgeht. In gleicher Weise nehmen wir den Begriff "Eins", nämlich zur Verneinung der Vielheit, aber nicht zur

Begründung der Einheit, wie wir sie verstehen. Denn wir nennen ein Ding eins, wenn die Bestandteile zusammenhängend und aus denselben Materialien sind, ein Knochen, eine Sehne, ein Wasser, eine Luft. In ähnlicher Weise wird die Zeit mit einem kompakten Körper verglichen, und wir sprechen von einem Tag und einem Jahr. Das g-ttliche Wesen ist frei von Komplexität und Teilbarkeit, und "eins" bedeutet nur, dass es keine Vielfalt gibt. In gleicher Weise bezeichnen wir Ihn als den Ersten, um die Vorstellung eines späteren Ursprungs auszuschließen, aber nicht, um zu behaupten, dass Er einen Anfang hat; so steht auch der Letzte dafür, die Vorstellung zu verwerfen, dass Seine Existenz kein Ende hat, aber nicht, um Ihm einen Begriff zu geben. Alle diese Attribute berühren weder das g-ttliche Wesen, noch verleiten sie dazu, eine Vielheit anzunehmen.die Attribute, die mit dem Tetragrammaton verbunden sind, sind diejenigen, die seine Schöpfungskraft ohne natürliche Vermittler beschreiben, nämlich Schöpfer, Erzeuger, Macher, Dem, der allein große Wunder tut, was bedeutet, dass er durch seine bloße Absicht und seinen Willen schafft, unter Ausschluss jeder unterstützenden Ursache. Dies ist vielleicht mit dem Wort der Tora gemeint: Und ich erschien Abraham... als El Schaddai, d.h. in der Art von Macht und Herrschaft, wie gesagt wird: Er ließ nicht zu, dass ihnen jemand Unrecht tat; ja, Er tadelte Könige um ihretwillen. Er tat jedoch kein Wunder an den Patriarchen, wie er es an Mosche tat, indem er sagte: aber meinen Namen **Y.H.W.H** kannten sie nicht. Das bedeutet durch meinen Namen **Y.H.W.H**, denn das beth in beel shaddai bezieht sich auf den ersteren. Die Wunder, die an Mosche und den Israeliten vollbracht wurden, ließen keinen Zweifel in ihren Seelen aufkommen, dass der Schöpfer der Welt auch diese Dinge erschaffen hat, die Er durch Seinen Willen unmittelbar ins Dasein gerufen hat, wie die Plagen in Ägypten, die Teilung des Roten Meeres, das Manna, die Wolkensäule und dergleichen. Der Grund dafür war nicht, dass sie höher standen als die Patriarchen, sondern weil sie eine Schar waren und den Zweifel in ihren Seelen genährt hatten, während die Patriarchen den größten Glauben und die Reinheit des Geistes gepflegt hatten. Wenn sie ihr ganzes Leben lang vom Unglück verfolgt worden wären, hätte ihr Glaube an G-tt nicht gelitten. Deshalb brauchten sie keine Zeichen. Wir bezeichnen Ihn auch als weise, weil Er das Wesen der Intelligenz und die Intelligenz selbst ist; aber das ist kein Attribut. Was die Allmacht betrifft, so gehört sie zu den schöpferischen Eigenschaften.

3. Al Khazari: Wie erklärst du die Eigenschaften, die noch körperlicher sind als jene, nämlich sehen, hören, reden, die Tafeln schreiben, auf den Berg Sinai herabsteigen, sich über seine Werke freuen, sich über sein Herz grämen.

4. Der Rebbi: Habe ich ihn nicht mit einem gerechten Richter verglichen, dessen Eigenschaften unveränderlich sind und dessen Entscheidungen das Wohlergehen und das Glück der Menschen zur Folge haben, so dass man sagt, dass er sie liebt und sich an ihnen erfreut? Andere, deren Schicksal es ist, dass ihre Häuser zerstört werden und sie selbst vernichtet werden, würden ihn als hasserfüllt und zornig beschreiben. Doch nichts, was getan oder gesprochen wird, entgeht ihm, er sieht und hört; die Luft und alle Körper sind durch seinen Willen entstanden und haben auf seinen Befehl hin Gestalt angenommen, ebenso wie Himmel und Erde. Er wird auch als "sprechend und schreibend" beschrieben. In ähnlicher Weise entstanden aus der ätherischen und geistigen Substanz, die heiliger Geist genannt wird, die geistigen Formen, die Herrlichkeit G-ttes genannt werden. Metaphorisch wird Er **Y.H.W.H.** genannt, der auf den Berg Sinai herabstieg. Wir werden dies bei der Behandlung der Metaphysik ausführlicher erörtern.

5. Al Khazari: Da du den Gebrauch dieser Attribute gerechtfertigt hast, so dass daraus nicht notwendigerweise eine Vorstellung von Pluralität folgen muss, bleibt dennoch eine Schwierigkeit in Bezug auf das Attribut des Willens, mit dem du ihn ausstattest, das der Philosoph aber bestreitet.

6. Der Rebbi: Wenn kein anderer Einwand erhoben wird, außer dem des Willens, werden wir uns bald rechtfertigen. Wir sagen: O ihr Philosophen, was ist es, das deiner Meinung nach den Himmel dazu gebracht hat, sich unaufhörlich zu drehen, wobei die oberste Sphäre das Ganze trägt, ohne Platz oder Neigung in ihrer Bewegung, und die Erde fest in der

Mitte steht, ohne Stütze oder Stütze; das die Ordnung des Universums in Quantität, Qualität und den Formen, die wir wahrnehmen, geschaffen hat? Du kannst nicht umhin, dies zuzugeben, denn die Dinge haben weder sich selbst noch einander erschaffen. Derselbe hat die Luft zum Klang der Zehn Gebote gemacht und die in die Tafeln eingravierte Schrift geformt, nenne es Wille oder Ding oder was du willst.

7. Al Khazari: Das Geheimnis der Attribute ist nun klar, und ich verstehe die Bedeutung der Herrlichkeit G-ttes, des Engels G-ttes und der Schechinah [G-ttes Gegenwart]. Es sind Namen, die von den Propheten auf wahrnehmbare Dinge angewandt werden, wie Wolkensäule und verzehrendes Feuer, Wolke, Nebel, Feuer, Glanz, so wie man vom Licht am Morgen, am Abend und an bewölkten Tagen sagt, dass die Lichtstrahlen von der Sonne ausgehen, obwohl sie nicht sichtbar ist. Dennoch sagt man, dass die Lichtstrahlen untrennbar mit der Sonne verbunden sind, obwohl dies in Wirklichkeit nicht der Fall ist. Es sind die irdischen Körper, die, da sie ihr gegenüberstehen, von ihr beeinflusst werden und ihr Licht reflektieren.

8. Der Rebbi: So kommt auch die Herrlichkeit G-ttes, die nur ein Strahl des g-ttlichen Lichts ist, seinem Volk in seinem Land zugute.

9. Al Khazari: Ich verstehe, was du meinst mit **seinem Volk** meinst, aber weniger verständlich ist, was du über **sein Land** sagst.

10. Der Rebbi: Es wird dir nicht schwer fallen, zu erkennen, dass ein Land höhere Qualifikationen haben kann als andere. Es gibt Orte, an denen besondere Pflanzen, Metalle oder Tiere zu finden sind, oder an denen sich die Bewohner durch ihre Form und ihren Charakter unterscheiden, denn Vollkommenheit oder Mangel der Seele entstehen durch die Vermischung der Elemente.

11. Al Khazari: Ich habe jedoch nie gehört, dass die Einwohner des heiligen Landes besser seien als andere Menschen.

12. Der Rebbi: Was ist mit dem Hügel, auf dem Sie sagen, dass die Reben so gut gedeihen? Wäre er nicht richtig bepflanzt und kultiviert worden, würde er niemals Trauben tragen. Der Vorrang gehört in erster Linie dem Volk, das, wie bereits gesagt, das Wesen und den Kern der Nationen darstellt. In zweiter Linie gehört er dem Land, und zwar wegen der damit verbundenen religiösen Handlungen, die ich mit der Pflege des Weinbergs vergleichen würde. Kein anderer Ort würde die Auszeichnung des g-ttlichen Einflusses teilen, so wie kein anderer Berg in der Lage wäre, guten Wein zu produzieren.

13. Al Khazari: Wie kann das sein? Wurden in der Zeit zwischen Adam und Mosche nicht an anderen Orten prophetische Visionen gewährt: Abraham in Ur der Chaldäer, Hesekiel und Daniel in Babylon und Jeremia in Ägypten.

14. Der Rebbi: Jeder, der prophezeite, tat dies entweder im Heiligen Land oder über das Heilige Land, nämlich Abraham, um es zu erreichen, Hesekiel und Daniel wegen des Heiligen Landes. Die beiden Letztgenannten hatten zur Zeit des ersten Tempels gelebt und die Schechinah gesehen, durch deren Einfluss jeder, der entsprechend vorbereitet war, zu den Auserwählten gehörte und prophezeien konnte. Adam lebte und starb in diesem Land. Der Überlieferung nach wurden die vier Paare in der Höhle von Machpelah begraben: Adam und Eva, Abraham und Sarah, Itzhak und Rebekka, Yaakov und Leah. Dies ist das Land, das den Namen vor dem Herrn trug und von dem es heißt: "Die Augen des Herrn, deines G-ttes, sind immer darauf gerichtet. Es war auch der erste Gegenstand der Eifersucht und des Neides zwischen Kain und Abel, als sie wissen wollten, wer von ihnen Adams Nachfolger und Erbe seines Wesens und seiner inneren Vollkommenheit sein würde, um das Land zu erben und in Verbindung mit dem g-ttlichen Einfluss zu stehen, während der andere ein Nichts wäre. Dann wurde Abel von Kain getötet, und das Reich war ohne einen Erben. Es heißt, dass Kain aus dem Angesicht des Herrn hinausging, was bedeutet, dass er das Land verließ und sagte: Siehe, du hast mich heute vom Angesicht der Erde vertrieben, und vor deinem Angesicht werde ich verborgen sein. Auf dieselbe Weise heißt es: Jona aber machte sich auf, um nach Tarschisch zu fliehen vor dem Angesicht des Herrn, aber er floh nur von dem Ort der Weissagung. G-tt aber hat ihn aus dem Bauch des Fisches dorthin zurückgebracht und ihn zum Propheten im Lande eingesetzt. Als Seth geboren wurde, war er wie Adam, wie es heißt: Er zeugte nach seinem Ebenbild und nahm den Platz Abels ein, wie es heißt: Denn G-tt hat mir anstelle von Abel, den Kain erschlug, einen anderen Samen eingesetzt. Er verdiente den Titel: Sohn G-ttes, wie Adam, und er hatte ein Anrecht auf das Land, was die nächste Stufe zum Paradies ist. Das Land war dann Gegenstand der Eifersucht zwischen Itzhak und Ismael, bis letzterer als wertlos verworfen wurde, obwohl über ihn gesagt wurde: Siehe, ich habe ihn gesegnet und will ihn über die Maßen vermehren, in weltlichem Wohlstand; aber gleich darauf heißt es: Meinen Bund will ich mit Itschak aufrichten, was sich auf seine Verbindung mit dem g-ttlichen Einfluss und Glück in der kommenden Welt bezieht. Weder Ismael noch Esau konnten sich eines Bundes rühmen, obwohl sie sonst wohlhabend waren. Zwischen Jaakow und Esau entstand Eifersucht auf das Erstgeburtsrecht und den Segen, aber Esau wurde trotz seiner Stärke und seiner Schwäche zugunsten von Jaakow zurückgewiesen. Jeremias Prophezeiung über Ägypten wurde in Ägypten selbst geäußert. Dies war auch der Fall bei Mosche, Aaron und Mirjam. Sinai und Paran werden zum heiligen Land gerechnet, weil sie diesseits des Roten Meeres liegen, wie es heißt: "Und ich will deine Grenzen setzen vom Roten Meer bis an das Philistermeer und von der Wüste bis an den Strom. Die Wüste ist die Wüste Parun, die große und schreckliche Wüste, die die südliche Grenze bildet. Der vierte Strom, der Euphrat, bezeichnet die nördliche Grenze, wo die

Altäre der Patriarchen standen, die vom Feuer des Himmels und dem g-ttlichen Licht erhört wurden. Die Bindung Itzhaks fand auf einem einsamen Berg statt, nämlich auf Morija. Erst in den Tagen Davids, als er bewohnt war, wurde das Geheimnis gelüftet, dass dies der Ort war, der speziell für die Schechinah vorbereitet wurde. Arauna, der Jebusiter, bewirtschaftete dort sein Land. So heißt es: Und Abraham nannte den Ort "Der Herr wird sehen", wie es auch heute noch heißt: "Auf dem Berg des Herrn wird man es sehen". Im Buch der Chronik heißt es noch deutlicher, dass der Tempel auf dem Berg Morija gebaut wurde. Dies sind zweifellos die Orte, die man die Tore des Himmels nennen kann. Siehst du nicht, dass Jaakow die Vision, die er sah, nicht der Reinheit seiner Seele, nicht seinem Glauben, nicht seiner wahren Rechtschaffenheit, sondern dem Ort zuschrieb, wie es heißt: Wie schrecklich ist dieser Ort. Davor heißt es: Und er leuchtete auf einen bestimmten Ort, nämlich auf den Auserwählten. Wurde nicht auch Abraham, nachdem er hoch erhoben worden war, mit dem g-ttlichen Einfluss in Berührung gebracht und zum Herzen dieses Wesens gemacht, aus seinem Land an den Ort gezogen, an dem seine Vollkommenheit vollkommen werden sollte? So findet der Landwirt die Wurzel eines guten Baumes an einem wüsten Ort. Er pflanzt sie in den richtigen Boden, um sie zu verbessern und wachsen zu lassen; um sie von einer wilden Wurzel in eine kultivierte zu verwandeln, von einer, die nur zufällig Früchte trägt, in eine, die eine üppige Ernte hervorbringt. In gleicher Weise blieb die Gabe der

Prophetie unter den Nachkommen Abrahams im heiligen Land erhalten, das Eigentum vieler, solange sie im Lande blieben und die geforderten Bedingungen erfüllten, nämlich Reinheit, Anbetung und Opfer, und vor allem die Verehrung der Schechinah. Denn der g-ttliche Einfluss, so könnte man sagen, wählt diejenigen aus, die ihm würdig erscheinen, mit ihm verbunden zu sein, wie Propheten und fromme Männer, und ist ihr G-tt. Die Vernunft wählt diejenigen aus, deren natürliche Gaben vollkommen sind, nämlich die Philosophen und diejenigen, deren Seelen und Charakter so harmonisch sind, dass sie unter ihnen ihre Wohnung finden kann. Der Geist des Lebens, rein und einfach, ist in den Wesen zu finden, die mit den gewöhnlichen primären Fähigkeiten ausgestattet und besonders an die höhere Vitalität angepasst sind, nämlich in den Tieren. Schließlich findet das organische Leben seinen Lebensraum in einer Mischung aus harmonischen Elementen und bringt die Pflanze hervor.

15. Al Khazari: Dies sind die allgemeinen Regeln einer Wissenschaft, die klassifiziert werden muss. Das betrifft uns jetzt nicht, und ich werde dich danach fragen, wenn wir über das Thema sprechen. Fahre fort mit deiner Rede über die besonderen Vorzüge des Landes Israel.

16. Der Rebbi: Es war dazu bestimmt, die Welt zu leiten, und wurde den Stämmen Israels zugeteilt, seit der Zeit der Sprachenverwirrung, wie es heißt: Als der Höchste unter den Völkern ihr Erbe verteilte. Abraham war nicht fähig, den g-ttlichen Einfluss zu erlangen und einen gegenseitigen Bund zu schließen, bis er im heiligen Land den Bund mit ihm "zwischen den Stücken" geschlossen hatte. Was ist nun deine Meinung von einer auserwählten Gemeinschaft, die die Bezeichnung Volk G-ttes verdient hat, und auch einen besonderen Namen, der das Erbe G-ttes heißt, und von Jahreszeiten, die von Ihm festgelegt wurden, die nicht nur vereinbart oder durch astronomische Berechnungen festgelegt wurden, und die deshalb "Sabbat des Landes" Feste des Herrn genannt werden. Die Regeln für die Reinheit und den G-ttesdienst, die Gebete und die Darbietungen sind von G-tt festgelegt und werden deshalb "Werk G-ttes" und "Dienst des Herrn" genannt.

17. Al Khazari: In einem solchen Arrangement musste die Herrlichkeit G-ttes sichtbar werden.

18. Der Rebbi: Siehst du denn nicht, dass auch dem Lande seine Sabbate gegeben wurden, wie es heißt? Sabbat des Landes, und das Land soll einen Sabbat für den Herrn halten. Es ist verboten, es für immer zu verkaufen, wie es heißt: Denn mein ist das Land. Beachte, dass die Feste des Herrn und die Sabbate des Landes zum Land des Herrn gehören.

19. Al Khazari: Wurde der Tag nicht in erster Linie so berechnet, dass er in China zuerst anbricht, weil er den östlichen Anfang der bewohnten Erde bildet?

20. Der Rebbi: Der Beginn des Sabbats muss vom Sinai oder besser gesagt von Alusch aus berechnet werden, wo der Mannah zuerst hinabstieg. Folglich beginnt der Sabbat erst, wenn die Sonne hinter dem Sinai untergegangen ist, und so weiter bis in den fernen Westen und rund um den Globus bis nach China, dem äußersten Ende der bewohnten Erde. Der Sabbat beginnt in China achtzehn Stunden später als im heiligen Land, da letzteres im Zentrum der Welt liegt. Der Sonnenuntergang im heiligen Land stimmt also mit Mitternacht in China überein, und der Mittag im heiligen Land stimmt mit dem Sonnenuntergang in China überein. Dies ist das Problem des auf den achtzehn Stunden basierenden Systems der talmudischen Regel: Wenn die Konjunktion des Mondes vor Mittag stattfindet, wird der Neumond gegen Sonnenuntergang sichtbar. Dies bezieht sich auf das heilige Land, dem Ort, an dem das Gesetz gegeben wurde und an dem Adam am Ende des Sabbats aus dem Paradies versetzt wurde. Dort begann der Kalender nach den sechs Tagen der Schöpfung. Adam begann also, die Tage zu benennen, wie er es mit allen tat, die auf der Erde lebten, und die folgenden Generationen zählten auf dieselbe Weise weiter. Dies ist der Grund, warum es unter den Menschen keinen Unterschied bei den sieben Tagen der Woche gibt, die zu der Stunde begannen, als die Bewohner des äußersten Westens Mittag hielten. Dies war die Stunde des Sonnenuntergangs im heiligen Land, und in diesem Moment wurde das erste Licht erschaffen, die Sonne wurde erst später erschaffen. Dieses erste Licht war nur eine Erleuchtung, die bald wieder verschwand und die Welt in Dunkelheit zurückließ. Damals galt die Regel, dass die Nacht dem Tag vorausging, wie es geschrieben steht: 'Es wurde Abend und es wurde Morgen'. So hat es auch die Thora bestimmt: Vom Abend bis zum Abend. Zitieren Sie nicht die jüngsten Astronomen gegen mich, die Diebe der Wissenschaft, obwohl ihr Diebstahl unabsichtlich war. Sie fanden jedoch ihre Wissenschaft in einem prekären Zustand, da das Auge der Prophezeiung mit Blindheit geschlagen war; so griffen sie auf Spekulationen zurück und verfassten Bücher auf deren Grundlage. Im Gegensatz zur Thora betrachteten sie China als die ursprüngliche Heimat der Berechnung der Tage. Der Gegensatz ist jedoch nicht vollständig, denn sie stimmen mit der jüdischen Theorie darin überein, dass der Beginn des Tagesbruchs in China stattgefunden hat. Der Unterschied zwischen unserer und ihrer Theorie besteht vor allem darin, dass wir die Nacht vor dem Tag zählen. Die "achtzehn" Stunden müssen folglich zur Grundlage für die Benennung der Wochentage gemacht werden. Denn zwischen dem heiligen Land, wo die Benennung der Tage begann, und dem Ort, an dem die Sonne zum Zeitpunkt des Beginns der Benennung stand, liegen sechs Stunden. So wurde der Name "Sabbat" für den Beginn des Tages verwendet, an dem die Sonne im äußersten Westen aufging, während sie für Adam im heiligen Land unterging. Er behielt den Namen "Beginn des Sabbats", bis die Sonne für ihn achtzehn Stunden später kulminierte, als es in China Abend und ebenfalls Beginn des Sabbats war. Dies war die äußerste Grenze für den Tag, der Sabbat genannt werden sollte, denn die weitere Region wird nur östlich des Ortes genannt, an dem die Zählung der Tage begann. Es muss jedoch einen Ort geben, der gleichzeitig der äußerste Westen und der Anfang des Ostens ist. Dies ist für das heilige Land der Beginn der bewohnten Welt, nicht nur aus der Sicht des Gesetzes, sondern auch aus der Sicht der Naturwissenschaft. Denn es wäre unmöglich, dass die Wochentage überall auf der Welt dieselben Namen hätten, es sei denn, wir legen einen Ort fest, der den Anfang markiert, und einen anderen, der nicht weit davon entfernt ist, nicht, dass der eine nur ein östlicher Punkt für den anderen ist, sondern dass der eine absolut östlich und der andere absolut westlich ist. Wäre dies nicht der Fall, könnten die Tage keine eindeutigen Namen haben, da jeder Punkt des Äquators gleichzeitig Osten oder Westen sein kann. China wäre also Osten für Israel, aber Westen für die antipodische Seite. Letzteres wäre östlich für China, aber westlich für das, was wir Westen nennen, und das letztgenannte wäre östlich für die antipodische Seite, aber westlich für Israel, und es gäbe weder Osten noch Westen, weder Anfang noch Ende, noch eindeutige Namen für die Tage. Adam aber gab den Tagen bestimmte Namen, indem er Israel zum Ausgangspunkt nahm, aber jeder Name erstreckt sich über eine bestimmte geographische Breite, weil es unmöglich ist, den Horizont für jeden einzelnen Punkt auf der Erde festzulegen Jerusalem selbst hätte viele Ost- und Westpunkte; der Osten von Zion wäre nicht auch der Osten des Tempels, und ihre Horizonte wären, streng genommen, verschieden, wenn auch für das Auge nicht erkennbar. Dies wäre in größerem Maße zwischen Damaskus und Jerusalem der Fall, und wir könnten nicht leugnen, dass der Sabbat in Damaskus früher begann als in Jerusalem, und in Jerusalem früher als in Ägypten. Ein gewisser Spielraum muss also eingeräumt werden. Aber der Spielraum, in dem sich die Unterschiede in der Benennung des Tages bemerkbar machen, beträgt achtzehn Stunden, weder mehr noch weniger. Die Bewohner des einen Meridians nennen den Tag noch Sabbat, während die Bewohner eines anderen Meridians ihn schon hinter sich haben, und so weiter bis achtzehn Stunden nach dem Zeitpunkt, an dem der Sabbat begann und die Sonne in Jerusalem kulminierte. Erst dann hört der Name Sabbat auf. Deshalb gibt es niemanden, der den Tag Sabbat nennen würde, sondern er benutzt den Namen des nächsten Tages. Dies ist mit den Worten gemeint: Wenn die Konjunktion vor Mittag stattfindet, wird davon ausgegangen, dass der Neumond bei Sonnenuntergang sichtbar ist. Mit anderen Worten: Wenn der Molad vor Mittag am Sabbat in Jerusalem stattfindet, wird davon ausgegangen, dass der Neumond am Sabbat bei Sonnenuntergang sichtbar ist. Das liegt daran, dass der Name Sabbat achtzehn Stunden lang beibehalten wird, nachdem der Grund für diese Bezeichnung den Ort verlassen hat, an dem er begonnen hat, und die Sonne einen Tag und eine Nacht später wieder in Israel kulminiert. Der Neumond erscheint daher zwangsläufig an der Ostgrenze Chinas in der Dämmerung des Sabbats.

Dies stimmt mit der Regel der Weisen überein: Eine Nacht und ein Tag werden zum Monat gerechnet. Der Name Sabbat gibt überall dem Sonntag Platz, obwohl Israel vorher den Sabbat verlassen hatte und inmitten des Sonntags lag. Die Absicht dieser Regel war, dass der Name desselben Wochentages in der ganzen Welt gelten sollte, und die Frage konnte sowohl den Bewohnern Chinas als auch des Westens gestellt werden: An welchem Tag habt ihr das Neujahrsfest gefeiert? Die Antwort würde lauten: Am Sabbat. Und das, obwohl das letztgenannte Volk das Fest beendet hatte, während das erstgenannte Volk es aufgrund der geografischen Lage seines Landes zu Israel noch feierte. Was die Bezeichnung der Wochentage anbelangt, so hatten beide denselben Tag gehalten. So hängt das Wissen um den "Sabbat des Herrn" und die Feste des Herrn von dem Land ab, das das Erbe des Herrn ist und, wie du gelesen hast, die anderen Namen seines heiligen Berges, seines Fußschemels und des Himmelstores hat. Denn von Zion wird das Gesetz ausgehen. Du hast auch gelesen, wie die Patriarchen sich bemühten, in dem Land zu leben, während es in der Hand der Heiden war, wie sie sich danach sehnten und ihre Gebeine dorthin tragen ließen, wie Jaakow und Josef. Mosche bat darum, es zu sehen, und als ihm dies verwehrt wurde, hielt er es für ein Unglück. Daraufhin wurde sie ihm vom Gipfel des Pisgah gezeigt, was für ihn ein Akt der Gnade war. Perser, Inder, Griechen und Kinder anderer Völker baten darum, im heiligen Tempel Opfer darbringen und für sie beten zu dürfen; sie gaben dort ihren Reichtum aus, obwohl sie an andere, von der

Thora nicht anerkannte Gesetze glaubten. Sie verehren ihn bis heute, obwohl die Schechinah dort nicht mehr erscheint. Alle Völker pilgern dorthin, sehnen sich danach, nur wir nicht, denn wir sind bestraft und in Ungnade gefallen. Es würde zu lange dauern, alles zu erzählen, was die Rebbis über seine großartigen Eigenschaften sagen.

21. Al Khazari: Lassen Sie mich ein paar ihrer Beobachtungen hören.

22. Der Rebbi: Ein Satz lautet: Alle Wege führen nach Jerusalem, aber keiner führt von dort weg. Was eine Frau betrifft, die sich weigert, mit ihrem Mann dorthin zu gehen, so haben sie verfügt, dass sie geschieden wird und die Abfindung für die Ehe verwirkt. Weigert sich hingegen der Ehemann, seine Frau nach Jerusalem zu begleiten, so ist er verpflichtet, sich von ihr scheiden zu lassen und ihr eine Abfindung zu zahlen. Sie sagen weiter: Es ist besser, im Heiligen Land zu wohnen, auch in einer Stadt, die mehrheitlich von Heiden bewohnt ist, als im Ausland in einer Stadt, die mehrheitlich von Israeliten bevölkert ist; denn wer im Heiligen Land wohnt, wird mit dem verglichen, der einen G-tt hat, während derjenige, der im Ausland wohnt, mit dem verglichen wird, der keinen G-tt hat. So sagt David: "Denn sie haben mich heute aus dem Erbe des Herrn vertrieben, indem sie sagten: Geh hin und diene anderen Göttern", was bedeutet, dass derjenige, der in der Fremde wohnt, so ist, als diene er fremden Göttern. Sie schrieben Ägypten eine gewisse

Überlegenheit gegenüber anderen Ländern zu, und zwar auf der Grundlage eines Syllogismus der folgenden Art: Wenn Ägypten, mit dem ein Bund geschlossen wurde, ein verbotenes Land ist, dann sind es andere Länder noch mehr. Ein anderes Sprichwort lautet: In Palästina begraben zu sein, ist wie unter dem Altar begraben zu sein. Sie preisen den, der im Lande ist, mehr als den, der tot dorthin getragen wird. Dies wird so ausgedrückt: Derjenige, der es zu Lebzeiten umarmt, ist nicht wie derjenige, der es nach seinem Tod umarmt. Sie sagen über den, der dort leben konnte, es aber nicht tat und nur seinen Leichnam nach seinem Tod dorthin tragen ließ: Solange du lebst, hast du mein Erbe zu einem Greuel gemacht, aber im Tod kommst du und verunreinigst mein Land. Es wird überliefert, dass Rebbi Hananja auf die Frage, ob es für einen Menschen rechtmäßig sei, ins Ausland zu gehen, um die Witwe seines Bruders zu heiraten, sagte: Sein Bruder hat eine heidnische Frau geheiratet; gepriesen sei G-tt, der ihn sterben ließ; nun folgt diese ihm nach. Die Weisen haben auch verboten, Ländereien oder die Reste eines Hauses an einen Heiden zu verkaufen oder ein Haus in Trümmern zu hinterlassen. Andere Sprüche sind: Geldstrafen können nur im Land selbst verhängt werden; kein Sklave darf ins Ausland transportiert werden, und viele ähnliche Vorschriften. Außerdem macht die Atmosphäre des Heiligen Landes weise. Sie drückten ihre Liebe zum Land wie folgt aus: Rebbi Zera sagte zu einem Heiden, der seine Tollkühnheit kritisierte, einen Fluss zu überqueren, ohne eine Furt abzuwarten, in seinem Eifer, das Land zu betreten: "Wer vier Meter im Land geht, ist des Glücks in der kommenden Welt sicher: Wie kann der Ort, den Mosche und Aaron nicht erreichen konnten, von mir erreicht werden?

23. Al Khazari: Wenn das so ist, dann erfüllst du nicht die Pflicht, die in deinem Gesetz festgelegt ist, indem du nicht danach strebst, diesen Ort zu erreichen und ihn zu deinem Wohnsitz im Leben und im Tod zu machen, obwohl du sagst: Erbarme dich des Zions, denn er ist das Haus unseres Lebens, und glaube, dass die Schechinah dorthin zurückkehren wird. Und wenn es keinen anderen Vorzug gäbe, als dass die Schechinah fünfhundert Jahre dort gewohnt hat, so ist dies Grund genug für die Seelen der Menschen, sich dorthin zurückzuziehen und dort Läuterung zu finden, wie es in der Nähe der Wohnstätten der Frommen und der Propheten geschieht. Ist es nicht "das Tor des Himmels"? In diesem Punkt sind sich alle Völker einig. Die Christen glauben, dass die Seelen dort gesammelt und dann in den Himmel emporgehoben werden. Der Islam lehrt, dass es der Ort des Aufstiegs ist und dass die Propheten von dort aus in den Himmel aufsteigen, und dass es der Ort ist, an dem sie am Tag der Auferstehung versammelt werden. Jeder wendet sich ihm im Gebet zu und besucht ihn auf seiner Pilgerfahrt. Wenn du dich vor ihm verbeugst und niederkniest, ist das entweder nur Schein oder gedankenlose Anbetung. Und doch wählten eure ersten Vorväter ihn als Wohnsitz vor ihren Geburtsorten und lebten dort als Fremde und nicht als

Bürger ihres Landes. Das taten sie sogar zu einer Zeit, als die Schechinah noch sichtbar war, das Land aber voller Unkeuschheit, Unreinheit und Götzendienst war. Eure Väter aber hatten keinen anderen Wunsch, als in diesem Land zu bleiben. Sie verließen es auch nicht in Zeiten des Mangels und der Hungersnot, es sei denn mit G-ttes Erlaubnis. Schließlich haben sie dass ihre Gebeine dort begraben werden.

24. Der Rebbi: Dies ist ein schwerer Vorwurf, o König der Chasaren. Es ist die Sünde, die die g-ttliche Verheißung in Bezug auf den zweiten Tempel, nämlich: Sing und frohlocke, Tochter Zion, nicht erfüllt werden konnte. Die g-ttliche Vorsehung war bereit, alles so wiederherzustellen, wie es am Anfang war, wenn sie alle bereit gewesen wären, zurückzukehren. Aber nur ein Teil war dazu bereit, während die Mehrheit und die Aristokratie in Babylon blieben, die Abhängigkeit und Sklaverei vorzogen und nicht bereit waren, ihre Häuser und ihre Geschäfte zu verlassen. Eine Anspielung auf sie könnte in den rätselhaften Worten von Shlomo zu finden sein: Ich schlafe, aber mein Herz wacht. Er bezeichnet das Exil mit Schlaf und das Fortbestehen der Prophetie unter ihnen mit der Wachsamkeit des Herzens. Die Stimme meiner Geliebten, die anklopft, bedeutet den Ruf G-ttes zur Rückkehr; mein Haupt ist voll Tau und spielt auf die Schechinah an, die aus dem Schatten des Tempels hervortritt. Die Worte: Ich habe meinen Mantel abgelegt" beziehen sich auf die Trägheit des Volkes, das der Rückkehr nicht zustimmt. Der Satz: "Mein Geliebter streckt seine

Hand durch die Öffnung" kann als dringender Aufruf von Esra, Nehemia und den Propheten gedeutet werden, bis ein Teil des Volkes ihrer Aufforderung widerwillig nachkam. Entsprechend ihrem geringen Verstand erhielten sie nicht das volle Maß. Die g-ttliche Vorsehung gibt dem Menschen nur so viel, wie er zu empfangen bereit ist; wenn seine Aufnahmefähigkeit gering ist, erhält er wenig, wenn sie groß ist, viel. Wären wir bereit, dem G-tt unserer Vorfahren mit reinem Verstand zu begegnen, würden wir dieselbe Erlösung finden wie unsere Väter in Ägypten. Wenn wir sagen: Betet seinen heiligen Hügel an, betet an seinem Fußschemel, der seine Herrlichkeit zu Zion wiederherstellt, und andere Worte, so ist das nur wie das Geschnatter der Stare und der Nachtigall. Wir wissen nicht, was wir mit diesem Satz sagen, auch nicht mit anderen, wie du richtig bemerkst, oh Prinz der Chasaren.

25. Al Khazari: Genug zu diesem Thema. Jetzt hätte ich gerne eine Erklärung für das, was ich über die Opfer gelesen habe. Die Vernunft kann solche Ausdrücke nicht akzeptieren wie: Mein Opfer, mein Brot für meine Feueropfer, zum süßen Geruch für mich, die im Zusammenhang mit den Opfern verwendet werden und sie als G-ttes Opfer, Brot und Weihrauch bezeichnen.

26. Der Rebbi: Der Ausdruck: Durch meine Feuer wird jede Schwierigkeit beseitigt. Er besagt, dass die Opfergaben, das Brot und der süße Geruch, die mir zugeschrieben werden, in Wirklichkeit zu meinen

Feuern gehören, zu dem Feuer, das auf G-ttes Geheiß angezündet und von den Opfergaben gespeist wurde. Die übrigen Teile waren Nahrung für die Priester. Die tiefere Bedeutung bestand darin, ein geordnetes System zu schaffen, auf dem der König in einem erhabenen, aber nicht lokalen Sinn ruhen sollte. Betrachten wir als Symbol des g-ttlichen Einflusses die denkende Seele, die in einem vergänglichen Körper wohnt. Wenn ihre körperlichen und edleren Fähigkeiten richtig verteilt und angeordnet sind und sie hoch über die Tierwelt erheben, dann ist sie eine würdige Wohnung für den König der Vernunft, der sie führen und leiten wird und so lange bei ihr bleibt, wie die Harmonie ungestört ist. Sobald diese aber gestört ist, verlässt er sie. Ein Narr mag sich einbilden, dass die Vernunft Essen, Trinken und Düfte braucht, weil er sich so lange erhalten sieht, wie diese vorhanden sind, aber daran zugrunde gehen würde, wenn sie ihm vorenthalten werden. Das ist aber nicht der Fall. Der g-ttliche Einfluss ist wohltätig und will allen Gutes tun. Wo immer etwas geordnet und vorbereitet ist, um seine Führung zu empfangen, lehnt er es nicht ab, noch hält er es zurück, noch zögert er, es mit Licht, Weisheit und Inspiration zu versorgen. Wenn jedoch die Ordnung gestört ist, kann es dieses Licht nicht empfangen, und es ist dann verloren. Der g-ttliche Einfluss steht über jeder Veränderung oder Beschädigung. Alles, was in der Ordnung des Opferdienstes enthalten ist, sein Ablauf, die Opfergaben, das Verbrennen von Weihrauch, das Singen, das Essen, das Trinken, soll in äußerster Reinheit und Heiligkeit geschehen. Er wird genannt:

Dienst des Herrn, Brot deines Gottes und ähnliche Ausdrücke, die sich auf sein Wohlgefallen an der schönen Harmonie beziehen, die zwischen Volk und Priesterschaft herrscht. Er nimmt sozusagen ihre Gastfreundschaft an und wohnt unter ihnen, um ihnen Ehre zu erweisen. Er ist jedoch höchst heilig und viel zu erhaben, um an ihrem Essen und Trinken Gefallen zu finden. Es ist zu ihrem eigenen Nutzen, wie es auch die richtige Arbeitsweise der Verdauung in Magen und Leber ist. Die edleren Bestandteile der Nahrung stärken das Herz, das Beste von allem, den Geist. Nicht nur Herz, Verstand und Gehirn werden durch diese Nahrung regeneriert, sondern auch die Verdauungsorgane und alle anderen Organe durch den stärkenden Stoff, der durch die Arterien, Nerven und Sehnen zu ihnen gelangt. Alles in allem wird dies so geordnet und zubereitet, dass es geeignet wird, die Führung der denkenden Seele zu empfangen, die eine eigenständige Substanz ist und sich der engelhaften annähert, von der die Rede ist: Ihre Wohnung ist nicht beim Fleisch. Sie wohnt im Körper als Herrscher und Führer, nicht im Sinne des Raumes, und sie nimmt auch nicht an dieser Nahrung teil, weil sie über ihn erhaben ist. Der g-ttliche Einfluss wohnt nur in einer Seele, die für den Intellekt empfänglich ist, während die Seele sich nur mit dem warmen Lebensatem verbindet. Dieser muss eine Triebfeder haben, an die er gebunden ist, wie die Flamme an die Spitze des Dochtes. Das Herz wird mit dem Docht verglichen und wird durch den Blutstrom gespeist. Das Blut wird von den Verdauungsorganen produziert und benötigt daher den Magen, die Leber und die unteren Organe.

In gleicher Weise benötigt das Herz die Lungen, den Rachen, die Nase, das Zwerchfell und die Muskeln, die die Brustmuskeln zum Atmen bewegen, sowie die Temperatur des Herzens zwischen der eintretenden und der ausgestoßenen Luft im Gleichgewicht zu halten. Für den Abtransport der Nahrung sind außerdem Ausscheidungskräfte erforderlich, nämlich die Ausscheidungs- und Harnorgane. Auf diese Weise wird der Körper aus allen genannten Bestandteilen gebildet. Er braucht auch Bewegungsorgane, um sich von Ort zu Ort zu bewegen, um seine Bedürfnisse zu befriedigen, um Schädliches zu vermeiden, um anzuziehen und abzustoßen. Es braucht Hände und Füße, Berater, die unterscheiden, vor dem warnen, was zu befürchten ist, und dem raten, was zu hoffen ist; die Rechenschaft ablegen über das, was geschehen ist, und aufzeichnen, was geschehen ist, um für künftige Ereignisse Vorsicht oder Hoffnung zu empfehlen. Dazu bedarf es der inneren und äußeren Sinne, deren Sitz im Kopf ist und die von den Funktionen des Herzens unterstützt werden. Der gesamte Körper ist auf diese Weise harmonisch aufgebaut, steht aber unter der Kontrolle des Herzens, das den primären Sitz der Seele bildet. Ihre Lokalisierung im Gehirn ist von untergeordneter Bedeutung, das Herz bleibt ihr Regulator. Genauso ist das lebendige, g-ttesfürchtige Volk geordnet, wie Jehoschua sagte: Daran werdet ihr erkennen, dass der lebendige G-tt unter euch ist. Das Feuer wurde nach dem Willen G-ttes angezündet, als das Volk Gunst bei ihm fand, als Zeichen dafür, dass er ihre Gastfreundschaft und ihre Gaben annahm. Denn das Feuer ist das feinste und edelste Element unter der Sphäre des Mondes. Sein Sitz ist das Fett und der Dampf der Opfer, der Rauch des Weihrauchs und des Öls, denn es liegt in der Natur des Feuers, an Fett und Öl zu haften. So haftet auch die natürliche Hitze an den feinsten Fettkügelchen des Blutes. G-tt hat den Bau des Brandopferaltars, des Räucheraltars und des Leuchters befohlen; ihre Brandopfer, den Weihrauch und das Lampenöl. Der Brandopferaltar war dazu bestimmt, das sichtbare Feuer zu tragen, während der goldene Altar für das unsichtbare und feinere Feuer reserviert war. Der Leuchter sollte das Licht der Weisheit und der Inspiration tragen, der Tisch das des Überflusses und der materiellen Versorgung. Die Weisen sagen: Wer weise sein will, muss sich nach Süden wenden; wer reich sein will, muss sich nach Norden wenden. Alle diese Geräte standen im Dienst der heiligen Lade und der Cherubim, die den Platz des Herzens einnahmen, und der Lunge darüber. Die Gefäße, wie das Waschbecken und sein Fuß, Zangen, Feuerpfannen, Schalen, Löffel, Schüsseln, Töpfe, Gabeln usw., wurden alle benötigt. Man brauchte einen Ort, um sie zu beherbergen, nämlich die Stiftshütte, das Zelt und die Decke, und den Vorhof der Stiftshütte mit seinem Zubehör, um das Ganze zu umschließen. Als Träger des ganzen Hauses bestimmte G-tt die Leviten, weil sie ihm am nächsten standen, besonders nach der Sache mit dem goldenen Kalb, wie es heißt: Und alle Söhne Levis versammelten sich zu ihm. Aus ihrer Mitte wählte er Elazar, den besten und edelsten von ihnen, wie es heißt: Und zum Amt des Priesters

Elazar, des Sohnes Aarons, gehört das Öl für das Licht und das süße Räucherwerk und das tägliche Speisopfer und das Salböl - Dinge, an denen das feinere Feuer haftet. Das Licht der Weisheit und der Eingebung war jedoch mit den Urim und Tummim verbunden, ebenso wie mit dem auserlesensten Teil der Leviten, nämlich dem Geschlecht der Kahath, die das Zubehör des inneren Dienstes trugen: die Lade, den Tisch, den Leuchter, die Altäre und die heiligen Gefäße, mit denen sie dienten. Von ihnen heißt es: Weil der Dienst des Heiligtums ihnen gehörte, sollten sie es auf ihren Schultern tragen - so wie die inneren Organe des Körpers keine Knochen haben, die sie tragen helfen, sondern selbst von den angeborenen Kräften in Verbindung mit allem, was zu ihnen gehört, getragen werden. Ein anderer Zweig der Kinder Gersons trug die empfindlicheren äußeren Ausrüstungsgegenstände, nämlich die Teppiche der Stiftshütte, das Zelt und seine Decke sowie die Decke aus Dachsfell, die darüber lag. Der untere Teil des B'ne Merari trug die gröberen Geräte, nämlich seine Haken, Bretter, Stangen, Säulen und Sockel. Die beiden letztgenannten Abteilungen wurden beim Tragen ihrer Last durch Wagen unterstützt, wie es heißt: Zwei Wagen für die Gershoni und vier Wagen für die Merari, je nach ihrem Dienst. All dies wurde von G-tt systematisch angeordnet. Ich behaupte keineswegs, dass der Dienst in der von mir dargelegten Ordnung eingerichtet wurde, da er etwas Geheimes und Höheres beinhaltete und auf einem g-ttlichen Gesetz beruhte. Wer dies ganz ohne Prüfung und Argumentation annimmt, ist besser dran als derjenige, der nachforscht und analysiert. Wer aber von der höchsten Stufe zur Prüfung herabsteigt, tut gut daran, sein Gesicht der verborgenen Weisheit zuzuwenden, anstatt es zu bösen Meinungen und Zweifeln zu führen, die zum Verderben führen.

27. Al Khazari: Rebbi, deine Symbolisierung war ausgezeichnet, aber der Kopf und seine Sinne sowie das Salböl blieben unberücksichtigt.

28. Der Rebbi: Das ist richtig. Die Wurzel allen Wissens wurde in der Lade deponiert, die den Platz des Herzens einnahm, nämlich die Zehn Gebote, und ihr Zweig ist die Tora an ihrer Seite, wie es heißt: Lege sie in die Seite der Lade des Bundes des Herrn, deines G-ttes. Von dort ging ein zweifaches Wissen aus, zum einen das biblische Wissen, dessen Träger die Priester waren, zum anderen das prophetische Wissen, das in den Händen der Propheten lag. Beide Klassen waren sozusagen die wachsamen Berater des Volkes, die die Chroniken erstellten. Sie stellen also das Oberhaupt des Volkes dar.

29. Al Khazari: Ihr seid also heute ein Körper ohne Kopf und Herz.

30. Der Rebbi: Du sagst es mit Recht, aber wir sind nicht einmal ein Körper, sondern nur verstreute Glieder, wie die trockenen Knochen, die Hesekiel in seiner Vision sah. Diese Knochen aber, o König der Chasaren, die eine Spur von Lebenskraft bewahrt haben, weil sie einst Sitz eines Herzens, eines

Gehirns, eines Atems, einer Seele und eines Verstandes waren, sind besser als gewisse Körper aus Marmor und Gips, die mit Köpfen, Augen, Ohren und allen Gliedern ausgestattet sind, in denen aber niemals der Geist des Lebens wohnte und auch niemals wohnen kann, denn sie sind nur Nachahmungen des Menschen, nicht der Mensch in Wirklichkeit.

31. Al Khazari: Es ist, wie du sagst.

32. Der Rebbi: Die toten Völker, die dem "lebendigen" Volk gleichgestellt werden wollen, können nicht mehr als eine äußere Ähnlichkeit erreichen. Sie bauten Häuser für G-tt, aber keine Spur von ihm war darin zu sehen. Sie wurden zu Einsiedlern und Asketen, um sich Inspiration zu sichern, aber sie kam nicht. Sie verfielen also, wurden ungehorsam und böse, aber es fiel kein Feuer vom Himmel auf sie herab, und es gab auch keine schnelle Seuche als offensichtliche Strafe von G-tt für ihren Ungehorsam. Ihr Herz, d. h. das Haus, in dem sie sich zu versammeln pflegten, wurde zwar zerstört, aber ansonsten wurde ihr Status nicht beeinträchtigt. Dies konnte nur geschehen, je nachdem, wie groß oder klein ihre Zahl war, wie stark oder schwach, wie uneins oder einig sie waren, je nachdem, ob es natürliche oder zufällige Ursachen waren. Wir aber, da unser Herz, ich meine das Heilige Haus, zerstört wurde, waren mit ihm verloren. Wenn es wiederhergestellt wird, werden auch wir wiederhergestellt werden, seien wir wenige oder viele, oder auf welche Weise dies auch immer geschehen mag. Denn unser Herr ist der lebendige G-tt, unser König, der uns in diesem unserem gegenwärtigen Zustand in der Zerstreuung und im Exil hält.

33. Al Khazari: Gewiss. Eine ähnliche Zerstreuung ist bei keinem anderen Volk denkbar, es sei denn, es wurde von einem anderen absorbiert, besonders nach so langer Zeit. Viele Völker, die nach euch entstanden sind, sind untergegangen, ohne eine Erinnerung zu hinterlassen, wie Edom, Moab, Ammon, Aran, die Philister, Chaldäer, Meder, Perser und Javaner, die Brahmanen, Sabäer und viele andere.

34. Der Rebbi: Glauben Sie nicht, dass ich, obwohl ich mit Ihnen übereinstimme, zugebe, dass wir tot sind. Wir stehen noch in Verbindung mit dem g-ttlichen Einfluss durch die Gesetze, die er als Bindeglied zwischen uns und ihm gesetzt hat. Da ist die Beschneidung, von der es heißt: Mein Bund soll in eurem Fleisch sein, ein ewiger Bund. Dann ist da noch der Sabbat: Er ist ein Zeichen zwischen mir und euch für eure Generationen. Daneben gibt es den Bund der Väter und den Bund des Gesetzes, der zuerst am Horeb und dann in den Ebenen von Moab im Zusammenhang mit den Verheißungen und Warnungen des Abschnitts gewährt wurde: Wenn du Kinder und Enkelkinder zeugst. Vergleiche auch die Antithese: Wenn einer von dir in die Weiten des Himmels vertrieben wird, sollst du zum Herrn, deinem G-tt, zurückkehren, schließlich das Lied:

Höre; und andere Stellen. Wir sind nicht wie Tote, sondern eher wie ein kranker und geschwächter Mensch, der von den Ärzten aufgegeben wurde und dennoch auf ein Wunder oder eine außergewöhnliche Genesung hofft, wie es heißt: "Können diese Gebeine leben. Man vergleiche auch das Gleichnis in den Worten: Siehe, mein Knecht wird Erfolg haben; er hat keine Gestalt und keinen Anblick. Wie einer, vor dem die Menschen ihr Angesicht verbargen, was bedeutet, dass er wegen seiner Missgestalt und seines abstoßenden Aussehens mit einem unreinen Ding verglichen wird, das die Menschen nur mit Abscheu betrachten und sich abwenden; verachtet und verworfen von den Menschen, ein Mann der Schmerzen und mit Kummer vertraut.

35. Al Khazari: Wie kann dies als Vergleich für Israel dienen, wo es doch heißt: Wahrlich, er hat unser Leid getragen. Das, was Israel widerfahren ist Israel geschehen ist, ist wegen seiner Sünden geschehen.

36. Der Rebbi: Israel ist unter den Völkern wie das Herz unter den Organen des Körpers; es ist zugleich das krankeste und das gesündeste unter ihnen.

37. Al Khazari: Machen Sie das ein wenig deutlicher.

38. Der Rebbi: Das Herz ist allen Arten von Krankheiten ausgesetzt und wird häufig von ihnen heimgesucht, wie Traurigkeit, Angst, Zorn, Neid,

Feindschaft, Liebe, Hass und Furcht. Sein Temperament wechselt ständig, schwankt zwischen Überfluss und Mangel und wird zudem durch minderwertige Nahrung, durch Bewegung, Anstrengung, Schlaf oder Wachsein beeinflusst. Sie alle wirken auf das Herz, während die Gliedmaßen ruhen.

39. Al Khazari: Jetzt verstehe ich, wie es gleichzeitig das kränkste und das gesündeste aller Organe sein kann.

40. Der Rebbi: Ist es möglich, dass es an Schwellungen, Krebs, Geschwüren, Wunden, Schwäche und Asthma leidet, wie es bei anderen Organen möglich ist?

41. Al Khazari: Unmöglich. Denn die kleinste Spur davon würde den Tod herbeiführen. Seine extreme Sensibilität, die durch die Reinheit seines Blutes bedingt ist, und seine große Intelligenz bewirken, dass er das kleinste Symptom spürt und es ausscheidet, solange er dazu in der Lage ist. Den anderen Organen fehlt diese feine Sensibilität, und deshalb ist es möglich, dass sie von irgendeiner fremden Substanz betroffen werden, die Krankheit hervorruft.

42. Der Rebbi: Seine Empfindsamkeit und sein Gefühl setzen ihn also vielen Übeln aus, aber sie sind gleichzeitig die Ursache für ihre eigene Vertreibung gleich zu Beginn und bevor sie Zeit haben, Wurzeln zu schlagen.

43. Al Khazari: Ganz recht.

44. Der Rebbi: Unser Verhältnis zum g-ttlichen Einfluss ist dasselbe wie das der Seele zum Herzen. Aus diesem Grund heißt es: Von allen Geschlechtern der Erde habe ich nur dich gekannt, darum werde ich dich für alle deine Ungerechtigkeiten bestrafen. Dies sind die Krankheiten. Was die Gesundheit betrifft, so wird sie in den Worten der Weisen angedeutet: Er vergibt die Sünden seines Volkes und lässt die ersten von ihnen zuerst verschwinden. Er lässt nicht zu, dass unsere Sünden überwältigend werden, sonst würden sie uns durch ihre Vielzahl völlig vernichten. So sagt er: Denn die Missetat der Amoriter ist noch nicht voll. Er ließ sie in Ruhe, bis die Krankheit ihrer Sünden tödlich geworden war. So wie das Herz in seiner Substanz und Materie rein und von gleichmäßigem Temperament ist, um der intellektuellen Seele zugänglich zu sein, so ist auch Israel in seinen Bestandteilen. So wie das Herz durch den Kontakt mit bösartigen Elementen an den anderen Organen, nämlich den Begierden der Leber, des Magens und der Geschlechtsorgane, erkranken kann, so ist auch Israel den Krankheiten ausgesetzt, die durch seine Neigung zu den Heiden entstehen. Wie es gesagt wird: Sie mischten sich unter die Heiden und lernten ihre Werke. Es ist nicht verwunderlich, wenn es in demselben Sinne heißt: Wahrlich, er hat unseren Schmerz getragen und unser Leid mitgetragen. Jetzt werden wir von ihnen belastet, während die ganze Welt sich der Ruhe und des Wohlstands erfreut. Die Prüfungen, die uns begegnen, sind dazu bestimmt, unseren Glauben zu prüfen, uns völlig zu reinigen und jeden Makel von uns zu nehmen. Wenn wir gut sind, ist der g-ttliche Einfluss mit uns in dieser Welt. Du weißt, dass sich aus den Elementen allmählich Metalle, Pflanzen, Tiere, der Mensch und schließlich die reine Essenz des Menschen entwickelt haben. Die ganze Entwicklung geschah um dieses Wesens herum, damit der g-ttliche Einfluß in ihm wohnen kann. Diese Essenz aber entstand um der höchsten Essenz willen, nämlich der Propheten und Frommen. Eine ähnliche Abstufung ist in dem Gebet zu beobachten: Gib deine Furcht, Herr, unser G-tt, über alle deine Werke. Dann: Gib Deinem Volk Herrlichkeit; schließlich: Die Frommen sollen sehen und sich freuen, denn sie sind das reinste Wesen.

45. Al Khazari: Dein interessanter Vergleich hat meine Aufmerksamkeit völlig gefesselt. Aber ich sollte erwarten, dass ich unter dir mehr Einsiedler und Asketen sehe als unter anderen Menschen.

46. Der Rebbi: Ich bedaure, dass du die grundlegenden Prinzipien vergessen hast, denen du zugestimmt hast. Waren wir uns nicht einig, dass der Mensch sich G-tt nur durch von ihm befohlene Taten nähern kann? Glaubst du, dass dies allein durch Sanftmut, Demut usw. erreicht werden kann?

47. Al Khazari: Sicherlich, und das zu Recht. Ich glaube, ich habe in Ihren Büchern Folgendes gelesen: Was verlangt der Herr, dein G-tt, von dir, wenn nicht, dass du den Herrn, deinen G-tt, fürchtest? Und was verlangt der Herr von dir, und viele ähnliche Stellen.

48. Der Rebbi: Dies sind die rationalen Gesetze, sie sind die Grundlage und Präambel des g-ttlichen Gesetzes, gehen ihm nach Art und Zeit voraus und sind für die Verwaltung jeder menschlichen Gesellschaft unerlässlich. Selbst eine Räuberbande muss eine Art von Gerechtigkeit unter sich haben, wenn ihr Bündnis Bestand haben soll. Als Israels Treulosigkeit so weit gegangen war, dass sie die vernünftigen und sozialen Grundsätze missachteten, die für eine Gesellschaft ebenso notwendig sind wie die natürlichen Funktionen Essen, Trinken, Bewegung, Ruhe, Schlafen und Wachen für den Einzelnen, aber am Opferkult und anderen g-ttlichen Gesetzen festhielten, gab er sich mit noch weniger zufrieden. Es wurde zu ihnen gesagt: Vielleicht beachtet ihr die Gesetze, die für die kleinste und gemeinste Gemeinschaft gelten, wie Gerechtigkeit, gute Taten und die Anerkennung der g-ttlichen Gnade. Denn das g-ttliche Gesetz kann nicht vollkommen werden, bevor nicht die sozialen und vernünftigen Gesetze vollendet sind. Das Vernunftgesetz verlangt Gerechtigkeit und Anerkennung der g-ttlichen Gnade. Was hat derjenige, der in dieser Hinsicht versagt, mit Opfergaben, Sabbat, Beschneidung usw. zu tun, die die Vernunft weder fordert noch verbietet. Dies sind aber die Ordnungen, die Israel als Folge der Vernunftgesetze besonders gegeben wurden. Dadurch erhielten sie den Vorteil des g-ttlichen Einflusses, ohne zu wissen, wie es dazu kam, dass die "Herrlichkeit G-ttes" auf sie herabkam und dass "das Feuer G-ttes" ihre Opfer verzehrte; wie sie die Ansprache des Herrn hörten und wie sich ihre Geschichte entwickelte. Dies sind Dinge, die die Vernunft nicht glauben würde, wenn sie nicht durch unwiderlegbare Beweise gesichert wären. In einem ähnlichen Sinne wurde zu ihnen gesagt: Was verlangt der Herr, dein G-tt, von dir? Und füge deine Brandopfer hinzu, und ähnliche Verse. Kann man sich vorstellen, dass die Israeliten das Tun der Gerechtigkeit und die Liebe zur Barmherzigkeit beobachten, aber die Beschneidung, den Sabbat und die anderen Gesetze vernachlässigen und sich dabei glücklich fühlen?

49. Al Khazari: Nach dem, was du gesagt hast, würde ich nicht so denken. Nach Meinung der Philosophen aber wird er zu einem frommen Menschen, dem es gleichgültig ist, auf welche Weise er sich G-tt nähert, ob als Jude oder als Christ oder auf eine andere Weise. Damit sind wir wieder bei der Argumentation, der Spekulation und der Dialektik. Demnach könnte jeder versuchen, einem Glauben anzugehören, der von seinen eigenen Spekulationen diktiert wird, was aber absurd wäre.

50. Der Rebbi: Das g-ttliche Gesetz zwingt uns keine Askese auf. Es will vielmehr, dass wir das

Gleichgewicht bewahren und jedem geistigen und körperlichen Vermögen so viel zugestehen, wie es ertragen kann, ohne das eine Vermögen auf Kosten des anderen zu überlasten. Wer der Zügellosigkeit nachgibt, stumpft sein geistiges Vermögen ab; wer zur Gewalttätigkeit neigt, schädigt ein anderes Vermögen. Langes Fasten ist kein Akt der Frömmigkeit für einen schwachen Menschen, dem es gelungen ist, seine Begierden zu zügeln, und der nicht gierig ist. Für ihn ist das Schlemmen eine Last und Selbstverleugnung. Auch die Verminderung des Reichtums ist kein Akt der Frömmigkeit, wenn er auf rechtmäßige Weise erworben wurde und wenn sein Erwerb das Studium und die guten Werke nicht beeinträchtigt, besonders für den, der einen Haushalt und Kinder hat. Er kann einen Teil davon als Almosen ausgeben, was G-tt nicht missfallen würde; aber es zu vermehren, ist besser für ihn selbst. Unser Gesetz als Ganzes ist unterteilt in Furcht, Liebe und Freude, durch die man sich G-tt nähern kann. Deine Zerknirschung an einem Fasttag bringt G-tt nicht näher als deine Freude am Sabbat und an den heiligen Tagen, wenn sie das Ergebnis eines frommen Herzens ist. Wie das Gebet Frömmigkeit verlangt, so ist auch ein frommer Geist nötig, um an G-ttes Gebot und Gesetz Gefallen zu finden; dass du aus Liebe zum Gesetzgeber am Gesetz selbst Gefallen findest. Du siehst, wie sehr Er dich ausgezeichnet hat, als wärst du Sein Gast, der zu Seiner festlichen Tafel eingeladen ist. Du dankst ihm in Gedanken und Worten, und wenn deine Freude dich so weit führt, dass du singst und tanzt, wird das zum G-ttesdienst und zu einem Band der Vereinigung zwischen dir und dem g-ttlichen Einfluss. Unser Gesetz hielt diese Dinge nicht für freigestellt, sondern erließ diesbezüglich entscheidende Anordnungen, da es nicht in der Macht des sterblichen Menschen liegt, jedem Vermögen der Seele und des Körpers sein rechtes Maß zuzuweisen, noch zu entscheiden, welches Maß an Ruhe und Anstrengung gut ist, oder zu bestimmen, wie lange der Boden bestellt werden soll, bis er in den Jahren der Freigabe und des Jubiläums Ruhe findet, oder die Höhe des Zehnten zu geben usw. G-tt befahl die Einstellung der Arbeit am Sabbat und an den heiligen Tagen sowie die Kultivierung des Bodens, all dies als Erinnerung an den Auszug aus Ägypten und als Erinnerung an das Werk der Schöpfung. Diese beiden Dinge gehören zusammen, denn sie sind das Ergebnis des absoluten g-ttlichen Willens, aber nicht das Ergebnis von Zufällen oder Naturerscheinungen. Es wird gesagt: Denn fragt nun nach den vergangenen Tagen - hat je ein Volk die Stimme G-ttes gehört - oder hat G-tt geurteilt, usw. Die Einhaltung des Sabbats ist selbst ein Bekenntnis zu seiner Allmacht und zugleich ein Bekenntnis zur Schöpfung durch das g-ttliche Wort. Wer den Sabbat einhält, weil an ihm das Schöpfungswerk vollendet wurde, erkennt die Schöpfung selbst an. Wer an die Schöpfung glaubt, glaubt an den Schöpfer. Wer aber nicht an sie glaubt, verfällt dem Zweifel an der Ewigkeit G-ttes und dem Zweifel an der Existenz des Schöpfers der Welt. Die Einhaltung des Sabbats ist also näher an G-tt als die klösterliche Zurückgezogenheit und der Asketismus.

Seht, wie sich der g-ttliche Einfluss auf Abraham und dann auf alle, die seine Vortrefflichkeit und das Heilige Land teilten, auswirkte. Dieser Einfluss verfolgte ihn überall hin und bewahrte seine Nachkommenschaft, indem er verhinderte, dass sich auch nur einer von ihnen ablöste; er brachte sie an den geschütztesten und besten Ort und bewirkte, dass sie sich auf wundersame Weise vermehrten und schließlich einen Grad erreichten, der einer solchen Vortrefflichkeit würdig war. Er wird daher genannt: G-tt Abrahams, G-tt des Landes. Er wohnt zwischen den Cherubim, er wohnt in Zion, er wohnt in Jerusalem, diese Orte werden mit dem Himmel verglichen, wie es heißt: Er wohnt im Himmel. Sein Licht leuchtet an diesen Orten wie im Himmel, wenn auch durch Mittel, die geeignet sind, dieses Licht zu empfangen. Er wirft es auf sie, und das ist es, was man Liebe nennt. Sie ist uns gelehrt worden, und wir sind aufgefordert worden, an sie zu glauben und sie im Gebet zu preisen und zu danken: "Mit ewiger Liebe hast Du uns geliebt"; wir sollen also bedenken, dass sie ursprünglich von Ihm, nicht aber von uns ausgeht. Ein Beispiel: Wir sagen nicht, dass ein Tier sich selbst erschaffen hat, sondern dass G-tt es geformt und gestaltet hat, indem er die richtige Materie für es ausgewählt hat. In gleicher Weise war er es, der unsere Befreiung aus Ägypten veranlasst hat, sein Volk zu sein und ihn als König anzuerkennen, wie er sagte: Ich bin der Herr, dein G-tt, der dich aus Ägyptenland geführt hat, um für dich ein G-tt zu sein. Er sagt auch: O Israel, in dem ich verherrlicht werden will.

51. Al Khazari: Dieser Satz scheint zu weit zu gehen, und er drückt überheblich aus, dass der Schöpfer durch den sterblichen Menschen verherrlicht wird.

52. Dre Rebbi: Würdest du das bei der Erschaffung der Sonne weniger seltsam finden?

53. Al Khazari: Gewiss, wegen seiner großen Macht. Neben G-tt ist sie die Ursache des Seins. Durch sein Wirken werden Tag und Nacht und die Jahreszeiten bestimmt; Mineralien, Metalle, Pflanzen und Tiere sind durch sein Wirken entstanden. Sein Licht hat das Sehen und die Farben hervorgebracht. Warum sollte das Wirken eines solchen Dings nicht ein Gegenstand der Herrlichkeit unter den Menschen sein?

54. Der Rebbi: Sind die geistigen Fähigkeiten nicht viel feiner als das Licht, das man sieht? Oder waren nicht die Bewohner der Erde vor den Israeliten in Blindheit und Irrtum, mit Ausnahme der wenigen, die ich erwähnt habe? Einige sagten, es gäbe keinen Schöpfer; kein Teil der Welt sei würdiger, geschaffen zu werden, als Schöpfer zu sein, da das Universum ewig sei. Andere sagen, dass die Sphären ewig und schöpferisch sind. Folglich verehren sie sie. Wieder andere behaupten, das Feuer sei die Essenz des Lichts und aller wunderbaren Produkte seiner Kraft; es müsse daher verehrt werden. Auch die Seele ist Feuer. Wieder andere verehren verschiedene Dinge, nämlich Sonne, Mond, Sterne und Tiergestalten, die in Verbindung mit besonderen Phänomenen stehen. Andere Menschen verehren ihre Könige und Weisen.

Sie alle sind sich jedoch einig, dass es in der Welt nichts gibt, was der Natur widerspricht, noch gibt es eine Vorsehung. Selbst die Philosophen, die mit ihrem feinen Gespür und ihrer klaren Sicht eine von den irdischen Dingen verschiedene und unvergleichliche Hauptursache anerkennen, sind geneigt zu glauben, dass diese Hauptursache keinen Einfluss auf die Welt und schon gar nicht auf die einzelnen Menschen ausübt, da sie zu erhaben ist, um sie zu kennen, geschweige denn, um sie zur Grundlage einer neuen Einheit zu machen. Endlich wurde die Gemeinschaft als rein genug angesehen, dass das Licht in ihr verweilen konnte, dass sie würdig war, Wunder zu sehen, die den Lauf der Natur veränderten, und zu verstehen, dass die Welt einen König hatte, der über sie wachte und sie beschützte, der die Großen und die Kleinen kannte, der die Guten und die Bösen belohnte und die Herzen lenkte. Alle, die nach diesen Philosophen kamen, konnten sich nicht von ihren Prinzipien lösen, so dass heute die gesamte zivilisierte Welt anerkennt, dass G-tt ewig ist und die Welt geschaffen wurde. Sie betrachten die Israeliten und alles, was ihnen widerfuhr, als einen Beweis dafür.

55. Al Khazari: Das ist in der Tat eine Herrlichkeit und ein außergewöhnlicher Beweis. Es steht zu Recht geschrieben: Um sich einen ewigen Namen zu machen, so hast Du Dir einen Namen verschafft, wie er heute ist, zum Lob, zum Namen und zur Ehre.

56. Der Rebbi: Hast du nicht gesehen, wie David den

Lobpreis des Toroh einleitet, wenn er zuerst von der Sonne mit den Worten spricht: Die Himmel verkünden die Herrlichkeit G-ttes. Er beschreibt, wie allgegenwärtig ihr Licht, wie rein ihr Körper, wie beständig ihr Weg und wie schön ihr Antlitz ist. Es folgen die Worte: Das Gesetz des Herrn ist vollkommen usw., als ob er damit ausdrücken wollte, dass man sich über eine solche Beschreibung nicht wundern soll. Denn die Tora ist reiner, strahlender, bekannter, erhabener und nützlicher. Wenn es keine Israeliten gäbe, gäbe es auch keine Tora. Sie haben ihre hohe Stellung nicht von Mosche erhalten, sondern Mosche hat sie um ihretwillen erhalten. Die g-ttliche Liebe wohnte unter den Nachkommen Abrahams, Itzhaks und Jaakovs. Die Wahl von Mosche wurde jedoch getroffen, damit das Glück durch seine Vermittlung zu ihnen kommen konnte. Wir werden nicht das Volk von Mosche genannt, sondern das Volk G-ttes, wie es heißt: Das Volk des Herrn. Und das Volk des G-ttes Abrahams. Der Beweis für den g-ttlichen Einfluss findet sich nicht in gut gewählten Worten, im Hochziehen der Augenbrauen, im Schließen der Augen während des Gebets, in der Zerknirschung, in der Bewegung und im Reden, hinter dem keine Taten stehen, sondern in einem reinen Geist, der durch entsprechende Handlungen veranschaulicht wird, die ihrer Natur nach schwer auszuführen sind und dennoch mit größtem Eifer und Liebe ausgeführt werden. Man findet sie bei einem, der, wo immer er kann, danach strebt, dreimal im Jahr an den auserwählten Ort zu kommen, und der alle damit verbundenen Mühen und

Kosten mit größter Freude und Lust erträgt. Er zahlt den ersten Zehnten, den zweiten Zehnten und den armen Zehnten sowie die Kosten für seine Kleidung für den Tempel. Er verzichtet auf die Ernte in den Freigabe- und Jubeljahren, trägt die Kosten für die Stiftshütte, die heiligen Tage und die Arbeitsenthaltung; er gibt die Erstlingsfrüchte, die erstgeborenen Tiere, die Priesterbezüge, den Ersten der Schur und den Ersten des Teiges, abgesehen von den Gelübden und den freien Gaben und den Bußgeldern für absichtliche und unabsichtliche Sünden und den Friedensopfern. Weitere Opfergaben wegen privater Ereignisse, Unreinheit, Kindbett, Ausfluss, Aussatz und viele andere Dinge. All dies ist durch g-ttliches Gebot geregelt, ohne menschliche Spekulationen. Es ist dem Menschen nicht möglich, die relative Bedeutung eines jeden zu bestimmen, und er braucht keine Verschlechterung zu befürchten. Es ist, als ob er Israel bewertete und es ebenso wie die Ernten des heiligen Landes in Bezug auf das pflanzliche und tierische Leben bewertete. Er dachte auch an den Stamm Levi und ordnete diese Abgaben in der Wüste an, weil er wusste, dass Israel seinen Überschuss behalten würde und der Levit nicht in Not geraten würde, solange er nicht dagegen verstoßen würde. Es konnte nie so weit kommen, dass ein Stamm oder eine Familie verarmte, denn er ordnete an, dass das gesamte Eigentum im Jubeljahr in demselben Zustand zurückgegeben werden sollte, in dem es sich im ersten Jahr der Landverteilung befand. Die Einzelheiten dieser Vorschriften würden Bände füllen. Wer sie sorgfältig studiert, wird feststellen, dass sie nicht menschlichen Ursprungs sind. Gepriesen sei derjenige, der sie erdacht hat: Er hat noch mit keinem Volk so gehandelt; es sind Urteile, die sie nicht kannten. Diese Regelung dauerte während der Zeit der beiden Tempel etwa 1.300 Jahre, und wäre das Volk auf dem geraden Weg geblieben, so wäre es wie die Tage des Himmels auf Erden gewesen.

57. Al Khazari: Gegenwärtig herrscht bei Ihnen große Verwirrung über diese schweren Pflichten. Welche Nation könnte solche Vorschriften einhalten?

58. Der Rebbi: Die Gemeinschaft, deren Beschützer und Ausgleicher immer in ihrer Mitte ist - ich meine G-tt. Jehoschua sagte: Ihr könnt dem Herrn nicht dienen, denn er ist ein heiliger G-tt. Trotzdem war seine Gemeinschaft so eifrig bei der Beobachtung, dass bei der Übertretung "des Geweihten von Jericho" nicht mehr als ein einziger, Achan, unter mehr als sechshunderttausend ungehorsam gefunden wurde. Die Strafe folgte sofort, ebenso wie bei Mirjam, die mit Aussatz behaftet war, bei Usa, Nadab und Abihu und den Leuten von Beth-Schemesch, die bestraft wurden, weil sie in die Lade des Herrn geschaut hatten. Es gehörte zu den wunderbaren Eigenschaften G-ttes, dass sich sein Missfallen über kleinere Übertretungen an den Wänden der Häuser und an den Kleidern zeigte, während bei schwereren Sünden die Leiber mehr oder weniger stark gezeichnet wurden. Die Priester wurden beauftragt, diese tiefgründige Wissenschaft zu studieren, und um herauszufinden, inwieweit diese Prüfungen eine Strafe G-ttes waren, brauchten sie oft Wochen, um das herauszufinden, wie es bei Miriam der Fall war, oder wie viel einfach von der Konstitution her heilbar oder unheilbar war. Dies ist eine abstruse Wissenschaft, auf die G-tt mit den Worten hinwies: Hüte dich vor der Plage des Aussatzes, dass du sorgfältig achtest und tust nach allem, was die Priester, die Leviten, dich lehren werden.

59. Al Khazari: Haben Sie ein zufriedenstellendes Argument in dieser Angelegenheit.

60. Der Rebbi: Ich sagte dir, dass es keinen zwischen unserer Intelligenz und dem g-ttlichen Einfluss zu vergleichen ist, und es ist richtig, dass wir die Ursache dieser wichtigen Dinge unerforscht lassen. Ich erlaube mir jedoch zu behaupten - wenn auch nicht mit absoluter Gewissheit -, dass Lepra und Aussatz gelegentlich die Folge der Verunreinigung durch Leichen sind. Ein toter Körper stellt den höchsten Grad der Bösartigkeit dar, und ein aussätziges Glied ist wie tot. Ebenso verhält es sich mit verlorenem Sperma, denn es war mit lebendiger Kraft ausgestattet und konnte einen Menschen hervorbringen. Sein Verlust bildet daher einen Gegensatz zum Lebendigen und Atmenden und betrifft wegen seiner idealen Potenz nur edle Gemüter und hochgespannte Seelen, die zum G-ttlichen, Prophetischen, Visionären und zur echten Phantasie neigen. Es gibt Menschen, die sich deprimiert fühlen, solange sie sich nach einem solchen Unfall nicht geläutert haben. Die Erfahrung hat sie gelehrt, dass ihre Berührung so feine Dinge wie Perlen und Wein verdirbt. Die meisten von uns fühlen sich von der Nähe von Leichen und Gräbern beeinflusst, und unser Geist ist niedergeschlagen, wenn wir uns in einem Haus befinden, in dem eine Leiche liegt. Diejenigen von gröberem Schimmel bleiben unberührt. Dasselbe sehen wir in geistigen Dingen. Derjenige, der die Reinheit des Gedankens in philosophischen Studien oder die Reinheit der Seele im Gebet sucht, fühlt sich unwohl, wenn er mit Frauen und Spöttern zusammen ist, oder wenn er der Rezitation von scherzhaften oder Liebesliedern.

61. Al Khazari: Das erklärt mir, warum das körperliche Erstgeburtsrecht, nämlich das Sperma, verunreinigt, obwohl es ganz und gar geistig ist, während andere Ausscheidungen dies nicht tun, trotz ihres abstoßenden Aussehens, Geruchs und ihrer Menge. Nun würde ich gerne noch die Erklärung für den Aussatz des Gewandes und des Hauses hören.

62. Der Rebbi: Ich habe das als eines der Merkmale der Schechinah erwähnt, dass sie in Israel denselben Platz einnimmt wie der Lebensgeist im menschlichen Körper. Sie gewährte ihnen ein g-ttliches Leben und ermöglichte es ihnen, Glanz, Schönheit und Licht in ihren Seelen, Körpern, Gemütern und Häusern zu finden. Fehlte er ihnen, ließ ihre Intelligenz nach, ihre Körper verfielen, und ihre Schönheit verblasste. Die Auswirkungen des Verschwindens des g-ttlichen Lichts machten sich bei jedem Einzelnen bemerkbar.

Man, kann leicht sehen, wie der Atem eines Menschen durch Angst und Kummer plötzlich verloren geht, wodurch auch der Körper leidet. An Frauen und Jungen, die nachts ausgehen, kann man manchmal schwarze und grüne Flecken sehen, die von ihren schwachen Nerven herrühren. Dies wird den Dämonen zugeschrieben, aber Krankheiten des Körpers und des Geistes werden oft durch den Anblick von Menschen hervorgerufen, die gestorben sind oder getötet wurden.

63. Al Khazari: Ich erkenne, dass Ihr Gesetz alle Arten von tiefgründigen und seltsamen Wissenschaften umfasst, die in anderen Gesetzbüchern nicht zu finden sind.

64. Der Rebbi: Die Mitglieder des Synhedrions waren verpflichtet, keine Wissenschaft, sei sie real, fiktiv oder konventionell, ihrem Wissen zu entziehen, Magie und Sprache eingeschlossen. Wie war es möglich, zu jeder Zeit siebzig Gelehrte zu finden, wenn die Gelehrsamkeit nicht unter den Menschen verbreitet war? Wenn ein Ältester starb, folgte ihm ein anderer vom gleichen Schlag nach. Dies konnte nicht anders sein, da alle Wissenschaftszweige für die Ausübung des Rechts benötigt wurden. Die Naturwissenschaften wurden für die Landwirtschaft benötigt, um die "vermischte Saat" zu erkennen, um mit den Erzeugnissen des siebten Jahres und den neu gepflanzten Bäumen sorgsam umzugehen, um die verschiedenen Arten von Pflanzen zu unterscheiden, damit ihre Natur erhalten bleibt und eine Art nicht mit einer anderen verwechselt wird. Es ist schwer genug zu wissen, ob Chondros eine Gerstenart oder Dinkel eine Weizenart oder Brassica eine Kohlart ist; die Kraft ihrer Wurzeln zu studieren und wie weit sie sich im Boden ausbreiten; wie viel davon für das nächste Jahr übrig bleibt und wie viel nicht; wie viel Raum und Zeit zwischen jeder Art zu lassen ist. Außerdem diente die Unterscheidung der verschiedenen Tierarten verschiedenen Zwecken, unter anderem um zu wissen, welche Arten Gift übertragen und welche nicht. Damit verbunden ist die Kenntnis der Verletzungen, die ein Tier für die Ernährung untauglich machen. Dies ist sogar noch tiefgründiger als das, was Aristoteles zu diesem Thema geschrieben hat, nämlich wie man weiß, welche Verletzungen tödlich sind, um die Menschen davon abzuhalten, Aas zu essen. Der kleine Rest, der von diesem Wissen übrig geblieben ist, macht uns stutzig. Hinzu kommt die Kenntnis der Makel, die die Priester von der Teilnahme am Tempeldienst ausschließen, sowie der Makel, die das Opfern bestimmter Tiere verbieten. Hinzu kommt die Kenntnis der verschiedenen Arten von Unreinheiten und der Zeit der Reinigung. All dies bedarf der Unterweisung. Der Mensch ist nicht in der Lage, diese Dinge allein durch Nachdenken und ohne g-ttlichen Beistand zu bestimmen. Dasselbe gilt für die Kenntnis der Sphärendrehungen, von denen der Jahreskalender nur eine Frucht ist. Die Vorzüglichkeit der Berechnung des Kalenders ist berühmt, und es ist bekannt, wie tief sie in diesem zahlenmäßig kleinen, aber mit vorbildlichen Einrichtungen ausgestatteten Volk verwurzelt ist. Könnte es anders sein? Aufgrund der Kleinheit, Bescheidenheit und Zerstreuung des Volkes wird es von den anderen Völkern kaum wahrgenommen, und doch haben diese Relikte des G-ttlichen es zu einer fest etablierten Organisation gemacht. Der Kalender, der auf den Regeln des Mondumlaufs beruht, wie er vom Haus David überliefert wurde, ist wahrlich wunderbar. Obwohl Hunderte von Jahren vergangen sind, ist kein Fehler darin gefunden worden, während die Beobachtungen der griechischen und anderen Astronomen nicht fehlerfrei sind. Sie waren gezwungen, in jedem Jahrhundert Korrekturen und Ergänzungen vorzunehmen, während unser Kalender immer frei von Fehlern ist, da er auf prophetischer Überlieferung beruht. Hätte es den kleinsten Fehler in einer grundlegenden Regel gegeben, so hätte dieser aufgrund des Zeitunterschieds zwischen der Konjunktion des Mondes und dem Zeitpunkt, an dem er sichtbar wird, heute ernste Ausmaße angenommen. Auf die gleiche Weise waren unsere Weisen zweifellos mit den Bewegungen der Sonne und der Astronomie im Allgemeinen vertraut. Die Musik war der Stolz eines Volkes, das seine Lieder so verteilte, dass sie der Aristokratie des Volkes, nämlich den Leviten, zufielen, die sie im heiligen Haus und in der heiligen Zeit praktisch nutzten. Für ihren Unterhalt begnügten sie sich mit dem Zehnten, denn sie hatten keine andere Beschäftigung als die Musik. Als Kunst wird sie unter den Menschen hoch geschätzt, solange sie nicht missbraucht und entwürdigt wird und solange das Volk ihre ursprüngliche Noblesse und

Reinheit bewahrt. David und Samuel waren ihre großen Meister. Glaubst du, dass sie es gut verstanden haben oder nicht?

65. Al Khazari: Es besteht kein Zweifel, dass ihre Kunst höchst vollkommen war und die Seelen berührte, wie man sagt, dass sie die Stimmung der Seele eines Menschen in eine andere verwandelt. Es ist unmöglich, dass sie heute das gleiche hohe Niveau erreicht. Sie ist verkommen, und Knechte und halbverrückte Leute sind ihre Gönner. Wahrlich, Rebbi, sie ist von ihrer Größe her gesunken, so wie du trotz deiner früheren Größe gesunken bist.

66. Der Rebbi: Was hältst du von den Leistungen Shlomos? Hat er sich nicht mit Hilfe g-ttlicher, intellektueller und natürlicher Kräfte über alle Wissenschaften unterhalten? Die Bewohner der Erde reisten zu ihm, um sein Wissen weiterzugeben, sogar bis nach Indien. Nun wurden die Wurzeln und Prinzipien aller Wissenschaften von uns zuerst an die Chaldäer, dann an die Perser und Meder, dann an die Griechen und schließlich an die Römer weitergegeben. Aufgrund der Länge dieses Zeitraums und der vielen störenden Umstände wurde vergessen, dass sie von den Hebräern stammen, und so wurden sie den Griechen und Römern zugeschrieben. Das Hebräische steht jedoch an erster Stelle, sowohl was die Natur der Sprachen als auch was die Fülle der Bedeutungen.

67. Al-Khazari: Ist das Hebräische den anderen

Sprachen überlegen, sehen wir nicht deutlich, dass die letztere sind vollständiger und umfassender.

68. Der Rebbi: Sie teilte das Schicksal ihrer Träger, degeneriert und schwindet mit ihnen. Historisch und logisch betrachtet, ist ihre ursprüngliche Form die edelste. Nach der Überlieferung ist es die Sprache, in der G-tt zu Adam und Eva sprach und in der sich diese unterhielten. Dies wird durch die Ableitung von Adam von adamah, ishshah von ish; hayyah von hayy; Kain von qanithi; Sheth von shath und Noah von yenah, menu belegt. Dies wird durch die Belege in der Tora gestützt. Das Ganze wird auf Eber, Noah und Adam zurückgeführt. Es ist die Sprache Ebers, nach dem sie hebräisch genannt wurde, weil er sie nach der Sprachverwirrung beibehalten hat. Abraham war ein Aramäer aus Ur Kasdim, denn die Sprache der Chaldäer war Aramäisch. Er benutzte Hebräisch als besonders heilige Sprache und Aramäisch für den täglichen Gebrauch. Aus diesem Grund brachte Ismael die Sprache zu den arabisch sprechenden Völkern, was zur Folge hatte, dass Aramäisch, Arabisch und Hebräisch sich in ihrem Wortschatz, ihren grammatikalischen Regeln und ihren Formeln ähneln. Die Überlegenheit des Hebräischen wird aus logischer Sicht deutlich, wenn wir die Menschen betrachten, die es für Reden, insbesondere zu der Zeit, als die Prophetie unter ihnen weit verbreitet war, sowie für Predigten, Lieder und Psalmodien verwendeten. Ist es denkbar, dass ihren Herrschern wie z.B. Mosche, Jehoschua, David und Shlomo die Worte fehlten, um das auszudrücken, was sie wollten, wie es bei uns heute der Fall ist, weil sie uns verloren gegangen sind? Siehst du nicht, wie die Thora bei der Beschreibung der Stiftshütte, des Ephods, des Brustpanzers und anderer Gegenstände immer das passende Wort für all diese seltsamen Dinge findet? Wie schön ist diese Beschreibung komponiert? Genauso verhält es sich mit den Namen der Menschen, den Arten von Vögeln und Steinen, der Diktion der Psalmen Davids, den Klagen Hiobs und seinem Streit mit seinen Freunden, den Ansprachen Jesajas usw.

69. Al-Khazari: Es wird dir nur gelingen, sie auf diese Weise mit anderen Sprachen auf eine Stufe zu stellen. Aber wo liegt ihre Vorrangstellung? Andere Sprachen übertreffen sie an metrisch konstruierten und auf Melodien abgestimmten Liedern.

70. Der Rebbi: Es ist offensichtlich, dass eine Melodie unabhängig vom Metrum oder von der größeren oder kleineren Anzahl von Silben ist. Der Vers hōdū la'donai ki tob kann also auf dieselbe Melodie gesungen werden wie - leose niflaeth gedoloth lebaddo. Dies ist die Regel in Sätzen, in denen die Melodie der grammatikalischen Konstruktion folgen muss. Gereimte Gedichte jedoch, die rezitiert werden und bei denen ein gutes Metrum erkennbar ist, werden zugunsten von etwas Höherem und Nützlicherem vernachlässigt sinnvoller.

71. Al-Khazari: Und was könnte das sein?

72. Der Rebbi: Die Fähigkeit der Sprache besteht darin, die Idee des Sprechers in die Seele des Hörers zu übertragen. Diese Absicht kann jedoch nur durch die mündliche Kommunikation zur Vollkommenheit gebracht werden. Diese ist besser als die Schrift. Das Sprichwort lautet: Aus dem Munde der Gelehrten, aber nicht aus dem Munde der Bücher. Die mündliche Kommunikation findet verschiedene Hilfsmittel, sei es, dass man je nach Erfordernis des Satzes innehält oder weiterspricht, dass man die Stimme hebt oder senkt, dass man Erstaunen, Fragen, Erzählungen, Wünsche, Ängste oder Unterwerfung durch Gesten ausdrückt, ohne die die Sprache allein unzureichend wäre. Gelegentlich greift der Sprecher sogar auf Bewegungen der Augen, der Augenbrauen oder des gesamten Kopfes und der Hände zurück, um Ärger, Freude, Demut oder Hochmut im gewünschten Maße auszudrücken. In den Rest unserer Sprache, die von G-tt geschaffen und eingesetzt wurde, sind subtile Elemente eingepflanzt, die das Verständnis fördern und an die Stelle der oben genannten Sprechhilfen treten sollen. Dies sind die Akzente, mit denen der heilige Text gelesen wird. Sie bezeichnen die Pause und die Fortsetzung, sie trennen die Frage von der Antwort, den Anfang von der Fortsetzung der Rede, die Eile vom Zögern, den Befehl von der Bitte, worüber man Bücher schreiben könnte. Wer das tun will, muss die Poesie auslassen, denn sie kann nur auf eine Weise rezitiert werden. Denn sie schließt meist an, wo sie aufhören sollte, und hört auf, wo sie weitergehen sollte. Das kann man nur mit großer Mühe vermeiden.

73. Al-Khazari: Es ist nur richtig, dass die bloße Schönheit des Klangs der Klarheit der Sprache weichen muss. Harmonie erfreut das Ohr, aber Genauigkeit macht den Sinn klar. Ich sehe jedoch, dass ihr Juden euch nach einer Prosodie sehnt, die andere Völker nachahmt, um die hebräische Sprache in ihr Metrum zu zwingen.

74. Der Rebbi: Das liegt daran, dass wir eigensinnig geblieben sind und bleiben. Anstatt uns mit der oben erwähnten Überlegenheit zufrieden zu geben, haben wir die Struktur unserer Sprache, die auf Harmonie aufgebaut ist, korrumpiert und Zwietracht geschaffen.

75. Al-Khazari: Wie das?

76. Der Rebbi: Hast du nicht gesehen, dass hundert Personen die Tora wie eine einzige Person lesen, in einem Moment aufhören und gleichzeitig weitermachen?

77. Al-Khazari: Ich habe dies in der Tat beobachtet und weder bei den Persern noch bei den Arabern etwas Ähnliches gesehen. Bei der Rezitation eines Gedichtes ist es unmöglich. Nun würde ich gerne wissen, wie die hebräische Sprache diesen Vorteil erlangt hat und wie das Metrum damit zusammenhängt.

78. Der Rebbi: Der Grund dafür ist, dass man zwei vokallose Konsonanten zusammenfügen kann, aber

nicht drei Vokale, außer in seltenen Fällen. Dies gibt
der Sprache nicht nur eine Pause, sondern ermöglicht
es ihr auch, diesen Vorteil zu erlangen, nämlich
Konsonanz und flüssiges Lesen. Das macht das
Auswendiglernen und das Erfassen des Sinns leicht.
Das erste, was das metrische Lesen zerstört, ist das
Verhältnis der beiden Konsonanten. Eine korrekte
Akzentuierung wird unmöglich, so dass okhlah
[Essen] wie okhelah [sie isst] gelesen wird; omro
[sein Wort] und ameru [sie haben gesprochen] haben
metrisch den gleichen Wert wie omer [sprechen] und
omer [Wort]. Damit geht auch der zeitliche
Unterschied zwischen schabti, das in der
Vergangenheit steht, und wir schabti, das in der
Zukunft steht, verloren. Wir könnten einen Ausweg
aus dieser Schwierigkeit finden, wenn wir den Wegen
des Piyyut folgen würden, der sich nicht in die
Sprache einmischt, sondern lediglich den Reim
verwendet. Aber in Sachen Poesie ist uns dasselbe
widerfahren, was unseren Vorfahren widerfahren ist,
von denen es geschrieben steht: Sie mischten sich
unter die Nichtjuden und lernten ihre Werke.

79. Al-Khazari: Ich möchte dich fragen, ob du den
Grund kennst, warum sich Juden beim Lesen der Tora
hin und her bewegen.

80. Der Rebbi: Es wird gesagt, dass dies getan wird,
um die natürliche Wärme zu wecken. Ich persönlich
glaube, dass es im Zusammenhang mit dem
besprochenen Thema steht. Da es oft vorkam, dass
viele Personen gleichzeitig lasen, war es möglich,

dass zehn oder mehr aus einem Band lasen. Das ist der Grund, warum unsere Bücher so groß sind. Jeder von ihnen war gezwungen, sich zu bücken, um einen Abschnitt zu lesen, und sich wieder umzudrehen. Das führte dazu, dass man sich ständig bücken und aufsetzen musste, während das Buch auf dem Boden lag. Das war ein Grund. Dann wurde es zur Gewohnheit durch ständiges Sehen, Beobachten und Nachahmen, was in der Natur des Menschen liegt. Andere Leute lasen jeweils aus ihrem eigenen Buch, indem sie es entweder an ihre Augen heranführten oder sich, wenn es ihnen gefiel, dazu bückten, ohne ihren Nachbarn zu stören. Es bestand also keine Notwendigkeit, sich zu bücken und aufzusetzen. Wir werden nun die Bedeutung der Akzente, den orthographischen Wert der sieben Hauptvokalzeichen, die sich daraus ergebende grammatikalische Genauigkeit sowie die Unterscheidung zwischen Qameṣ, Pataḥ, Ṣere und Segol diskutieren. Sie beeinflussen die Bedeutung der grammatischen Formen und helfen bei der Unterscheidung zwischen Vergangenheit und Zukunft, שַׂמְתִּי und וְשַׂמְתִּי und וַאֲבָרְכֵהוּ und וְאֲבָרְכֵהוּ: Oder zwischen einem Verb und einem Adjektiv, חָכָם und חָכָם; zwischen dem Fragewort Er und dem Artikel, wie in הָעוֹלָה הִיא לְמָעְלָה, und anderen Fällen. Der Wohlklang und die Struktur der Sprache werden durch die Abfolge von zwei vokallosen Konsonanten erhöht, was es einer ganzen Gemeinde ermöglicht, Hebräisch ohne Fehler gleichzeitig zu lesen. Für die musikalischen Akzente gelten andere Regeln. Denn die Vokallaute werden im Hebräischen in drei

Klassen eingeteilt, nämlich U-Laut, A-Laut und I-Laut; oder in eine andere Einteilung: großer U-Laut oder Qameṣ, mittlerer U-Laut oder Ḥolem; kleiner U-Laut oder Shureq; großer A-Laut oder Pataḥ; kleiner A-Laut oder Segol; großer I-Laut oder Sere; kleiner I-Laut oder Ḥireq. Shewa wird unter bestimmten Bedingungen mit all diesen Vokalen ausgesprochen. Es ist vokalabsolut, denn jede Ergänzung würde einen vokallosen Konsonanten nach sich ziehen. Auf Qameṣ folgt eine lange, geschlossene Silbe, aber kein Dagesh in der ersten Form. Dagesh kann nur dann folgen, wenn es die zweite oder dritte Form verlangt, wenn die Silbe lang ist, mit einem der Vokalbuchstaben alef oder he, wie in ברא und קנה. Eine solche Silbe kann auch auf einen vokallosen Konsonanten enden, wie in קאם. Auf Ḥolem kann auch ein Vokalbuchstabe folgen, der waw oder alef ist, wie in לא und לו, oder eine solche Silbe kann mit einem Konsonanten abgeschlossen werden wie in שור und שׂמאל. Die Vokalbuchstaben nach Ṣere sind Alef oder Jod wie in יוצא und יוצאי. Er allerdings nur in der zweiten Form, nicht aber in der ersten. Shureq ist für alle drei Formen frei. Es kann von einem Vokalbuchstaben, einem Dagesh oder einem vokallosen Konsonanten gefolgt werden. Sein langer Vokal wird nur durch waw ausgedrückt, wie לו, ללון und לְקח. Ḥireq folgt der Regel von Shureq wie in לין, לי und לבי. Pataḥ und Segol werden in der ersten Form nicht von einem Vokalbuchstaben gefolgt, sondern durch die zweite Form verlängert, entweder zur Betonung, wegen des Akzents oder in der Pause am Ende eines Satzes. Die Regeln der ersten Form ergeben sich aus der Betrachtung der Bildung jedes einzelnen Wortes, ohne Bezug auf den Satzbau mit seiner Vielfalt an Kombinationen und Trennungen sowie langen und kurzen Wörtern. Dann erhält man die sieben Hauptvokale in ihrer ursprünglichen, unveränderten Form und das einfache Shewa ohne qa'ya. Die zweite Form befasst sich mit dem Wohlklang in der Konstruktion von Sätzen. Gelegentlich werden Elemente der ersten Form verändert, um der zweiten Form gerecht zu werden. Die dritte Form betrifft die Akzente und reagiert manchmal auf die beiden vorangegangenen Formen. In der ersten Form sind drei aufeinanderfolgende Vokale ohne einen dazwischenliegenden Konsonanten oder Dagesh möglich, aber es können auch drei oder mehr kurze Vokale aufeinander folgen, wie im Arabischen. In der zweiten Form ist dies jedoch nicht möglich. Sobald in der ersten Form drei Vokale aufeinander folgen, verlängert der zweite einen davon auf die Menge eines langen Vokals wie in מִשְׁכָּבְנִי, לְשַׁבְּנִי, רִצְפַת. Denn im Hebräischen sind drei aufeinanderfolgende Vokale nicht erlaubt, es sei denn, ein Konsonant wird entweder wiederholt wie in שְׁרָרֵךְ oder im Falle von Gutturalen wie in נַהֲרִי und נַחֲלִי, wobei es dem Leser freisteht, die erste Silbe lang oder kurz zu lesen. Ebenso erlaubt die erste Form die Abfolge von zwei langen geschlossenen Silben. Die zweite Form hingegen kürzt eine lange Silbe wie in שַׂמְתִּי und וְשַׂמְתִּי, um eine schwerfällige Aussprache zu vermeiden. Es ist offensichtlich, dass die Aussprache von פָּעַל und ähnlichen Formen im Gegensatz zu ihrer Vokalisierung steht, wobei die zweite Silbe trotz des

Pataḥ verlängert wird, während die erste trotz des Qameṣ kurz gelesen wird. Die Erhöhung der zweiten Silbe ist auf den Ton zurückzuführen, nicht aber darauf, sie etwas länger zu machen. Wörter wie ‑אמר לי und עשה‑לי bleiben also in der ersten Form, weil das kleinere Wort den Ton hat. Wir finden auch פָּעַל mit zwei Qameṣ, allerdings in der Vergangenheitsform. Die Ursache dafür ist im athnaḥ oder sof pasuq zu finden, und wir sagen, dass dies in der zweiten Form aufgrund der Pause möglich ist. Wir setzen dies fort, bis wir sogar פָּעָל mit zwei Qameṣ und zaqef finden. Den Grund dafür finden wir in einer virtuellen Pause, da das Wort zu athnaḥ oder sof pasuq berechtigt war, aber andere zwingende Gründe machten athnaḥ und sof pasuq in diesem Fall unmöglich. Andererseits finden wir diese beiden Akzente mit zwei pataḥs, so seltsam das auch sein mag, z.B. ויאמר, וזקנתי, ותשברנה, וַיֵּלֶךְ. Der Grund für pataḥ in ויאמר findet sich in der Untersuchung seiner Bedeutung, da es nicht in der Pause stehen kann und notwendigerweise mit dem folgenden Komplement des Satzes verbunden ist. Es gibt nur wenige Ausnahmen wie כאשר אָמָר, da das Verb den Satz logisch vervollständigt und wegen der Pause Qameṣ nehmen kann. Was jedoch וילך und ותשברנה betrifft, so sollten sie ursprünglich וַיֵּלֵךְ und ותשברנה sein; aber die Umwandlung des I-Lautes mit großem Pataḥ, ohne Zwischenglied, war zu umständlich, und deshalb trat Pataḥ ein. Die Form זקנתי gehört wohl zur gleichen Klasse, denn die Wurzel ist זָקֵן, wobei das Ṣere am Ende eines Satzes in Pataḥ umgewandelt wird. Wir wundern uns, warum die פָּעֵל-Formen den Akzent auf der ersten

Silbe haben, die lang gelesen wird, obwohl sie Segol hat. Wir müssen jedoch bedenken, dass, wenn die erste Silbe kurz bliebe, die hebräische Phonologie verlangen würde, dass die zweite Silbe lang und mit Akzent gelesen wird, und dass sich ein leichter Ruhepunkt zwischen dem zweiten und dritten Radikal einschleichen würde. Das wäre unelegant, was bei der ersten Silbe nicht der Fall ist, die diesen Ruhepunkt haben muss und auch Platz dafür hat. Diese Verlängerung der Penultima entspricht עַל פָּן, aber nicht עֶל פָּן. Denn wenn das Wort athnaḥ, oder sof pasuq hat, ist es פָּעָל entsprechend עַל פָּאן. Dies zeigt die Notwendigkeit, den Vokal in שַׁמתי und שָׁמתי zu verlängern. Formen wie שער und נער finden wir ebenfalls seltsam, weil das Pataḥ der ersten Silbe lang gelesen wird. Wir stellen jedoch bald fest, dass es sich um כָּעָל-Formen mit Pataḥ wegen des Gutturals handelt. Aus diesem Grund erfahren sie keine Veränderung im Status constructus, wie auch נהר und קהל, die wie דָּבָר gebildet werden. Dann finden wir אבנה יעשה, אעשה, und אקנה mit Sēgōl und Vokalbuchstaben. Betrachten wir den ersten Fall, so handelt es sich um die Form אפעל, יפעל, wobei das zweite Radikal nicht lang ist, sondern mit Pataḥ immer eine geschlossene Silbe bildet. Wir müssen nun אעשֶׂה anstelle von Pataḥ lesen, weil kein A-Laut einem stummen he vorangehen kann, es sei denn, es handelt sich um Qameṣ. Qameṣ ist lang, während das zweite Radikal eines Verbs niemals einen langen Vokal haben kann, es sei denn, es wird mit einem Vokal gelesen oder es folgt ein Alef wie in אצא. Aus diesem Grund wird אעשׂה mit Segol gelesen, dem

128

kürzesten denkbaren Vokal, der aber mit Ṣere
vertauscht wird, wenn die zweite Form es erfordert,
den einen durch den anderen am Ende eines Satzes zu
ersetzen. Es gibt fast keine Notwendigkeit für das he
von אעשה, außer in der Pause oder mit dem Akzent,
und wird durch dagesh gemildert, wie in אעשה-לך und
אבנה-לי, in welchen Fällen das he keine Funktion hat.
Dies ist [bei א] in אצא, אבא nicht der Fall. In בא-לי gibt
es kein dagesh, da dem א ein Ṣere vorausgeht und es
ein Radikal ist. Er wird jedoch als so schwach
angesehen, dass er sowohl graphisch als auch
phonetisch in ויקן, ויבן und ויעש weggelassen wird.
Wie könnte er also eine von Ṣere vokalisierte Silbe
schließen? Daher wurde es, jedenfalls in der ersten
Form, dem Segol, dem kleinsten Vokal, überlassen.
In der zweiten Form wurde er in Sere umgewandelt,
wenn er in der Pause steht. Es erscheint ebenfalls
seltsam, dass מראה, מעשה, מקנה und ähnliche Formen
Ṣere im konstruierten Zustand, aber Segol im
absoluten haben. Man sollte annehmen, dass das
Gegenteil richtig ist. Aber wenn wir bedenken, dass
das dritte Radikal, nämlich das stumme He. ein
stummes He als gänzlich abwesend behandelt wird,
und diese Substantive die Formen מרא, מעש, מקן
haben, wird nichts anderes als Segol dienen, bis
einige Umstände es mit einem langen Vokal wie in
מרְאֶה, מעֲשֶׂה und מעשיהן hervorbringen. Segol
wird zu Ṣere und nimmt den Platz des kleinen Pataḥ
in מראָם und ממעֲשֹם ein. Wörter der ersten Form können
durch die zweite in Bezug auf die Vokale, nicht aber
in Bezug auf die Aussprache verändert werden. Das
Wort בן hat Sere im absoluten Zustand, Segol im

Konstrukt. Gelegentlich wird dieser durch den Ton verlängert, wie in בֶּן-יָאִיר, mit dem Segol der ersten Form. In anderen Fällen fällt er durch den Ton aus, obwohl er Ṣere nach der ersten Form hat, wie in בֶּן אַחֵר. In segolierten Formen mit dem Akzent auf der letzten Silbe ist Sere nicht mehr verwirrend. Der Autor dieser tiefgründigen Wissenschaft besaß Geheimnisse, die uns unbekannt sind. Vielleicht haben wir einige entdeckt, mit denen er unsere Untersuchungen anregen wollte, wie wir oben in Bezug auf הָעוֹלָה הִיא לְמַעְלָה gesagt haben. Oder wir könnten die Regeln der Unterscheidung zwischen Vergangenheit und Zukunft, Infinitiv und Partizip des Passivs, נֶאְסָף אֶל עַמִּי, mit Qameṣ, und נֶאֱסַר נֶאֱסָף mit Pataḥ herausfinden. Der masoretische Text vokalisiert dreimal וְיִשְׁקָט mit Qameṣ, obwohl die Wörter syntaktisch gesehen nur virtuell in der Pause stehen. Es gibt viele Fälle, in denen das Segol nach Zarqa die Kraft von Athnaḥ, oder sof pasuq, oder Zakef hat, was eine Abänderung der ersten Form bewirkt. Wenn ich das Thema erweitern wollte, würde das Buch zu lang werden. Ich wollte dir nur einen Vorgeschmack auf dieses tiefgründige Studium geben, das nicht auf Zufall, sondern auf festen Regeln beruht.

81. Al Khazari: Das genügt, um mich über den wunderbaren Charakter der hebräischen Sprache aufzuklären. Nun wünsche ich die Beschreibung eines Dieners G-ttes nach deiner Vorstellung. Danach werde ich dich nach deinen Argumenten gegen die Karaiten fragen. Dann möchte ich die Hauptartikel des Glaubens und die religiösen Axiome hören. Schließlich möchte ich wissen, welche Zweige der alten Wissenschaft bei euch erhalten geblieben sind.

Sefer Ha'Kuzari

Buch des Chasaren

Dritter Essay

1. Der Rebbi: Nach unserer Auffassung ist ein Diener G-ttes nicht einer, der sich von der Welt entfernt, damit er ihr nicht zur Last fällt und sie ihm nicht zur Last fällt, oder der das Leben hasst, das ihm von G-tt geschenkt wird, wie es geschrieben steht: Die Zahl deiner Tage will ich erfüllen; du sollst lange leben. Im Gegenteil, er liebt die Welt und ein langes Leben, weil es ihm die Möglichkeit gibt, sich um die kommende Welt zu verdienen. Je mehr Gutes er tut, desto größer ist sein Anspruch auf die nächste Welt. Er erreicht sogar den Grad des Henochs, von dem es heißt: Und Henoch wandelte mit G-tt; oder den Grad des Eliyahu, der von weltlichen Dingen befreit und in das Reich der Engel aufgenommen wird. In diesem Fall fühlt er keine Einsamkeit in der Einsamkeit und Abgeschiedenheit, da sie seine Gefährten sind. Vielmehr fühlt er sich in einer Menschenmenge unwohl, weil er die g-ttliche Gegenwart vermisst, die es ihm ermöglicht, auf Essen und Trinken zu verzichten. Solche Menschen wären vielleicht in völliger Einsamkeit glücklicher; sie würden vielleicht sogar den Tod begrüßen, weil er zu der Stufe führt, über die hinaus es nichts Höheres gibt. Auch Philosophen und Gelehrte lieben die Einsamkeit, um ihre Gedanken zu verfeinern und die Früchte der

133

Wahrheit aus ihren Forschungen zu ernten, damit alle verbleibenden Zweifel durch die Wahrheit ausgeräumt werden. Sie wünschen nur die Gesellschaft von Jüngern, die ihre Forschung und ihr Nachdenken anregen, so wie derjenige, der darauf aus ist, Geld zu verdienen, sich nur mit Personen umgibt, mit denen er einträgliche Geschäfte machen kann. Ein solcher Grad ist der von Sokrates und denen, die ihm ähnlich sind. Heutzutage fühlt sich niemand mehr versucht, einen solchen Grad anzustreben, aber als die g-ttliche Gegenwart noch im Heiligen Land unter den Menschen weilte, die zur Prophetie fähig waren, lebten einige wenige Personen ein asketisches Leben in Wüsten und verkehrten mit Menschen gleicher Gesinnung. Sie zogen sich nicht völlig zurück, sondern suchten Halt in der Kenntnis des Gesetzes und in heiligen und reinen Handlungen, die sie jenem hohen Rang nahe brachten. Dies waren die Jünger der Propheten. Wer aber in unserer Zeit, an unserem Ort und in unserem Volk, "wo es keine offene Sicht gibt, das Verlangen nach dem Studium gering ist und Menschen mit einer natürlichen Begabung dafür fehlen, sich in die asketische Einsamkeit zurückziehen möchte, ruft nur Not und Krankheit für Seele und Körper hervor. Das Elend der Krankheit liegt sichtbar auf ihm, aber man könnte es als Folge von Demut und Reue betrachten. Er sieht sich gleichsam im Gefängnis und verzweifelt am Leben aus Abscheu vor seinem Gefängnis und seinen Schmerzen, aber nicht, weil er seine Abgeschiedenheit genießt. Wie könnte es anders sein? Er hat keinen Umgang mit dem g-ttlichen Licht und kann sich nicht wie die Propheten mit ihm verbinden. Ihm fehlt die nötige Bildung, um sich darin zu vertiefen und sich daran zu erfreuen, wie die Philosophen es taten, und das sein ganzes Leben lang. Angenommen, er ist g-ttesfürchtig, rechtschaffen, möchte seinem G-tt in der Einsamkeit begegnen, demütig und zerknirscht dastehen und so viele Gebete und Bitten aufsagen, wie er sich nur erinnern kann - all das verschafft ihm für einige Tage Befriedigung, solange es neu ist. Die von der Zunge oft wiederholten Worte verlieren ihren Einfluss auf die Seele, und er kann ihr weder Demut noch Unterwürfigkeit geben. So verharrt er Tag und Nacht, während seine Seele ihn drängt, die ihr innewohnenden Kräfte zu gebrauchen, um zu sehen, zu hören, zu sprechen, sich zu beschäftigen, zu essen, zusammenzuleben, zu gewinnen, sein Haus zu verwalten, den Armen zu helfen, das Gesetz mit Geld zu unterstützen, wenn er es braucht. Muss er nicht die Dinge bedauern, an die er seine Seele gebunden hat, ein Bedauern, das dazu neigt, ihn von dem g-ttlichen Einfluss zu entfernen, dem er sich nähern wollte.

2. Al Khazari: Beschreiben Sie mir, was einer Ihrer frommen Männer in der heutigen Zeit tut.

3. Der Rebbi: Ein frommer Mann ist sozusagen der Hüter seines Landes, der seinen Bewohnern Proviant und alles, was sie brauchen, zukommen lässt. Er ist so gerecht, dass er niemandem Unrecht tut und niemandem mehr gewährt, als ihm zusteht. Wenn er von ihnen etwas verlangt, sind sie gehorsam und folgen seinem Ruf. Er befiehlt, sie führen aus; er verbietet, sie enthalten sich.

4. Al Khazari: Ich fragte dich nach einem frommen Mann, nicht nach einem Prinzen.

5. Der Rebbi: Der fromme Mensch ist nichts anderes als ein Fürst, dem seine Sinne gehorchen, und zwar sowohl seine geistigen als auch seine körperlichen Fähigkeiten, die er körperlich beherrscht, wie es geschrieben steht: Wer seinen Geist beherrscht, ist besser als der, der eine Stadt einnimmt. Er ist geeignet zu herrschen, denn wäre er der Fürst eines Landes, so wäre er so gerecht, wie er es für seinen Körper und seine Seele ist. Er zügelt seine Leidenschaften, indem er sie in Fesseln hält, ihnen aber ihren Anteil gibt, um sie in Bezug auf Essen, Trinken, Sauberkeit usw. zu befriedigen. Er zügelt auch das Verlangen nach Macht, lässt ihnen aber so viel Raum, wie sie für die Erörterung wissenschaftlicher oder weltlicher Ansichten sowie zur Warnung der Bösgesinnten nützlich sind. Er lässt den Sinnen ihren Anteil, so wie er sie für den Gebrauch von Händen, Füßen und Zunge benötigt, je nach Notwendigkeit oder Wunsch. Dasselbe gilt für das Hören, das Sehen und die verwandten Sinneseindrücke, die ihnen folgen, für die Einbildungskraft, die Vorstellung, das Denken, das Gedächtnis und die Willenskraft, die all dies beherrscht, aber ihrerseits dem Willen des Verstandes unterworfen ist. Er lässt nicht zu, dass eines dieser Glieder oder Vermögen über seine besondere Aufgabe hinausgeht oder ein anderes beeinträchtigt.

Wenn er also jedes von ihnen befriedigt hat, indem er den lebenswichtigen Organen das nötige Maß an Ruhe und Schlaf und den körperlichen Organen Wachsein, Bewegung und weltliche Beschäftigung gibt, ruft er seine Gemeinschaft auf, wie ein angesehener Fürst sein diszipliniertes Heer aufruft, um ihm zu helfen, den höheren oder g-ttlichen Grad zu erreichen, der über dem Grad des Intellekts zu finden ist. Er ordnet seine Gemeinschaft in der gleichen Weise, wie Mosche sein Volk um den Berg Sinai angeordnet hat. Er befiehlt seiner Willenskraft, jeden von ihm erteilten Befehl gehorsam entgegenzunehmen und unverzüglich auszuführen. Er zwingt die Fähigkeiten und Glieder, seine Befehle ohne Widerspruch auszuführen, verbietet ihnen böse Neigungen des Verstandes und der Phantasie, verbietet ihnen, auf sie zu hören oder an sie zu glauben, bis er sich mit dem Verstand beraten hat. Wenn er es erlaubt, können sie ihm gehorchen, aber nicht anders. Auf diese Weise empfängt die Willenskraft ihre Befehle von ihm und führt sie entsprechend aus. Er lenkt die Denk- und Vorstellungsorgane, indem er sie von allen oben erwähnten weltlichen Vorstellungen befreit, und beauftragt seine Vorstellungskraft, mit Hilfe des Gedächtnisses möglichst prächtige Bilder zu schaffen, die den gesuchten g-ttlichen Dingen ähneln sollen. Solche Bilder sind die Szenen vom Sinai, Abraham und Itschak auf dem Berg Morija, die Stiftshütte des Mosche, der Tempeldienst, die Gegenwart G-ttes im Tempel und dergleichen. Dann befiehlt er seinem Gedächtnis, all dies zu behalten und nicht zu vergessen; er warnt seine Phantasie und ihre sündigen Triebfedern davor, die Wahrheit zu verwirren oder sie durch Zweifel zu stören; er warnt seine Jähzornigkeit und Gier davor, ihn zu beeinflussen oder in die Irre zu führen, noch seinen Willen zu ergreifen, noch ihn dem Zorn und der Lust zu unterwerfen. Sobald die Harmonie wiederhergestellt ist, regt seine Willenskraft alle Organe an, ihr mit Wachsamkeit, Vergnügen und Freude zu gehorchen. Sie stehen ohne Ermüdung, wenn es die Gelegenheit erfordert, sie verbeugen sich, wenn er es ihnen befiehlt, und setzen sich im richtigen Moment. Die Augen blicken wie ein Diener auf seinen Herrn, die Hände lassen ihr Spiel fallen und treffen sich nicht, die Füße stehen gerade, und alle Glieder sind wie ängstlich und bestrebt, ihrem Herrn zu gehorchen, ohne auf Schmerz oder Verletzung zu achten. Die Zunge stimmt mit dem Gedanken überein und überschreitet nicht ihre Grenzen, spricht im Gebet nicht nur mechanisch wie der Singvogel und der Papagei, sondern jedes Wort wird mit Bedacht und Aufmerksamkeit ausgesprochen. Dieser Augenblick bildet das Herz und die Frucht seiner Zeit, während die anderen Stunden den Weg darstellen, der zu ihm führt. Er freut sich auf ihr Kommen, denn solange sie andauert, gleicht er den geistigen Wesen und ist von der rein tierischen Existenz entfernt. Die drei täglichen Gebetszeiten sind die Frucht seines Tages und seiner Nacht, und der Sabbat ist die Frucht der Woche, denn er ist dazu bestimmt, die Verbindung mit dem g-ttlichen Geist herzustellen und G-tt in Freude und nicht in Traurigkeit zu dienen, wie bereits erklärt wurde. All dies steht in der gleichen Beziehung zur Seele wie die Nahrung zum menschlichen Körper. Das Gebet ist für die Seele, was die Nahrung für den Körper ist. Der Segen eines Gebetes hält bis zum nächsten an, so wie die Kraft der Morgenmahlzeit bis zum Abendbrot anhält. Je weiter sich die Seele von der Zeit des Gebets entfernt, desto mehr wird sie durch den Kontakt mit weltlichen Dingen verdunkelt. Das gilt umso mehr, je mehr sie in die Gesellschaft von Jugendlichen, Frauen oder bösen Menschen gerät, wenn sie unpassende und die Seele verdunkelnde Worte und Lieder hört, die eine Anziehungskraft auf ihre Seele ausüben, der sie nicht gewachsen ist. Während des Gebets reinigt er seine Seele von allem, was über sie gekommen ist, und bereitet sie auf die Zukunft vor. Nach diesem Schema vergeht keine einzige Woche, in der nicht sowohl seine Seele als auch sein Körper vorbereitet werden. Da die dunklen Elemente während der Woche zugenommen haben, können sie nicht gereinigt werden, es sei denn, man weiht einen Tag dem Dienst und der körperlichen Ruhe. Der Körper behebt am Sabbat die während der sechs Tage erlittenen Schäden und bereitet sich auf die kommende Arbeit vor, während die Seele sich durch die Begleitung des Körpers an ihren eigenen Verlust erinnert. Er heilt sich sozusagen von einer vergangenen Krankheit und verschafft sich ein Mittel, um künftige Krankheiten abzuwehren. Das ist fast dasselbe, was Hiob jede Woche mit seinen Kindern tat, wie es geschrieben steht: Es mag sein, dass meine Söhne gesündigt haben. Er verschafft sich also eine monatliche Kur, d.h. die Zeit der Sühne für alles, was in diesem Zeitraum geschehen ist, nämlich die Dauer des Monats und die täglichen Ereignisse, wie es geschrieben steht: Du weißt nicht, was ein Tag bringen mag. Außerdem besucht er die drei Feste und den großen Fasttag, an denen einige seiner Sünden gesühnt werden und an denen er versucht, das nachzuholen, was er an den Tagen dieser Wochen- und Monatskreise versäumt hat. Seine Seele befreit sich von den Einflüsterungen der Phantasie, des Zorns und der Begierde und schenkt ihnen weder in Gedanken noch in Taten Aufmerksamkeit. Obwohl seine Seele nicht in der Lage ist, sündige Gedanken zu sühnen - die Folge von Liedern, Erzählungen usw., die er in seiner Jugend gehört hat und die sich im Gedächtnis festsetzen -, reinigt sie sich von den wirklichen Sünden, bekennt Reue für die früheren und verpflichtet sich, sie nicht mehr von seiner Zunge kommen zu lassen, geschweige denn, sie in die Tat umzusetzen, wie es geschrieben steht: Ich habe mir vorgenommen, dass mein Mund nicht übertreten soll. Das Fasten an diesem Tag ist ein Fasten, das einen den Engeln nahe bringt, denn man verbringt es in Demut und Reue, stehend, kniend, lobend und singend. Alle körperlichen Fähigkeiten sind ihren natürlichen Bedürfnissen entzogen und werden ganz dem religiösen Dienst überlassen, als ob das tierische Element verschwunden wäre. Das Fasten eines frommen Menschen ist so beschaffen, dass Auge, Ohr und Zunge daran teilhaben, dass er nichts beachtet als das, was ihn G-tt nahe bringt. Dies bezieht sich auch auf seine innersten Fähigkeiten, wie Verstand und Phantasie. Dazu kommen die frommen Werke.

6. Al Khazari: Beziehst du dich auf allgemein bekannte Taten.

7. Der Rebbi: Die sozialen und rationalen Gesetze sind die allgemein bekannten. Die g-ttlichen Gesetze jedoch, die hinzugefügt wurden, damit sie im Volk des lebendigen G-ttes, der es leitet, existieren, waren nicht bekannt, bis sie von ihm im Detail erklärt wurden. Auch die sozialen und rationalen Gesetze sind nicht ganz bekannt, und obwohl man den Kern von ihnen kennt, bleibt ihre Tragweite unbekannt. Wir wissen, dass Trostspenden und Dankbarkeit ebenso zu unseren Pflichten gehören wie die Züchtigung der Seele durch Fasten und Sanftmut; wir wissen auch, dass Betrug, unmäßiger Verkehr mit Frauen und Zusammenleben mit Verwandten verwerflich sind; dass die Ehre der Eltern eine Pflicht ist usw. Die Begrenzung all dieser Dinge auf das Maß des allgemeinen Nutzens ist G-ttes Sache. Die menschliche Vernunft ist bei g-ttlichen Handlungen fehl am Platze, weil sie nicht in der Lage ist, sie zu begreifen. Die Vernunft muss vielmehr gehorchen, so wie ein Kranker dem Arzt bei der Anwendung seiner Medikamente und Ratschläge gehorchen muss. Man bedenke, wie wenig die Beschneidung mit Philosophie zu tun hat und wie gering ihr sozialer Einfluss ist. Doch Abraham unterwarf sich und seine Kinder diesem Gebot, obwohl es ihm in seinem Alter schwergefallen sein muss, und es wurde zum Zeichen des Bundes, der Bindung des g-ttlichen Einflusses an ihn, wie es geschrieben steht: Und ich will meinen Bund aufrichten zwischen mir und dir und deinen Nachkommen bei ihren Geschlechtern, zu einem ewigen Bund, dass ich ihnen ein G-tt sei....

8. Al Khazari: Ihr habt dieses Gebot in der Tat in angemessener Weise angenommen, und ihr führt es öffentlich mit dem größten Eifer und der größten Bereitschaft aus, indem ihr es preist und seine Wurzel und seinen Ursprung in der Segensformel zum Ausdruck bringt. Andere Völker mögen euch nachahmen wollen, aber sie haben nur den Schmerz ohne die Freude, die nur derjenige empfinden kann, der sich an die Ursache erinnert, für die er den Schmerz trägt.

9. Der Rebbi: Auch in anderen Fällen der Nachahmung kann uns niemand das Wasser reichen. Seht euch die anderen an, die anstelle des Sabbats einen Ruhetag eingeführt haben. Könnten sie irgendetwas erfinden, das ihm ähnlicher wäre als Statuen, die lebenden menschlichen Körpern ähneln?

10. Al Khazari: Ich habe oft über euch nachgedacht und bin zu dem Schluss gekommen, dass G-tt einen geheimen Plan hat, euch zu bewahren, und dass er den Sabbat und die heiligen Tage als eines der stärksten Mittel eingesetzt hat, um eure Stärke und euren Glanz zu bewahren. Die Völker haben euch wegen eurer Intelligenz und Reinheit zerschlagen und zu ihren Dienern gemacht. Sie hätten euch sogar zu ihren Kriegern gemacht, wenn es nicht diese Festtage gäbe, die ihr mit so viel Gewissenhaftigkeit beachtet, weil sie ihren Ursprung bei G-tt haben und auf solchen Gründen beruhen wie "Erinnerung an die Schöpfung, Erinnerung an den Auszug aus Ägypten und Erinnerung an die Übergabe des Gesetzes". Das alles sind g-ttliche Gebote, die ihr zu beachten habt. Wären sie nicht, würde keiner von euch ein reines Gewand anziehen; ihr würdet keine Versammlung abhalten, um des Gesetzes zu gedenken, wegen eurer ewigen Trübsal und Erniedrigung. Wären sie nicht, würdet ihr keinen einzigen Tag eures Lebens genießen. Nun aber dürft ihr den sechsten Teil eures Lebens in der Ruhe des Leibes und der Seele verbringen. Selbst Könige sind dazu nicht in der Lage, da ihre Seelen an ihren Ruhetagen keine Ruhe haben. Wenn das kleinste Geschäft sie an diesem Tag zur Arbeit und zur Bewegung auffordert, müssen sie sich bewegen und bewegen, da ihnen völlige Ruhe verwehrt ist. Gäbe es diese Gesetze nicht, würde eure Arbeit anderen zugute kommen, denn sie würde zu ihrer Beute werden. Was immer ihr an diesen Tagen verbringt, ist euer Gewinn für dieses und das nächste Leben, denn es wird zur Ehre G-ttes verwendet.

11. Der Rebbi: Der Observante unter uns erfüllt die g-ttlichen Gesetze, nämlich die Beschneidung, den Sabbat, die heiligen Tage und das Zubehör, das zum g-ttlichen Gesetz gehört. Er verzichtet auf verbotene Ehen, auf die Verwendung von Pflanzen-, Kleider- und Tiermischungen, hält die Frei- und Jubeljahre ein, meidet den Götzendienst und dessen Zubehör, nämlich die Entdeckung von Geheimnissen, die nur mit Hilfe von Urim und Thummim oder durch Träume zugänglich sind. Er hört nicht auf Wahrsager, Astrologen, Magier, Auguren oder Geisterbeschwörer. Er hält sich an die Vorschriften über die Ausgabe, das Essen und das Berühren von unreinen Tieren und Aussätzigen; er enthält sich des Blutes und des verbotenen Fettes, weil sie zu den fünf Opfern des Herrn gehören. Er beachtet die Opfer, die für absichtliche und unabsichtliche Übertretungen vorgeschrieben sind; die Pflicht, die Erstgeborenen von Mensch und Tier zu erlösen. Er bringt die Opfergaben für jedes Kind, das ihm geboren wird, und immer dann, wenn er von Unreinheit und Aussatz gereinigt ist; er zahlt die verschiedenen Arten von Zehnten, besucht dreimal im Jahr das Heilige Land; er beachtet die Vorschriften für das Osterlamm mit allem Zubehör, da es ein Opfer des Herrn ist, das jedem frei geborenen Israeliten obliegt. Er beachtet die Gesetze der Stiftshütte, des Palmzweigs und des Schofars und kümmert sich um die heiligen und reinen Gerätschaften, die für die Opfer benötigt werden. Er beachtet die Opfer für seine eigene Reinigung, wie auch die Vorschriften für die Ecke, die Orlah und die heiligen Früchte, um den Herrn damit zu preisen. Kurzum, er befolgt so viele der g-ttlichen Gebote, dass er mit Recht sagen kann: Ich habe kein einziges deiner Gebote übertreten und nichts vergessen. Hinzu kommen noch Gelübde und freie Gaben, Friedensopfer und Selbstverleugnung. Dies sind die religiösen Gesetze, von denen die meisten im Zusammenhang mit dem priesterlichen

Dienst ausgeführt werden. Zu den sozialen Gesetzen gehören unter anderem die folgenden: Du sollst nicht morden, du sollst nicht ehebrechen, nicht stehlen, kein falsches Zeugnis gegen deinen Nächsten ablegen, du sollst deine Eltern ehren, du sollst den Fremden lieben, du sollst nicht die Unwahrheit sagen und nicht lügen; solche, die sich auf die Vermeidung von Wucher beziehen, auf die Angabe von korrekten Gewichten und Maßen; auf die Nachlese, die zu hinterlassen ist, wie die vergessenen Trauben, die Ecken usw. Die ethischen Gesetze lauten: Ich bin der Herr, dein G-tt, du sollst keinen anderen G-tt haben, und du sollst den Namen deines G-ttes nicht missbrauchen, mit der Konsequenz, dass G-tt allgegenwärtig ist und alle Geheimnisse des Menschen durchdringt, ebenso wie seine Taten und Worte, dass er Gutes und Böses vergilt, und dass die Augen des Herrn hin und her laufen, usw. Der religiöse Mensch handelt, spricht oder denkt nie, ohne zu glauben, dass er von Augen beobachtet wird, die sehen und notieren, die belohnen und bestrafen und alles Verwerfliche in Wort und Tat zur Rechenschaft ziehen. Wenn er geht oder sitzt, ist er wie einer, der ängstlich und furchtsam ist und sich zuweilen seiner Taten schämt; aber andererseits ist er froh und freut sich, und seine Seele jubelt, wenn er eine gute Tat getan hat, als ob er dem Herrn etwas Aufmerksamkeit geschenkt hätte, indem er im Gehorsam gegen G-tt Mühsal ertragen hat. Alles in allem glaubt er an die folgenden Worte und beherzigt sie: Bedenke drei Dinge, und du wirst keine Sünde begehen; verstehe, was über dir ist, ein allsehendes

Auge und ein hörendes Ohr, und alle deine Taten sind in einem Buch geschrieben. Außerdem erinnert er sich an den überzeugenden Beweis, den David angeführt hat: "Der das Ohr gepflanzt hat, soll es nicht hören[?!]; der das Auge geformt hat, soll es nicht sehen[?!]. Es gibt auch einen Psalm, der so beginnt: O Herr, du hast mich erforscht und kennst mich. Wenn er ihn liest, denkt er daran, dass alle seine Glieder mit vollkommener Weisheit in der richtigen Reihenfolge und Proportion angeordnet sind. Er sieht, wie sie seinem Willen gehorchen, auch wenn er nicht weiß, welcher Teil von ihnen sich bewegen soll. Wenn er sich zum Beispiel erheben will, findet er, dass seine Glieder wie gehorsame Helfer seinen Körper aufrichten, obwohl er nicht einmal die Natur dieser Glieder kennt. Genauso ist es, wenn er sitzen, gehen oder irgendeine Position einnehmen will. Dies wird in den Worten ausgedrückt: Du kennst mein Hinsetzen und mein Aufstehen... Du erforschst meinen Weg und mein Liegen und kennst alle meine Wege. Die Organe der Sprache sind viel feiner und zarter als diese. Das Kind, wie du siehst, wiederholt alles, was es hört, ohne zu wissen, mit welchem Organ, Nerv, Muskel es sprechen soll. Das Gleiche gilt für die Atmungsorgane beim Singen von Melodien. Die Menschen wiederholen sie ganz harmonisch, ohne zu wissen, wie das geschieht, als ob ihr Schöpfer sie immer wieder neu geschaffen und in den Dienst des Menschen gestellt hätte. Das ist in der Tat der Fall, zumindest kommt es dem nahe. Man darf das Werk der Schöpfung nicht mit dem eines Handwerkers vergleichen. Wenn dieser eine Mühle gebaut hat, geht er weg, während die Mühle die Arbeit verrichtet, für die sie gebaut wurde. Der Schöpfer aber schafft die Glieder und stattet sie ständig mit ihren Fähigkeiten aus. Stellen wir uns vor, seine Fürsorge und Führung würde nur einen Augenblick lang wegfallen, und die ganze Welt würde leiden. Wenn sich der religiöse Mensch bei jeder Bewegung daran erinnert, erkennt er zuerst den Anteil des Schöpfers an ihnen an, weil er sie geschaffen und mit der für ihre ständige Vervollkommnung notwendigen Hilfe ausgestattet hat. Das ist so, als ob die g-ttliche Gegenwart ständig bei ihm wäre und die Engel ihn quasi begleiten würden. Wenn seine Frömmigkeit beständig ist und er sich an Orten aufhält, die der g-ttlichen Gegenwart würdig sind, sind sie in Wirklichkeit bei ihm, und er sieht sie mit eigenen Augen auf einer Stufe, die knapp unter der der Prophetie liegt. So sah der bedeutendste der Weisen zur Zeit des Zweiten Tempels eine bestimmte Erscheinung und hörte eine Art Stimme Bat Kol [Stimme vom Himmel] Dies ist der Grad der Frommen, neben dem der Propheten. Der Fromme leitet von seiner Verehrung des g-ttlichen Einflusses, der ihm nahe ist, das ab, was der Diener von seinem Herrn ableitet, der ihn erschaffen hat, ihn mit Gaben belädt und ihn beobachtet, um ihn zu belohnen oder zu strafen. Du wirst also keine Übertreibung in den Worten finden, die er spricht, wenn er sich in eine private Kammer zurückzieht: Mit eurer Erlaubnis, ihr Verehrten, in Bezug auf die g-ttliche Gegenwart! Und wenn er zurückkehrt, rezitiert er den Segensspruch: 'Er, der den Menschen in Weisheit erschaffen hat'.

Wie erhaben ist diese Segensformel; welch tiefer Sinn liegt in ihrem Wortlaut für den, der sie in rechtem Geiste betrachtet? Er beginnt mit der Weisheit und schließt mit den Worten: Heiler allen Fleisches und Wundertäter, liefert sie einen Beweis für das wunderbare Wesen, das in der Schöpfung der Lebewesen sichtbar wird, die mit der Fähigkeit ausgestattet sind, auszustoßen und zu bewahren. Die Worte "alles Fleisch" schließen alle Lebewesen ein. Auf diese Weise verbindet er seinen Geist mit dem g-ttlichen Einfluss durch verschiedene Mittel, von denen einige im geschriebenen Gesetz vorgeschrieben sind, andere in der Tradition. Die Phylakterien [Tefillin] trägt er auf dem Kopf auf dem Sitz des Geistes und des Gedächtnisses, wobei die Bänder auf seine Hand fallen, wo er sie in Ruhe betrachten kann. Das Hand-Phylakterium [Tefillin] trägt er über der Triebfeder seiner Fähigkeiten, dem Herzen. Er trägt das Zizith, damit er nicht von weltlichen Gedanken gefangen wird, wie es geschrieben steht: Damit ihr nicht nach eurem Herzen und nach euren Augen in die Irre geht. Im Inneren der Phylakterien [Tefillin] stehen Verse, die Seine Einheit, Belohnung, Bestrafung und die Erinnerung an den Auszug aus Ägypten beschreiben, denn sie sind der unwiderlegbare Beweis dafür, dass der g-ttliche Einfluss mit den Menschen verbunden ist und dass die Vorsehung über sie wacht und ihre Taten aufzeichnet. Der fromme Mensch prüft also seine Empfindungen und widmet einen Teil davon G-tt. Die Überlieferung lehrt, dass das kleinste Maß des Lobes, das der Mensch G-tt darzubringen hat, in hundert Segnungen täglich besteht. An erster Stelle stehen die gewöhnlichen Segnungen, dann kommen im Laufe des Tages die Segnungen hinzu, die mit dem Genuss von Gerüchen, Speisen, Gehörtem und Gesehenem einhergehen. Alles, was er darüber hinaus tut, ist ein Gewinn und bringt ihn näher zu G-tt, wie David sagt: Mein Mund soll deine Gerechtigkeit und dein Heil verkünden den ganzen Tag, denn ich weiß nicht, wie viel es ist. Er will damit sagen: Deine Herrlichkeit ist nicht in Zahlen zu fassen, aber ich werde mich ihr mein ganzes Leben lang widmen und niemals von ihr frei sein. Liebe und Furcht dringen zweifellos auf diese Weise in die Seele ein und werden mit dem Maß des Gesetzes gemessen, damit die an Sabbaten und heiligen Tagen empfundene Freude nicht ihre Grenzen überschreitet und sich zu Extravaganz, Ausschweifung und Müßiggang sowie zur Vernachlässigung der Gebetsstunden entwickelt. Die Furcht hingegen darf nicht so weit gehen, dass er an der Vergebung verzweifelt und sein ganzes Leben in Angst verbringt, so dass er gegen das Gebot verstößt, das ihm gegeben wurde, sich an allem zu freuen, was ihn trägt, wie es geschrieben steht: Du sollst dich an allem Guten erfreuen. Es würde auch seine Dankbarkeit für G-ttes Wohltaten schmälern; denn Dankbarkeit ist die Folge von Freude. Er wird jedoch wie einer sein, auf den die Worte anspielen: Weil du dem Herrn, deinem G-tt, nicht mit Freude gedient hast...., sollst du deinen Feinden dienen. Der Eifer bei der Zurechtweisung deines Nächsten und beim Studium sollte nicht in Zorn und Hass umschlagen und die Reinheit seiner

Seele beim Gebet stören. Er ist zutiefst von der Gerechtigkeit des G-ttesurteils überzeugt. Er findet in ihr Schutz und Trost vor Kummer und den Mühen des Lebens, wenn er von der Gerechtigkeit des Schöpfers aller Lebewesen überzeugt ist; Er, der sie mit einer Weisheit erhält und leitet, die der menschliche Verstand nur im Allgemeinen, nicht aber im Einzelnen zu erfassen vermag. Seht, wie wunderbar die Natur der Geschöpfe erdacht ist; wie viele wunderbare Gaben sie besitzen, die den Willen eines allweisen Schöpfers und eines allwissenden, allmächtigen Wesens erkennen lassen. Er hat die Kleinen und die Großen mit allen notwendigen inneren und äußeren Sinnen und Gliedern ausgestattet. Er hat ihnen Organe gegeben, die ihren Instinkten entsprechen. Er gab dem Hasen und dem Hirsch die Mittel zur Flucht, die ihre furchtsame Natur erfordert; er stattete den Löwen mit Wildheit und den Werkzeugen zum Rauben und Reißen aus. Wer die Bildung, den Gebrauch und die Beziehung der Gliedmaßen zum tierischen Instinkt betrachtet, sieht darin Weisheit und eine so vollkommene Anordnung, dass in seiner Seele kein Zweifel oder keine Ungewissheit über die Gerechtigkeit des Schöpfers bleiben kann. Wenn ein böser Gedanke meint, es sei ungerecht, dass der Hase dem Löwen oder Wolf und die Fliege der Spinne zum Opfer fällt, so mahnt ihn die Vernunft wie folgt: Wie kann ich den Allweisen der Ungerechtigkeit bezichtigen, wenn ich von seiner Gerechtigkeit überzeugt bin und Ungerechtigkeit gar nicht in Frage kommt? Wären die Verfolgung des Hasen durch den Löwen und der

Fliege durch die Spinne bloße Zufälle, würde ich die Notwendigkeit des Zufalls behaupten. Ich sehe aber, dass dieser weise und gerechte Weltenlenker den Löwen mit den Mitteln zur Jagd ausstattete, mit Wildheit, Kraft, Zähnen und Klauen; dass er die Spinne mit List ausstattete und sie lehrte, ein Netz zu weben, das sie konstruiert, ohne es gelernt zu haben; wie er sie mit den erforderlichen Instrumenten ausstattete und die Fliege zu ihrer Nahrung bestimmte, so wie viele Fische anderen Fischen zur Nahrung dienen. Kann ich etwas anderes sagen, als dass dies die Frucht einer Weisheit ist, die ich nicht zu begreifen vermag, und dass ich mich dem unterwerfen muss, der genannt wird: Der Fels, dessen Tun vollkommen ist. Wer darüber nachdenkt, wird es so machen wie Nahum von Gimzo, von dem berichtet wird, dass er, egal was ihm passierte, immer sagte: "Auch das ist zum Besten". Er wird also immer glücklich leben, und alle Drangsale werden ihm leicht von der Hand gehen. Er wird sie sogar begrüßen, wenn er sich bewusst ist, etwas verbrochen zu haben, und wird durch sie gereinigt werden wie jemand, der seine Schuld bezahlt hat und froh ist, sein Gemüt erleichtert zu haben. Er freut sich auf den Lohn und die Vergeltung, die ihn erwarten; ja, es macht ihm Freude, der Menschheit eine Lektion in Geduld und Unterwerfung unter G-tt zu erteilen, nicht weniger als einen guten Ruf zu erlangen. So verhält es sich mit seinen eigenen Sorgen und auch mit denen der Menschheit im Allgemeinen. Wenn sein Gemüt durch die Dauer des Exils, die Diaspora und die Erniedrigung seines Volkes beunruhigt ist, findet er

Trost zuerst in der "Anerkennung der Gerechtigkeit des Urteils, wie schon gesagt; dann in der Reinigung von seinen Sünden; dann in der Belohnung und dem Lohn, der ihn in der kommenden Welt erwartet, und in der Bindung an den g-ttlichen Einfluss in dieser Welt. Wenn ein böser Gedanke ihn daran verzweifeln lässt und sagt: Können diese Gebeine leben - unsere Spuren sind völlig zerstört und unsere Geschichte verfallen, wie es geschrieben steht: "Unsere Gebeine sind vertrocknet" -, dann soll er an die Art und Weise der Befreiung aus Ägypten denken und an all das, was in dem Paragraphen niedergeschrieben ist: Wie viele Wohltaten verdanken wir G-tt, dann wird es ihm nicht schwer fallen, sich vorzustellen, wie wir unsere Größe wiedererlangen können, auch wenn nur einer von uns übrig geblieben ist. Denn es steht geschrieben: Wurm von Yaakov - was kann von einem Menschen übrig bleiben, wenn er ein Wurm in seinem Grab geworden ist.

12. Al Khazari: Auf diese Weise lebt er auch im Exil ein glückliches Leben; er sammelt die Früchte seines Glaubens in dieser und in der nächsten Welt. Wer aber das Exil widerwillig erträgt, verliert seinen ersten und seinen letzten Lohn.

13. Der Rebbi: Seine Freude wird gestärkt und die Frage "Können diese Knochen leben?" durch die Pflicht, alles zu segnen, was er genießt oder was ihm in dieser Welt widerfährt, verstärkt.

14. Al Khazari: Wie kann das sein, sind die

Segnungen nicht eine zusätzliche Belastung?

15. Der Rebbi: Gehört es sich nicht, dass ein vollkommener Mensch mehr Freude an dem hat, was er zu sich nimmt, als ein Kind oder ein Tier; so wie ein Tier mehr Freude daran hat als eine Pflanze, obwohl sie ständig Nahrung zu sich nimmt.

16. Al Khazari: Dies ist so, weil er mit dem Bewusstsein des Genusses begünstigt wird. Wenn man einem Betrunkenen alles geben würde, was er sich wünscht, während er völlig berauscht ist, würde er essen und trinken, Lieder hören, seine Freunde treffen und seine Geliebte umarmen. Würde man ihm dies aber nüchtern mitteilen, würde er es bedauern und eher als Verlust denn als Gewinn betrachten, da er all diese Genüsse hatte, während er unfähig war, sie zu würdigen.

17. Der Rebbi: Sich auf ein Vergnügen vorzubereiten, es zu erleben und sich darauf zu freuen, verdoppelt das Gefühl des Genusses. Das ist der Vorteil der Segenssprüche für denjenigen, der gewohnt ist, sie mit Aufmerksamkeit und Hingabe zu sprechen. Sie rufen in seiner Seele eine Art von Freude und Dankbarkeit gegenüber dem Geber hervor. Er war bereit, sie aufzugeben; nun ist seine Freude umso größer, und er sagt: Er hat uns am Leben erhalten und bewahrt. Er war auf den Tod vorbereitet, nun empfindet er Dankbarkeit für das Leben und betrachtet es als Gewinn. Wenn Krankheit und Tod dich überkommen, werden sie leicht sein, denn du hast mit dir selbst gesprochen und gesehen, dass du mit deinem Herrn gewinnst. Deinem Wesen nach bist du gut geeignet, dem Genuss zu entsagen, denn du bist Staub. Nun hat er dir Leben und Lust geschenkt; du bist ihm dankbar. Nimmt er sie dir weg, sagst du: Der Herr hat gegeben, der Herr hat genommen. So ist dein ganzes Leben ein einziges Vergnügen. Wer nicht in der Lage ist, einen solchen Weg einzuschlagen, betrachtet sein Vergnügen nicht als ein menschliches, sondern als ein brutales Vergnügen, das er nicht wahrnimmt, ebenso wenig wie der oben erwähnte Trunkenbold. Der g-ttesfürchtige Mensch begreift den Sinn eines jeden Segens und kennt seinen Zweck in jedem Zusammenhang. Der Segensspruch "Er, der die Lichter erschaffen hat" stellt ihm die Ordnung der oberen Welt, die Größe der Himmelskörper und ihre Nützlichkeit vor Augen, dass sie in den Augen ihres Schöpfers nicht größer sind als Würmer, obwohl sie uns wegen des Nutzens, den wir aus ihnen ziehen, unermesslich erscheinen. Der Beweis dafür, dass Er ihr Schöpfer ist, findet sich in dem bereits erwähnten Umstand, dass Seine Weisheit und Macht, die bei der Erschaffung der Ameise und der Biene zu beobachten ist, nicht geringer ist als bei der der Sonne und ihrer Kugel. Die Spuren dieser Vorsehung und Weisheit sind bei der Ameise und der Biene feiner und wunderbarer, weil er ihnen trotz ihrer Winzigkeit Fähigkeiten und Organe verliehen hat. Das muss er bedenken, damit ihm das Licht nicht zu groß erscheint und ein böser Geist ihn dazu verleitet, einige Ansichten der Geisteranbeter anzunehmen und zu glauben, dass Sonne und Mond selbständig helfen

oder schaden können, während sie nur indirekt helfen
können, wie der Wind und das Feuer. Es steht
geschrieben: Wenn ich die Sonne betrachte, wenn sie
scheint.... und mein Herz heimlich verführt worden
ist. Beim Segen, der mit der ewigen Liebe beginnt,
denkt er in ähnlicher Weise an die Bindung des g-
ttlichen Einflusses an die Gemeinschaft, die bereit
war, ihn zu empfangen, wie ein glatter Spiegel das
Licht empfängt, und dass das Gesetz das Ergebnis
Seines Willens ist, um Seine Herrschaft auf Erden zu
errichten, wie sie im Himmel ist. Seine Weisheit
verlangte von Ihm nicht, auf der Erde Engel zu
schaffen, sondern Sterbliche aus Fleisch und Blut, in
denen   natürliche   Gaben   und   bestimmte
Eigenschaften je nach günstigen oder ungünstigen
Einflüssen vorherrschen, wie dies im Buch der
Schöpfung erklärt wird. Wann immer einige wenige
oder eine ganze Gemeinschaft ausreichend rein sind,
ruht das g-ttliche Licht auf ihnen und leitet sie auf
eine unbegreifliche und wunderbare Weise, die ganz
außerhalb des gewöhnlichen Laufs der natürlichen
Welt liegt. Dies wird "Liebe und Freude" genannt.
Der g-ttliche Einfluss fand jedoch neben den Sternen
und   Sphären   niemanden,   der   seine   Befehle
akzeptierte und sich an den von ihm diktierten Kurs
hielt, mit Ausnahme einiger weniger zwischen Adam
und Yaakov. Als sie ein Volk geworden waren, ruhte
der g-ttliche Einfluss aus Liebe auf ihnen, "um ihnen
ein G-tt zu sein". In der Wüste ordnete er sie nach Art
der Sphäre in vier Standarten, die den vier Vierteln
der Sphäre entsprechen, und in zwölf Stämme, die
den zwölf Tierkreiszeichen entsprechen, wobei sich

das Lager der Leviten in der Mitte befindet, so wie es im Buch der Schöpfung steht. Der heilige Tempel steht genau in der Mitte, aber G-tt trägt sie alle. All dies weist auf die Liebe hin, um derentwillen der Segen gesprochen wird. In der Lesung des Schma, die dann folgt, akzeptiert er die Verpflichtungen des Gesetzes, wie in dem Stück, das mit "Wahr und gewiss" beginnt und den festen Entschluss ausdrückt, die Tora zu befolgen. Das ist so, als ob er, nachdem er alles Vorangegangene klar und deutlich verinnerlicht hat, seine Seele bindet und bezeugt, dass die Kinder sich für immer dem Gesetz unterwerfen sollen, so wie es die Vorväter getan haben, gemäß den Worten: 'Auf unsere Väter und auf uns und auf unsere Kinder und auf die kommenden Generationen ... ein gutes Wort, fest gegründet, das niemals vergeht.' Dem fügt er die Glaubensartikel bei, die den jüdischen Glauben vervollständigen, nämlich die Anerkennung der Souveränität G-ttes, seiner Ewigkeit und der Vorsehung, die er unseren Vorvätern zuteil werden ließ; dass die Tora von ihm ausgeht und dass der Beweis für all dies in der Befreiung aus Ägypten zu finden ist. Dies wird in den Worten angedeutet: "Wahrlich, Du bist der Herr, unser G-tt; wahrlich, von Ewigkeit her ist Dein Name... die Hilfe unserer Väter... aus Ägypten hast Du uns erlöst. Wer all dies in reinen Gedanken vereint, ist ein wahrer Israelit und würdig, nach dem g-ttlichen Einfluss zu streben, der unter allen Völkern ausschließlich mit den Kindern Israels verbunden war. Es fällt ihm nicht schwer, vor der g-ttlichen Gegenwart zu stehen, und er erhält eine Antwort, so oft er bittet. Das Gebet der "Achtzehn Segnungen" muss sofort und unverzüglich auf den Segen "Er hat Israel erlöst" folgen, wobei man für dieses Gebet aufrecht stehen muss, wie wir es zuvor bei der Erörterung der Segnungen, die sich auf die gesamte israelitische Nation beziehen, beschrieben haben. Gebete, die eher individuellen Charakter haben, sind freiwillig und nicht verpflichtend, und sie haben ihren Platz in dem Abschnitt, der mit "Er, der das Gebet erhört" endet. Im ersten Abschnitt, der den Titel Väter trägt, erinnert sich der Beter an die Frömmigkeit der Patriarchen, an den Bund, den G-tt mit ihnen für alle Zeiten geschlossen hat und der nie aufhört, wie es in den Worten zum Ausdruck kommt: Er bringt den Erlöser zu ihren Kindeskindern. Der zweite Segen, bekannt als "Mächtige Taten", lehrt, dass G-tt die ewige Herrschaft über die Welt ausübt, nicht jedoch, wie die Naturphilosophen behaupten, dass dies mit natürlichen und empirischen Mitteln geschieht. Der Verehrer wird ferner daran erinnert, dass G-tt die Toten wiederbelebt, wann immer er es wünscht, auch wenn dies weit von den Spekulationen der Naturphilosophen entfernt ist. Ähnliche Vorstellungen herrschen auch in den Worten vor: Er lässt den Wind wehen und den Regen niedergehen. Nach seinem Willen befreit er die Gefangenen, wie aus der Geschichte Israels ersichtlich ist. Nach der Lektüre dieser Abschnitte, die ihn in der Überzeugung bestärken, dass G-tt eine Verbindung mit dieser materiellen Welt aufrechterhält, preist und heiligt der Anbeter Ihn durch die Erklärung, dass Ihm keine körperliche Haltung zu eigen ist. Dies geschieht in dem Abschnitt, der mit "Du bist heilig" beginnt, einem Segensspruch, der den Glauben an die von den Philosophen kommentierten Attribute der Erhabenheit und Heiligkeit einprägt. Dieser Abschnitt folgt auf die anderen, in denen die Absolutheit der Souveränität G-ttes dargelegt wird. Sie überzeugen uns davon, dass wir einen König und Gesetzgeber haben, und ohne sie hätten wir im Zweifel gelebt, die Theorien der Philosophen und Materialisten. Die Abschnitte über "Väter" und "Mächtige Taten" müssen daher dem Abschnitt über die Heiligung G-ttes vorausgehen. Danach beginnt der Beter für die Bedürfnisse ganz Israels zu beten, und es ist nicht erlaubt, andere Gebete einzufügen, außer anstelle von freiwilligen Bittgebeten. Ein Gebet muss, um erhört zu werden, für eine Menge oder in einer Menge oder für einen Einzelnen, der den Platz einer Menge einnehmen könnte, vorgetragen werden. Ein solcher ist in unserer Zeit jedoch nicht zu finden.

18. Al Khazari: Warum ist das so? Wenn jeder seine Gebete für sich selbst lesen würde, wäre seine Seele dann nicht reiner und sein Geist weniger abstrakt?

19. Der Rebbi: Das gemeinsame Gebet hat viele Vorteile. In erster Linie wird eine Gemeinschaft niemals für etwas beten, das für den Einzelnen schädlich ist, während dieser manchmal für etwas betet, das zum Nachteil anderer Einzelner ist, oder einige von ihnen für etwas beten, das zu seinem Nachteil ist. Eine der Bedingungen für das Gebet, das erhört werden will, ist, dass sein Gegenstand der Welt nützt, aber in keiner Weise schadet. Eine andere ist, dass ein Mensch sein Gebet selten ohne Ausrutscher und Fehler zu Ende bringt. Deshalb wurde festgelegt, dass der Einzelne die Gebete einer Gemeinschaft vorträgt, und zwar nach Möglichkeit in einer Gemeinschaft von mindestens zehn Personen, so dass der eine die Vergesslichkeit oder den Fehler des anderen ausgleicht. Auf diese Weise entsteht ein vollständiges Gebet, das mit ungetrübter Hingabe gelesen wird. Sein Segen ruht auf jedem, und jeder erhält seinen Anteil. Denn der g-ttliche Einfluss ist wie der Regen, der ein Gebiet bewässert, wenn es ihn verdient, und einen kleineren Teil einschließt, der ihn nicht verdient, aber an der allgemeinen Fülle teilhat. Andererseits wird der Regen einem Gebiet vorenthalten, das ihn nicht verdient, obwohl ein Teil eingeschlossen ist, der ihn zwar verdient hat, aber mit der Mehrheit leidet. So regiert G-tt die Welt. Er behält sich den Lohn eines jeden Einzelnen für die kommende Welt vor; aber in dieser Welt gibt er ihm die beste Entschädigung, indem er das Heil im Gegensatz zu seinen Nächsten gewährt. Es gibt nur wenige, die der allgemeinen Vergeltung völlig entgehen. Ein Mensch, der nur für sich selbst betet, gleicht demjenigen, der sich allein in sein Haus zurückzieht und es ablehnt, seinen Mitbürgern bei der Reparatur ihrer Mauern zu helfen. Sein Aufwand ist so groß wie sein Risiko. Wer sich jedoch der Mehrheit anschließt, gibt wenig aus und bleibt dennoch in Sicherheit, denn der eine ersetzt die Mängel des anderen. Die Stadt ist in bestem Zustand, alle Bewohner genießen ihren Wohlstand mit nur geringen Ausgaben, die alle gleichmäßig verteilen. In ähnlicher Weise bezeichnet Platon das, was für das Gesetz aufgewendet wird, als den Anteil des Ganzen. Vernachlässigt aber der Einzelne diesen "Anteil am Ganzen", der die Grundlage für das Wohlergehen des Gemeinwesens ist, zu dem er gehört, in dem Glauben, er tue besser daran, ihn für sich selbst auszugeben, so versündigt er sich nicht nur gegen das Gemeinwesen, sondern auch gegen sich selbst. Denn das Verhältnis des Einzelnen ist wie das Verhältnis des einzelnen Gliedes zum Körper. Würde der Arm, wenn er bluten muss, sein Blut verweigern, so würde der ganze Körper, auch der Arm, leiden. Es ist jedoch die Pflicht des Einzelnen, um des Wohlergehens des Gemeinwesens willen Härten oder gar den Tod zu ertragen. Er muss vor allem darauf achten, seinen Teil zum Ganzen beizutragen, ohne zu versagen. Da die gewöhnliche Spekulation dies nicht vorsah, schrieb G-tt es in Form von Zehnten, Gaben und Opfern usw. als Anteil am gesamten weltlichen Besitz vor. Unter den Handlungen wird dies durch den Sabbat, die heiligen Tage, die Befreiungs- und Jubeljahre und ähnliche Einrichtungen repräsentiert; unter den Worten sind es Gebete, Segnungen und Danksagungen; unter den abstrakten Dingen sind es Liebe, Furcht und Freude. An erster Stelle der zweiten Gruppe von Segnungen steht das Gebet um Intelligenz und Erleuchtung, um G-tt zu gehorchen. Der Mensch betet, um seinem Meister nahe zu sein. Deshalb sagt er zuerst: "Du schenkst dem Menschen gnädig die Vernunft", worauf sofort folgt: "Der sich an der Reue erfreut". So bewegen sich Weisheit,

Wissen und Intelligenz auf dem Weg des Gesetzes und beten die Worte an: Gib uns, o unser Vater, Deinem Gesetz wieder. Da der sterbliche Mensch nicht anders kann, als zu sündigen, ist ein Gebet um Vergebung der Übertretungen in Gedanken und Taten erforderlich. Dies geschieht in der Schlussformel: Der Barmherzige, der viel verzeiht. Diesem Absatz fügt er das Ergebnis und Zeichen der Vergebung hinzu, nämlich die Erlösung von unserem gegenwärtigen Zustand. Er beginnt: Seht unser Elend, und schließt mit: Erlöser von Israel. Danach betet er für die Gesundheit von Leib und Seele und für die Gabe von Nahrung, um die Kraft für den Segen der Jahre zu erhalten. Dann betet er für die Wiedervereinigung der Zerstreuten, im letzten Absatz: Er, der die Zerstreuten seines Volkes, des Hauses Israel, wieder zusammenführt. Damit verbunden ist das Wiedererscheinen der Gerechtigkeit und die Wiederherstellung des früheren Zustandes des Volkes mit den Worten: Herrsche über uns, Du allein. Dann betet er gegen das Böse und für die Vernichtung der Dornen im Absatz der "Ketzer". Darauf folgt das Gebet für die Bewahrung des reinen Wesens in: Die Gerechten. Dann betet er für die Rückkehr nach Jerusalem, das wieder den Sitz des g-ttlichen Einflusses bilden soll, und damit verbunden ist das Gebet um den MASHIACH, den Sohn Davids. Damit sind alle weltlichen Wünsche erledigt. Er bittet nun um die Erhörung seines Gebetes sowie um die sichtbare Offenbarung der Schechinah, so wie sie den Propheten, den Frommen und den aus Ägypten Erlösten erschienen ist, im letzten Abschnitt: O Du, der Du das Gebet hörst. Dann betet er: Lass mein Auge sehen, und schließt mit: Er, der seine Schechinah in Zion wiederherstellt. Er stellt sich vor, dass die Schechinah ihm gegenüber steht und verneigt sich mit den Worten: Wir danken", die die Anerkennung und Dankbarkeit für G-ttes Barmherzigkeit beinhalten. Das Ganze schließt mit dem Absatz ab: Er schließt Frieden, um sich in Frieden von der Schechina zu verabschieden.

20. Al Khazari: Es gibt nichts zu kritisieren, denn ich sehe, wie geregelt und umsichtig all diese Vorkehrungen sind. Ein Punkt wäre noch zu erwähnen, nämlich, dass deine Gebete so wenig von der kommenden Welt sagen. Aber du hast mir schon bewiesen, dass derjenige, der um die Verbindung mit dem g-ttlichen Licht und die Fähigkeit betet, es mit seinen eigenen Augen in dieser Welt zu sehen, und der, der sich fast dem Rang der Propheten nähert, auf diese Weise im Gebet tätig ist - und nichts kann den Menschen näher zu G-tt bringen als dies -, zweifellos um mehr als die kommende Welt gebetet hat. Er erlangt sie mit der anderen. Derjenige, dessen Seele mit dem g-ttlichen Einfluss in Verbindung steht, obwohl sie immer noch den Unfällen und Leiden des Körpers ausgesetzt ist, wird logischerweise eine engere Verbindung mit dem ersteren gewinnen, wenn sie frei und von diesem unreinen Gefäß losgelöst geworden ist.

21. Der Rebbi: Ich kann dir das anhand eines Gleichnisses besser erklären. Ein Mann besuchte den

König. Dieser gewährte ihm seine innigste Freundschaft und erlaubte ihm, in seine Gegenwart einzutreten, wann immer er es wünschte. Er wurde so vertraut mit dem König, dass er ihn in sein Haus und an seine Tafel einlud. Der König willigte nicht nur ein, sondern schickte auch seine edelsten Verehrer zu ihm und tat mit ihm, was er mit niemandem sonst getan hatte. Wann immer er etwas vernachlässigt oder falsch gemacht hatte und der König sich von ihm fernhielt, bat er ihn nur, zu seiner früheren Gewohnheit zurückzukehren und seinen Veziers nicht zu verbieten, ihn zu besuchen. Die anderen Bewohner des Landes baten den König nur um Schutz vor Räubern, wilden Tieren und den Schrecken des Weges, wenn sie eine Reise unternahmen. Sie waren zuversichtlich, dass der König ihnen auf ihrer Reise beistehen und für sie sorgen würde, obwohl er dies nie getan hatte, solange sie zu Hause blieben. Jeder von ihnen rühmte sich, dass der König sich mehr um ihn kümmere als um irgendjemand anderen, und meinte, er habe den König mehr geehrt als jeder andere. Der Fremde dachte jedoch wenig an seine Abreise und bat auch nicht um eine Wache. Als die Stunde gekommen war, wurde ihm gesagt, dass er in den Gefahren der Reise umkommen würde, da er niemanden hatte, der sich um ihn kümmerte. Wer hat euch Begleiter gegeben? fragte er. Der König, sagten sie, "den wir um Hilfe gebeten haben, seit wir in dieser Stadt sind; aber wir haben nicht gesehen, dass du das auch getan hast. Du Narr", antwortete er, "hat jemand, der ihn in der Stunde der Sicherheit angerufen hat, nicht eher das

Recht, seine Hilfe in der Stunde der Gefahr zu erwarten, auch wenn er seinen Mund nicht geöffnet hat? Wird er einem Menschen in der Stunde der Not seine Hilfe verweigern, nachdem er ihm in der Stunde des Wohlstands geantwortet hat? Wenn ihr euch rühmt, dass er für euch sorgt, weil ihr ihm Ehre erwiesen habt, hat dann jemand von euch in dieser Hinsicht so viel getan, sich so viel Mühe gegeben, seine Befehle auszuführen, sich von Unehre fernzuhalten, seinen Namen und sein Gesetz zu achten, wie ich es tat? Was immer ich tat, tat ich auf seinen Befehl und seine Anweisung hin. Was euch betrifft, so ehrt ihr ihn nach eurer eigenen Vorstellung und Fantasie, doch er lässt euch nicht im Stich. Wie kann er mich nun verlassen, wenn ich auf meiner Reise in Not bin, weil ich im Vertrauen auf seine Gerechtigkeit nicht mit ihm darüber gesprochen habe, wie ihr es getan habt. Dieses Gleichnis ist nur für diejenigen gedacht, die vom rechten Weg abweichen und die Worte der Weisen nicht annehmen. Aber abgesehen davon sind unsere Gebete voll von Anspielungen auf die kommende Welt, und die von den Propheten überlieferten Äußerungen der Weisen sind, wie bereits erläutert, mit Beschreibungen des Paradieses und des Gehinnoms gespickt. Nun habe ich dir das Verhalten eines religiösen Menschen in der heutigen Zeit skizziert, und du kannst dir vorstellen, wie es in jener glücklichen Zeit und an jenem g-ttlichen Ort inmitten des Volkes war, dessen Wurzeln Abraham, Itzhak und Yaakov waren. Sie verkörpern das Wesen der letzteren, Männer und Frauen, die sich durch Tugendhaftigkeit auszeichnen und nichts Unschickliches über ihre Lippen kommen lassen. Der g-ttesfürchtige Mensch geht unter ihnen umher, aber seine Seele wird nicht durch unanständige Worte verunreinigt, die er vielleicht hört, noch haftet irgendeine Unreinheit an seinem Gewand oder seiner Kleidung durch Ungeziefer oder Leichen oder Aussatz usw., denn sie leben alle in Heiligkeit und Reinheit. Dies ist in noch größerem Maße der Fall im Land der Schechina, wo er nur Menschen trifft, die den Grad der Heiligkeit einnehmen, wie Priester, Leviten, Nasiräer, Weise, Propheten, Richter und Aufseher. Oder er sieht - eine Schar, die an den drei Festen im Jahr mit der Stimme der Freude und des Lobes Feiertage hielt. Er hört nur das "Lied des Herrn", sieht nur das "Werk des Herrn", vor allem, wenn er ein Priester oder Levit ist, der vom Brot des Herrn lebt und wie Samuel von Kindesbeinen an im "Haus des Herrn" wohnt. Er braucht keinen Lebensunterhalt zu suchen, denn sein ganzes Leben ist dem "Dienst des Herrn" gewidmet. Wie erscheinen dir seine Arbeit und die Reinheit und Vortrefflichkeit seiner Seele?

22. Al Khazari: Dies ist die höchste Stufe, über der es keine andere gibt als die der Engel. Eine solche Lebensweise berechtigt den Menschen zum prophetischen Status, besonders dort, wo die Schechinah wohnt. Eine solche Religion kommt ohne asketische oder klösterliche Zurückgezogenheit aus. Nun bitte ich dich, mir einen Überblick über die Lehre der Karaiten zu geben. Denn ich sehe, dass sie viel eifriger im Glauben sind als die Rabbaniten, und ihre Argumente sind, wie ich sehe, auffälliger und in Übereinstimmung mit der Thora.

23. Der Rebbi: Haben wir nicht bereits gesagt, dass Spekulationen, Überlegungen und Fiktionen über das Gesetz nicht zum Wohlgefallen G-ttes führen? Andernfalls würden die Dualisten, die Materialisten, die Geisteranbeter, die Verankerten und diejenigen, die ihre Kinder verbrennen, sich alle bemühen, G-tt nahe zu kommen? Wir haben jedoch gesagt, dass man sich G-tt nur durch seine Gebote nähern kann. Denn er kennt ihren Umfang, ihre Aufteilung, ihre Zeiten und Orte und die Folgen, in deren Erfüllung das Wohlgefallen G-ttes und die Verbindung mit dem g-ttlichen Einfluss zu gewinnen sind. So war es auch beim Bau der Stiftshütte. Bei jedem Teil heißt es: Und Bezaleel machte die Lade..., den Deckel..., die Teppiche..., und zu jedem von ihnen heißt es: So wie der Herr es Mosche geboten hatte. Das bedeutet weder zu viel noch zu wenig, obwohl unsere Spekulationen bei Werken dieser Art nicht tragen können. Schließlich heißt es: Und Mosche sah das ganze Werk, und siehe, sie hatten es so ausgeführt, wie der Herr es geboten hatte, und so arbeiteten sie, und Mosche segnete sie. Auf die Vollendung der Stiftshütte folgte die Herabkunft der Schechina, nachdem die beiden Bedingungen, die die Säulen des Gesetzes bilden, erfüllt waren, nämlich erstens, dass das Gesetz von G-tt ausgeht, und zweitens, dass das Volk es in reinem Geist befolgt. G-tt befahl den Bau der Stiftshütte, und das ganze Volk gehorchte - wie es heißt: Von jedem Menschen, der es von Herzen gern gibt, sollt ihr mein Opfer nehmen - mit größtem Eifer und Enthusiasmus. Das Ergebnis war ebenso vollkommen, nämlich das Erscheinen der Schechinah, wie es heißt: Und Ich werde in ihrer Mitte wohnen. Ich habe dir das Beispiel der Erschaffung der Pflanzen und Tiere gegeben und dir gesagt, dass die Form, die eine Pflanze von einer anderen und ein Tier von einem anderen unterscheidet, keine natürliche Kraft ist, sondern ein Werk G-ttes, das die Philosophen Natur nennen. In der Tat sind die Kräfte der Natur in der Lage, eine solche Entwicklung zu begünstigen, je nach dem Verhältnis von Wärme und Kälte, Feuchtigkeit und Trockenheit. Ein Element würde also zu einer Pflanze werden, ein anderes zu einer Rebe, dieses zu einem Pferd, jenes zu einem Löwen. Wir sind nicht in der Lage, diese Proportionen zu bestimmen, und wenn wir es könnten, würden wir vielleicht Blut oder Milch usw. aus Flüssigkeiten herstellen, die wir nach unseren eigenen Berechnungen gemischt haben. Wir könnten schließlich Lebewesen schaffen, die mit dem Geist des Lebens ausgestattet sind. Oder wir könnten aus Zutaten, die keine nahrhaften Kräfte haben, einen Brotersatz herstellen, indem wir einfach die richtigen Proportionen von Hitze und Kälte, Feuchtigkeit und Trockenheit mischen, und vor allem, wenn wir die sphärischen Konstellationen und ihre Einflüsse kennen würden, die nach Meinung der Astrologen helfen, alles hervorzubringen, was in dieser Welt gewünscht wird. Wir haben jedoch gesehen, dass alle Alchimisten und Geisterbeschwörer, die diese Dinge versucht haben, zu Schanden geworden sind. Erhebt nicht den Einwand, dass diese Leute imstande sind, Tiere und Lebewesen hervorzubringen, wie Bienen aus Fleisch und Mücken aus Wein. Dies sind nicht die Folgen ihrer Berechnungen und ihres Handelns, sondern von Experimenten. Es wurde festgestellt, dass auf das Zusammenleben die Geburt eines Kindes folgt; der Mensch pflanzt jedoch nur den Samen in den Boden, der bereit ist, ihn aufzunehmen und zu entwickeln. Die Berechnung der Proportionen, die dem Menschen seine Form geben, ist ausschließlich Sache des Schöpfers. In gleicher Weise ist die Bestimmung des lebenden Volkes, das würdig ist, den Sitz des g-ttlichen Einflusses zu bilden, allein G-ttes Sache. Dieses Berechnen und Abwägen müssen wir von Ihm lernen, aber wir sollten nicht über Sein Wort nachdenken, denn es steht geschrieben: Es ist keine Weisheit noch Verstand noch Rat wider den Herrn. Was meinst du, sollen wir annehmen, um unseren Vätern gleich zu werden, um sie nachzuahmen, und nicht über das Gesetz spekulieren.

24. Al Khazari: Wir können dies nur durch ihre überlieferten Lehren und ihre Taten erreichen, indem wir uns bemühen, einen zu finden, der von einer Generation als Autorität angesehen wird und die Geschichte einer anderen überliefern kann. Die letztgenannte Generation kann jedoch aufgrund der Vielzahl ihrer Individuen nicht verdächtigt werden, eine allgemeine Übereinkunft getroffen zu haben, das Gesetz mit seinen Verzweigungen und Auslegungen unverändert von Moshe nach unten zu tragen, sei es in ihren Erinnerungen oder in einem Band.

25. Der Rebbi: Und was werden Sie sagen, wenn er in einem Buch einen Ersatz findet oder in zwei und drei?

26. Al Khazari: Was würdest du denken, wenn in einem oder zwei Exemplaren Unterschiede gefunden würden?

27. Der Rebbi: Man muss mehrere Exemplare untersuchen, von denen die Mehrheit nicht fehlerhaft sein kann. Die Minderheit kann dann vernachlässigt werden. Dasselbe Verfahren gilt für Traditionen. Wenn die Minderheit abweicht, wendet man sich der Mehrheit zu.

28. Al Khazari: Was ist nun deine Meinung, wenn in den Handschriften ein Buchstabe gefunden wird, der dem gesunden Menschenverstand widerspricht. ṣadu, wo wir ṣaru erwarten sollten, und nafshi, wo wir nafsho lesen sollten.

29. Der Rebbi: In welcher Form hat Mosche deiner Meinung nach sein Buch den Israeliten hinterlassen?
30. Al Khazari: Der gesunde Menschenverstand würde in diesen und anderen Fällen in allen Bänden zuerst die Buchstaben, dann die Wörter, dann den Aufbau, dann die Vokale und Akzente und folglich auch den Sinn verändern. Es gibt viele Verse, denen der Leser eine entgegengesetzte Bedeutung geben kann, indem er die Stelle eines dieser Appositive verändert.

31. Der Rebbi: Zweifellos ohne Vokale oder Akzente, so wie unsere Schriftrollen geschrieben sind. Das Volk war sich in diesem Punkt ebenso wenig einig wie bei den ungesäuerten Broten, dem Passahfest oder anderen Gesetzen, die zum Gedenken an den Auszug aus Ägypten erlassen wurden. Diese Gesetze bestätigten im Bewusstsein der Israeliten die historische Wahrheit des Auszugs aus Ägypten durch die wiederkehrenden Zeremonien, die unmöglich das Ergebnis einer gemeinsamen Übereinkunft sein konnten, ohne Widersprüche zu verursachen. Es besteht daher kein Zweifel, dass das Buch mit all seinen Vokalen, Silbentrennungen und Akzenten im Gedächtnis bewahrt wurde: von den Priestern, weil sie sie für den Tempeldienst benötigten und um das Volk zu unterrichten; von den Königen, weil es ihnen befohlen wurde: Und sie soll bei ihm sein und er soll darin lesen, solange er lebt. Die Richter mussten es kennen, damit sie ein Urteil fällen konnten; die Mitglieder des Sanhedrions, weil sie gewarnt wurden: Behaltet sie und tut sie, denn das ist eure Weisheit und euer Verstand; die Frommen, um Lohn zu erhalten; und schließlich die Heuchler, um einen guten Namen zu erwerben. Die sieben Vokale und Akzente wurden als Zeichen für Formen eingesetzt, die als mosaische Tradition angesehen wurden. Wie sollen wir nun diejenigen beurteilen, die den Text zuerst in Verse unterteilten, ihn mit Vokalzeichen, Akzenten und masoretischen Zeichen ausstatteten, ob die Rechtschreibung vollständig oder fehlerhaft war, und die Buchstaben mit solcher Genauigkeit zählten, dass sie herausfanden, dass das gimel von gaḥon. in der Mitte der Thora stand und alle unregelmäßigen Vokale aufzeichnete. Hältst du diese Arbeit entweder für überflüssig oder für müßig, oder für pflichtbewußten Eifer.

32. Al Khazari: Letzteres zweifellos. Sie sollte als Zaun um das Gesetz dienen, um keinen Raum für Änderungen zu lassen. Außerdem ist es eine große Wissenschaft. Das System der Vokalzeichen und Akzente offenbart eine Ordnung, die nur g-ttlichen Vorstellungen entsprungen sein kann, die in keinem Verhältnis zu unserem Wissen stehen. Sie kann nur von einer Gemeinschaft von Begünstigten oder von einem einzelnen Individuum gleicher Prägung empfangen worden sein. Im letzteren Fall muss es sich um einen Propheten oder um eine Person handeln, die vom g-ttlichen Einfluss unterstützt wurde. Denn ein Gelehrter, dem dieser Beistand fehlt, kann von einem anderen Gelehrten herausgefordert werden, seine Ansichten zu bevorzugen.

33. Der Rebbi: Die Anerkennung der Tradition obliegt daher sowohl uns als auch den Karaiten, wie jedem, der zugibt, dass die Tora in ihrer jetzigen Form und in der Art, wie sie gelesen wird, die Tora von Mosche ist.

34. Al Khazari: Das ist genau das, was die Karaiten sagen. Aber da sie die vollständige
Tora haben, halten sie die Tradition für überflüssig.

35. Der Rebbi: Weit gefehlt. Wenn der

konsonantische Text des mosaischen Buches schon so viele traditionelle Klassen von Vokalzeichen, Akzenten, Satzteilungen und masoretischen Zeichen für die korrekte Aussprache von Wörtern erfordert, wie viel mehr gilt dies dann für das Verständnis derselben? Die Bedeutung eines Wortes ist umfassender als seine Aussprache. Als G-tt den Vers offenbarte: Dieser Monat soll euch der Anfang der Monate sein, gab es keinen Zweifel, ob Er den Kalender der Kopten - oder vielmehr der Ägypter, unter denen sie lebten - oder den der Chaldäer, die Avrahams Volk in Ur-Kasdim waren, meinte; oder die Sonnen- oder Mondmonate oder die Mondjahre, die mit den Sonnenjahren in Übereinstimmung gebracht werden, wie es bei den embolischen Jahren geschieht. Ich wünschte, die Karaiten könnten mir eine zufriedenstellende Antwort auf Fragen dieser Art geben. Ich würde nicht zögern, mich ihrer Ansicht anzuschließen, da ich gerne aufgeklärt werden möchte. Ich möchte ferner darüber unterrichtet werden, was ein Tier zur Nahrung rechtmäßig macht; ob "Schlachten" das Durchschneiden der Kehle oder eine andere Art des Tötens bedeutet; warum das Töten durch Nichtjuden das Fleisch unrechtmäßig macht; was der Unterschied zwischen Schlachten, Häuten und dem Rest ist. Ich wünsche eine Erklärung des verbotenen Fettes, da es im Magen und in den Eingeweiden in der Nähe des erlaubten Fettes liegt, sowie der Regeln für die Reinigung des Fleisches. Sie sollen mir die Grenze zwischen dem erlaubten und dem unerlaubten Fett ziehen, denn es ist kein Unterschied sichtbar. Sie sollen mir erklären, wo der

Schwanz des Schafes, den sie für unzulässig erklären, endet. Der eine verbietet vielleicht nur das Ende des Schwanzes, der andere den ganzen hinteren Teil. Ich wünsche eine Erklärung der erlaubten und unerlaubten Vögel, mit Ausnahme der gewöhnlichen, wie Taube und Turteltaube. Woher wissen sie, dass das Huhn, die Gans, die Ente und das Rebhuhn keine unreinen Vögel sind? Ich wünsche außerdem eine Erklärung der Worte: Niemand soll am siebten Tag aus seinem Haus gehen. Bezieht sich dies auf das Haus oder den Bezirk, das Anwesen - wo er viele Häuser haben kann -, das Territorium, den Bezirk oder das Land. Denn das Wort Ort kann sich auf all dies beziehen. Außerdem würde ich gerne wissen, wo das Verbot der Arbeit am Sabbat beginnt? Warum sind Stifte und Schreibzeug zur Korrektur einer Schriftrolle des Gesetzes an diesem Tag nicht erlaubt, aber das Heben eines schweren Buches oder eines Tisches oder von Esswaren, die Bewirtung von Gästen und alle Sorgen der Gastfreundschaft sollten erlaubt sein, obwohl die Gäste ruhen und der Gastgeber beschäftigt sein würde? Dies gilt noch mehr für Frauen und Dienerinnen, wie geschrieben steht: Dein Knecht und deine Magd sollen ebenso ruhen wie du. Darum ist es verboten, am Sabbat auf Pferden zu reiten, die den Nichtjuden gehören, oder Handel zu treiben. Dann wiederum möchte ich einen Karaiten sehen, der zwischen zwei Parteien gemäß den Kapiteln Recht spricht. Denn das, was in der Thora klar erscheint, ist doch undeutlich, und noch viel mehr sind die undeutlichen Stellen, weil man sich auf die mündliche Ergänzung verlassen hat. Ich würde gerne die Schlussfolgerungen hören, die er aus dem Fall der Töchter von Zelophehad auf Fragen der Erbschaft im Allgemeinen zieht. Ich möchte wissen, was es mit der Beschneidung, den Fransen und dem Tabernakel auf sich hat; warum es ihm obliegt, Gebete zu sprechen; woher er seinen Glauben an Belohnung und Bestrafung in der Welt nach dem Tod nimmt; wie er mit Gesetzen umgeht, die sich gegenseitig beeinträchtigen, wie die Beschneidung oder das Osterlamm mit dem Sabbat, welches dem anderen weichen muss, und viele andere Dinge, die nicht im Allgemeinen, geschweige denn im Einzelnen aufgezählt werden können. Hast du jemals gehört, o König der Chasaren, dass die Karaiten ein Buch besitzen, das eine feste Überlieferung zu einem der eben genannten Themen enthält und das keine Unterschiede in Bezug auf Lesarten, Vokalzeichen, Akzente oder erlaubte oder unerlaubte Dinge oder Entscheidungen zulässt?

36. Al Khazari: Ich habe weder etwas dergleichen gesehen noch davon gehört. Ich sehe jedoch, dass sie sehr eifrig sind.

37. Der Rebbi: Das gehört, wie ich dir schon gesagt habe, in den Bereich der spekulativen Theorie. Diejenigen, die über die Art und Weise der Verherrlichung G-ttes zum Zwecke seiner Anbetung spekulieren, sind viel eifriger als diejenigen, die den Dienst G-ttes genau so ausüben, wie er geboten ist. Letztere sind mit ihrer Tradition zufrieden, und ihre Seele ist ruhig wie die eines Stadtbewohners, und sie fürchten keinen feindlichen Widerstand. Der erste aber ist wie ein Nachzügler in der Wüste, der nicht weiß, was geschehen kann. Er muss sich mit Waffen ausstatten und sich auf den Kampf vorbereiten wie ein geübter Kriegsmann. Sei also nicht erstaunt, sie so energisch zu sehen, und verliere nicht den Mut, wenn du siehst, dass die Anhänger der Tradition, ich meine die Rabbaniten, schwanken. Die einen suchen eine Festung, in der sie sich verschanzen können, während die anderen sich an einem von alters her gut befestigten Ort auf ihre Liegen legen.

38. Al Khazari: Alles, was du sagst, ist überzeugend, denn das Gesetz schreibt vor, dass es eine einzige Tora und ein einziges Gesetz geben soll. Sollten sich die karaitischen Methoden durchsetzen, gäbe es so viele verschiedene Kodizes wie Meinungen. Kein einziger Mensch würde einem Kodex treu bleiben. Denn jeden Tag bildet er sich eine neue Meinung, erweitert sein Wissen oder trifft jemanden, der ihn mit irgendeinem Argument widerlegt und ihn zu seinen Ansichten bekehrt. Wenn wir aber feststellen, dass sie sich einig sind, wissen wir, dass sie der Tradition eines oder mehrerer ihrer Vorfahren folgen. In einem solchen Fall sollten wir ihren Ansichten nicht glauben und sagen: Wie kommt es, dass ihr in dieser Vorschrift übereinstimmt, während die Vernunft zulässt, dass das Wort G-ttes auf verschiedene Weise ausgelegt wird? Wenn die Antwort lautet, dass dies die Meinung von Anan oder Benjamin, Saul oder anderen war, dann geben sie die Autorität der Überlieferung zu, die sie von Leuten erhalten haben, die vor ihnen lebten, und der besten Überlieferung, nämlich der der Weisen. Denn sie waren viele, während die karaitischen Lehrer nur einzelne Personen waren. Die Ansicht der Rebben stützt sich auf die Überlieferung der Propheten, die andere dagegen auf reine Spekulation. Die Weisen sind in Übereinstimmung, die Karaiten in Uneinigkeit. Die Sprüche der Weisen stammen von "dem Ort, den G-tt wählen wird", und wir müssen daher auch ihre einzelnen Meinungen akzeptieren. Die Karaiten haben nichts dergleichen. Ich wünschte, ich wüsste ihre Antwort in Bezug auf die Berechnung des Neumondes. Ich sehe, dass ihre Autoritäten der rabbinischen Praxis bei der Interkalation von Adar folgen. Dennoch verhöhnen sie die Rabbaniten, wenn der Neumond von Tischri erscheint, mit der Frage: "Wie konnte es geschehen, dass ihr einst das Fasten des Versöhnungstages am neunten Tischri gehalten habt? Schämen sie sich nicht, wenn sie interkalieren, nicht zu wissen, ob der Monat Ellul oder Tischri ist; oder Tischri oder Marḥeschwan, wenn sie nicht interkalieren? Sie sollten eher sagen: "Ich ertrinke, aber fürchte nicht das Nass! Wir wissen nicht, ob der Monat Tishri, Marḥeshwan oder Ellul ist. Wie können wir diejenigen kritisieren, deren Schritten wir folgen und deren Lehren wir annehmen, und fragen: Fastet ihr am neunten oder zehnten Tischri?

39. Der Rebbi: Unser Gesetz ist mit der Weihe verbunden, die Mosche auf dem Sinai erhalten hat, oder es entspringt dem Ort, den der Herr erwählen wird, denn von Zion geht das Gesetz aus und das

Wort G-ttes von Jerusalem. Seine Vermittler waren die Richter, Vorsteher, Priester und die Mitglieder des Synhedrions. Es obliegt uns, dem vorläufig ernannten Richter zu gehorchen, wie es geschrieben steht: Oder zu dem Richter, der in jenen Tagen sein wird... und du sollst dich erkundigen, und sie werden dir das Urteil sagen, und du sollst tun nach dem Wort, das sie dir sagen... von dem Ort aus, den der Herr erwählen wird... und du sollst dich hüten, alles zu tun, was sie dich lehren. Und weiter: Wer sich anmaßt, nicht auf den Priester zu hören ... der soll sterben, und du sollst das Böse aus deiner Mitte entfernen. Der Ungehorsam gegenüber dem Priester oder Richter wird in den Worten mit den schwersten Vergehen gleichgesetzt: Du sollst das Böse aus deiner Mitte entfernen. Dies schließt mit den Worten: Und das ganze Volk soll hören und sich fürchten und nicht mehr anmaßend handeln. Dies bezieht sich auf die Zeit, als die Ordnung des Tempeldienstes und das Synhedrion sowie die Abteilungen der Leviten, die die Organisation vervollständigten, noch intakt waren und der g-ttliche Einfluss unbestreitbar unter ihnen war, entweder in Form von Prophetie oder Inspiration, wie es zur Zeit des zweiten Tempels der Fall war. Unter diesen Personen war keine Übereinkunft oder Konvention möglich. In ähnlicher Weise entstand die Pflicht, das Buch Esther an Purim zu lesen, und die Ordination der Ḥanuccah, und wir können sagen: "Er, der uns befohlen hat, die Megilla zu lesen und das Licht der Ḥanuccah zu entzünden, oder das Hallel zu vervollständigen oder zu lesen, die Hände zu waschen, die Ordination des Erub und dergleichen. Wären unsere überlieferten Bräuche nach dem Exil entstanden, hätten sie nicht so genannt werden können, und sie würden auch keinen Segen erfordern, sondern es gäbe eine Vorschrift oder vielmehr einen Brauch. Der größte Teil unserer Gesetze geht jedoch auf Mosche zurück, als eine "Weisung, die Mosche am Sinai gegeben wurde". Das erklärt auch, wie ein Volk trotz seiner großen Zahl vierzig Jahre lang ausreichend Nahrung und Kleidung erhielt. Mosche war bei ihnen, und die Schechina ließ sie nicht im Stich und gab ihnen sowohl allgemeine als auch besondere Gesetze. Ist es nicht absurd, anzunehmen, dass sie es unterließen, sich gelegentlich nach den Einzelheiten zu erkundigen und ihre Erklärungen und Unterteilungen zu überliefern? Nehmen wir den Vers: Und ich will die Gesetze G-ttes und seine Satzungen kundtun, und das eine wird durch das andere ergänzt: Denn das ist eure Weisheit und Einsicht in den Augen der Völker, die alle diese Gesetze hören werden, und sie werden sagen: Dieses große Volk ist ein weises und verständiges Volk. Wer diesen Vers bestreiten will, mag sich die Karaiten ansehen; wer ihn aber bestätigen will, der schaue sich die Wissenszweige an, die im Talmud enthalten sind und die nur einen kleinen Teil der natürlichen, metaphysischen, mathematischen und astronomischen Studien bilden, denen die Weisen frönten. Er wird dann sehen, dass sie wegen ihrer Gelehrsamkeit vor allen anderen Völkern gepriesen werden müssen. Einige unserer Gesetze stammen unter bestimmten Umständen, die bereits erwähnt wurden, "von dem Ort, den der Herr erwählen wird". Die Prophezeiung dauerte etwa vierzig Jahre des zweiten Tempels. Jeremia lobte in seinen prophetischen Reden das Volk des zweiten Tempels für seine Frömmigkeit, Gelehrsamkeit und G-ttesfurcht. Wenn wir uns nicht auf Männer wie diese verließen, auf wen sollten wir uns dann verlassen? Wir sehen, dass die Vorschriften, die nach Mosches Tod erlassen wurden, zum Gesetz wurden. So heiligte Shlomo: Die Mitte des Hofes, schlachtete Opfer an einem anderen Ort als dem Altar und feierte das Fest sieben Tage und sieben Tage[Übersetzer: und sieben Nächte?]. David und Samuel legten die Ordnung des Tempelchors fest, die zu einem festen Gesetz wurde. Shlomo fügte dem in der Wüste errichteten Heiligtum etwas hinzu und ließ es weg. Esra erlegte der Gemeinde des zweiten Tempels eine Steuer von einem Drittel eines Schekels auf. An die Stelle der Lade wurde ein Steinpflaster gelegt, das sie hinter einem Vorhang verbarg, denn man wusste, dass die Lade dort begraben worden war.

40. Al Khazari: Wie soll das mit dem Vers übereinstimmen? Du sollst ihm nichts hinzufügen und nichts von ihm abziehen.

41. Der Rebbi: Dies wurde nur den Massen gesagt, damit sie nicht mutmaßen und theoretisieren und Gesetze nach ihren eigenen Vorstellungen entwerfen, wie es die Karaiten tun. Es wurde ihnen empfohlen, auf die nachmosaischen Propheten, die Priester und Richter zu hören, wie es geschrieben steht: Ich will ihnen einen Propheten erwecken ... und er soll zu ihnen alles sagen, was ich ihm gebieten werde. Von den Priestern und Richtern heißt es, dass ihre Entscheidungen verbindlich sind. Die Worte: Ihr sollt nichts hinzufügen usw., beziehen sich auf das, was ich euch durch Mosche und einen Propheten aus eurer Mitte geboten habe, der die Bedingungen eines Propheten erfüllt. Sie beziehen sich ferner auf die Vorschriften, die von den Priestern und Richtern des Ortes, den dein Herr erwählen wird, gemeinsam erlassen werden. Denn sie haben g-ttlichen Beistand und würden wegen ihrer großen Zahl niemals etwas beschließen, was dem Gesetz widerspricht. Die Wahrscheinlichkeit von Irrtümern war viel geringer, weil sie eine große Gelehrsamkeit geerbt hatten, für deren Aufnahme sie von Natur aus begabt waren. Die Mitglieder des Synhedrions mussten, wie aus der Überlieferung bekannt ist, eine gründliche Vertrautheit mit allen Zweigen der Wissenschaft besitzen. Die Prophezeiung hatte kaum aufgehört, oder vielmehr das Bath Qol [Stimme vom Himmel], das an ihre Stelle trat. Nehmen wir nun an, die karaitische Auslegung des Satzes vom Morgen des Sabbats bis zum Morgen des Sabbats beziehe sich auf den Sonntag. Aber wir erwidern, dass einer der Richter, Priester oder frommen Könige in Übereinstimmung mit dem Synhedrion und allen Weisen feststellte, dass diese Zeitspanne in der Absicht festgelegt wurde, einen Abstand von fünfzig Tagen zwischen "den ersten Früchten der Gersten- und der Weizenernte" zu schaffen und sieben Wochen zu beobachten, die sieben vollständige Sabbate sind. Der erste Tag der Woche wird nur aus

Gründen der Argumentation in folgender Weise erwähnt: Sollte der Tag, an dem man die Sichel an das Getreide anlegt, ein Sonntag sein, zählt man bis zum Sonntag. Daraus schließen wir, dass, sollte der Beginn auf einen Montag fallen, wir bis Montag zählen. Das Datum, an dem die Sichel angesetzt wird, von dem aus wir zählen, bleibt uns überlassen. Es wurde für den zweiten Tag des Pessachfestes festgelegt, was nicht im Widerspruch zur Tora steht, da es von dem Ort ausging, den der Herr unter den zuvor besprochenen Bedingungen wählen wird. Vielleicht geschah dies unter dem Einfluss einer g-ttlichen Eingebung. Es war durchaus möglich, und es bewahrt uns vor der Verwirrung derer, die versuchen, Verwirrung zu stiften.

42. Al Khazari: Mit diesen weiten und unwiderlegbaren Erklärungen hast du, o Rebbi, einige geringfügige Punkte abgeschnitten, die ich für die karaitische Auslegung vorzubringen gedachte und mit denen ich hoffte, dich zum Schweigen zu bringen.

43. Der Rebbi: Wenn dir die allgemeinen Grundsätze klar sind, kümmere dich nicht um die kleinen Details. Letztere sind oft dem Irrtum unterworfen und kennen wegen ihrer weiten Verzweigung keine Grenzen und führen diejenigen in die Irre, die sie aus verschiedenen Blickwinkeln betrachten. Wer von der Gerechtigkeit des Schöpfers und seiner allumfassenden Weisheit überzeugt ist, achtet nicht auf offensichtliche Ungerechtigkeiten auf Erden, wie es geschrieben steht: Wenn du die Unterdrückung der

Armen und die gewaltsame Verdrehung von Recht und Gerechtigkeit in einer Provinz siehst, dann wundere dich nicht darüber. Wer von der Dauer der Seele nach der Zerstörung des Leibes überzeugt ist, ebenso von ihrer Unkörperlichkeit und davon, dass sie so weit von der Körperlichkeit entfernt ist wie die Engel, wird der Vorstellung keine Beachtung schenken, dass die Tätigkeit der Seele während des Schlafes oder der Krankheit, die die geistigen Kräfte überflutet, aufhört, dass sie den Wechselfällen des Körpers unterworfen ist und ähnlichen beunruhigenden Vorstellungen.

44. Al Khazari: Doch ich bin nicht zufrieden, solange ich diese Einzelheiten nicht erörtere, obwohl ich diese allgemeinen Grundsätze anerkannt habe.

45. Der Rebbi: Sagt, was ihr wollt.

46. Al Khazari: Lehrt unsere Thora nicht Vergeltung, nämlich Auge um Auge, Zahn um Zahn, wie er dem Menschen einen Makel zugefügt hat, so soll mit ihm verfahren werden?

47. Der Rebbi: Und heißt es nicht gleich danach: Wer ein Tier tötet, soll es wieder gut machen, Leben für Leben. Ist dies nicht das Prinzip des Lösegelds? Es wird nicht gesagt: Wenn jemand dein Pferd tötet, so töte sein Pferd, sondern: "Nimm sein Pferd, denn was nützt es dir, wenn du auch sein Pferd tötest: Wenn dir jemand die Hand abgehackt hat, nimm den Wert seiner Hand; denn es nützt dir nichts, wenn du seine

Hand abhackst. Der Satz: Wunde für Wunde und Streifen für Streifen, verkörpert Ideen, die dem gesunden Menschenverstand widersprechen. Wie können wir so etwas bestimmen? Eine Person kann an einer Wunde sterben, während eine andere Person sich davon erholen kann. Wie können wir beurteilen, ob es dasselbe ist? Wie kann man einem Einäugigen ein Auge wegnehmen, um einem Zweiäugigen Gerechtigkeit widerfahren zu lassen, wenn ersterer völlig blind wäre und letzterer noch ein Auge hätte? Die Tora lehrt: Wie er einen Makel am Menschen verursacht hat, so soll mit ihm verfahren werden. Es ist nicht nötig, diese Details weiter zu erörtern, wenn wir gerade die Notwendigkeit der Tradition, die Wahrhaftigkeit, die Erhabenheit und den religiösen Eifer der Traditionisten dargelegt haben.

48. Al Khazari: Trotzdem bin ich erstaunt, dass Sie die Vorschriften der religiösen Reinheit einhalten.

49. Der Rebbi: Unreinheit und Heiligkeit sind widersprüchliche Begriffe; der eine kann nicht ohne den anderen gedacht werden. Ohne Heiligkeit könnten wir die Bedeutung der Unreinheit nicht kennen. Unreinheit bedeutet, dass dem Betroffenen der Zugang zu heiligen, von G-tt geheiligten Gegenständen untersagt ist. Das sind die Priester, ihre Speisen, ihre Kleidung, ihre Opfer, das heilige Haus usw. In gleicher Weise beinhalten die Vorstellungen von Heiligkeit etwas, das der damit verbundenen Person verbietet, sich vielen gewöhnlichen Gegenständen zu nähern. Das hängt vor allem von der

Nähe der Schechina ab, die uns heute völlig fehlt. Das immer noch gültige Verbot, mit einer Frau während ihrer Periode oder nach der Entbindung zusammenzuleben, hat nichts mit Unreinheit zu tun, sondern ist ein unabhängiges g-ttliches Gesetz. Der Brauch, sich so weit wie möglich von ihnen fernzuhalten, ist nur eine Einschränkung und eine Absicherung, um das Zusammenleben zu verhindern. Die Vorschriften über die Unreinheit im eigentlichen Sinne existieren für uns nicht mehr, weil wir in einem unreinen Land und in unreiner Luft leben, zumal wir uns inmitten von Gräbern, Ungeziefer, Aussätzigen, Ansteckenden, Leichen usw. bewegen. Das Berühren von Aas ist nicht wegen seiner Unreinheit verboten, sondern es bildet ein besonderes Gesetz, das mit dem Verbot des Essens desselben verbunden ist, zu dem die Unreinheit hinzukommt. Hätte Esra für bestimmte verunreinigte Personen kein Bad vorgeschrieben, wäre dies keine Vorschrift, sondern einfach eine Frage der Sauberkeit. Wenn diese Personen diese Vorschrift im Sinne der Sauberkeit verstehen würden, hätte sie nichts verloren, solange sie nicht für ein religiöses Gesetz gehalten wird. Andernfalls könnten sie aus ihrer eigenen Torheit Schlüsse ziehen, versuchen, das Gesetz zu verbessern und Heterodoxie verursachen, ich meine die Spaltung der Meinungen, die der Beginn der Korruption einer Religion ist. Sie würden sich bald außerhalb des Rahmens des einen Gesetzes und der einen Regelung befinden. Was wir uns in Fragen der Berührung auch abstoßender Dinge erlauben würden, steht in keinem Verhältnis zu ihren, der Karaiten schismatischen Ansichten, die dazu führen könnten, dass wir in einem Haus zehn Personen mit ebenso vielen verschiedenen Meinungen finden. Wären unsere Gesetze nicht in unumstößlichen Regeln festgeschrieben und eingegrenzt, so wären sie vor dem Eindringen fremder Elemente und dem Verlust einiger Bestandteile nicht sicher, weil Argument und Geschmack zur Richtschnur würden. Der Karäer hätte keine Skrupel, die Werkzeuge des Götzendienstes wie Gold, Silber, Weihrauch und Wein zu benutzen. In der Tat ist der Tod besser als dies. Andererseits würde er sich des Gebrauchs von Teilen des Schweins enthalten, selbst zu medizinischen Zwecken, obwohl dies in Wirklichkeit eine der leichteren Übertretungen ist und nur mit vierzig Striemen bestraft wird. Ebenso würde er dem Nasiräer erlauben, Rosinen und Trauben zu essen, anstatt sich mit Met und Apfelwein zu berauschen. Aber das Gegenteil ist der Fall. Dieses Verbot bezieht sich nur auf die Produkte des Weinstocks, aber es war nicht beabsichtigt, den Rausch ganz zu verbieten, wie man vermuten könnte. Dies ist eines der Geheimnisse, die nur G-tt, seine Propheten und die Frommen kennen. Man darf jedoch nicht den Traditionisten oder denjenigen, die ihre eigenen Schlüsse ziehen, Unwissenheit in dieser Angelegenheit vorwerfen, denn das Wort shekhar ist Allgemeingut. Sie haben die Überlieferung, dass der Wein und das starke Getränk, die im Zusammenhang mit den Priestern erwähnt werden, alle Arten von Rauschmitteln einschließen, während sich dieselben Worte im Fall des Nasiräers nur auf den Saft von

Trauben beziehen. Jedes Gesetz hat bestimmte Grenzen, die mit wissenschaftlicher Genauigkeit festgelegt sind, auch wenn sie in der Praxis unlogisch erscheinen mögen. Wer eifrig ist, versucht, sie zu vermeiden, ohne sie jedoch ungesetzlich zu machen, wie etwa das Fleisch eines Tieres, das in Todesgefahr ist, was erlaubt ist. Denn es ist ungewiss, ob dieses Tier sterben wird, denn jemand könnte behaupten, dass es sich erholen wird, und dann wäre es erlaubt. Ein krankes Tier, das äußerlich gesund aussieht, ist unzulässig, wenn es innerlich an einer unheilbaren Krankheit leidet, von der es weder leben noch genesen kann. Diejenigen, die nach ihrem eigenen Geschmack und Verstand urteilen, können in diesen Dingen zu einem gegenteiligen Schluss kommen. Folge daher in religiösen Fragen nicht deinem eigenen Geschmack und deiner eigenen Meinung, damit sie dich nicht in Zweifel stürzen, die zur Ketzerei führen. Auch wirst du in keinem Punkt mit einem deiner Freunde übereinstimmen. Jeder Mensch hat seinen eigenen Geschmack und seine eigene Meinung. Es ist nur notwendig, die Wurzeln der überlieferten und geschriebenen Gesetze mit den für die Praxis kodifizierten Folgerungen zu untersuchen, um die Zweige zu den Wurzeln zurückführen zu können. Wohin sie dich führen, dorthin setze deinen Glauben, auch wenn dein Verstand und dein Gefühl davor zurückschrecken. Die allgemeine Auffassung und die Vermutung leugnen die Nichtexistenz des Vakuums, während die logische Schlussfolgerung seine Existenz verneint. Der Anschein leugnet die unendliche Teilbarkeit eines Körpers, während die

Logik sie zum Axiom macht. Der Schein leugnet, dass die Erde eine Kugel ist und der hundertundsechzigste Teil der Sonnenscheibe. Es gibt noch andere Dinge, die die Astronomie gegen den bloßen Anschein feststellt. Was immer die Weisen für rechtmäßig erklärten, taten sie nicht nach ihrem eigenen Geschmack oder ihrer Neigung, sondern nach den Ergebnissen des ererbten Wissens, das ihnen überliefert wurde. Das Gleiche gilt für das, was sie für ungesetzlich erklärten. Wer ihre Weisheit nicht zu begreifen vermag, sondern ihre Reden nach seinen eigenen Vorstellungen beurteilt, wird sie ebenso falsch auslegen, wie man es mit den Worten der Naturphilosophen und Astronomen tut. Wann immer sie die Grenzen des Gesetzes festlegen und in streng juristischer Ableitung erklären, was erlaubt oder verboten ist, weisen sie auf scheinbar unschickliche Punkte hin. Sie halten es für abstoßend, das Fleisch eines gefährlich kranken Tieres zu essen, oder sich durch juristische Tricks Geld zu verschaffen, oder am Sabbat mit Hilfe des Erub zu reisen, oder bestimmte Ehen auf listige Weise rechtmäßig zu machen, oder Eide und Gelübde durch Umgehung zu lösen, was zwar nach dem Paragraphen des Gesetzes erlaubt sein mag, aber jedes religiösen Gefühls entbehrt. Beides zusammen ist aber notwendig, denn wenn man sich allein von der gesetzlichen Ableitung leiten ließe, käme es zu mehr Lockerungen, als man kontrollieren könnte. Würde man dagegen die legalisierten Linien, die den Zaun um das Gesetz bilden, vernachlässigen und sich nur auf den religiösen Eifer verlassen, würde dies zu einer

Quelle der Spaltung werden und alles zerstören.

50. Al Khazari: Wenn das so ist, gebe ich gerne zu, dass der Rabbanit, der diese beiden Standpunkte vereint, dem Karaiten sowohl in der Theorie als auch in der Praxis überlegen ist. Er würde auch seine religiösen Pflichten freudig erfüllen, weil sie ihm von vertrauenswürdigen Autoritäten überliefert sind, die ihr Wissen von G-tt erhalten haben. Wie weit der Eifer eines Karaiten ihn auch führen mag, sein Herz wird nie zufrieden sein, denn er weiß, dass sein Eifer nur auf Spekulationen und Überlegungen beruht. Er wird nie sicher sein, ob seine Praxis g-ttgefällig ist. Er weiß auch, dass es unter den Nichtjuden einige gibt, die noch eifriger sind als er. Nun möchte ich dich etwas über den Erub fragen, der eine der Erlaubnisse des Sabbatgesetzes ist. Wie kann man etwas, das G-tt verboten hat, mit so armseligen und künstlichen Mitteln erlaubt machen?

51. Der Rebbi: Der Himmel bewahre uns davor, dass all diese frommen Männer und Weisen gemeinsam einen der Knoten des g-ttlichen Gesetzes auflösen. Ihre Absicht war es, es fester zu machen, und deshalb sagten sie: Baut einen Zaun um das Gesetz. Ein Teil davon ist das rebbinische Verbot, Dinge von privatem auf öffentlichen Grund oder umgekehrt zu tragen, ein Verbot, das nicht mosaischen Ursprungs ist. Indem sie diesen Zaun errichteten, führten sie diese Erlaubnis ein, um zu verhindern, dass ihr religiöser Eifer mit der Tora kollidiert, und um den Menschen gleichzeitig eine gewisse Bewegungsfreiheit zu geben. Diese Freiheit wurde auf völlig legale Weise erlangt und nimmt die Form des Erub an, der eine Grenze zwischen dem völlig legalen Zaun selbst und dem abgeschiedenen Teil innerhalb des Zauns markiert.

52. Al Khazari: Das ist für mich ausreichend. Dennoch kann ich nicht glauben, dass ein Erub stark genug ist, um eine Verbindung zwischen zwei Bereichen wiederherzustellen.

53. Der Rebbi: In diesem Fall ist das ganze Gesetz deiner Meinung nach unwirksam. Hältst du die Freigabe von Geld, Eigentum, Personen und Sklaven für gültig, indem du das Eigentumsrecht oder den letzten Willen sicherst? Ebenso die Scheidung einer Frau oder eine zweite Ehe, nachdem sie ledig war, durch die Formel: Schreibe, unterschreibe und händige ihr den Scheidungsbrief aus; oder ihre Ledigkeit, nachdem sie verheiratet war? Alle diese Dinge hängen von einer Zeremonie oder einer Formel ab und sind im Dritten Buch Moshe festgelegt. Der Aussatz eines Kleidungsstücks oder eines Hauses hängt offiziell von der Erklärung eines Priesters ab, ob es rein oder unrein ist. Der heilige Charakter der Stiftshütte hing davon ab, dass sie von Mosche errichtet und mit dem Salböl gesalbt wurde. Die Weihe der Priester hing von den Einweihungsopfern und Wellenopfern ab, die der Leviten von den Reinigungs- und Wellenopfern. Unreine Personen wurden mit " Trennungswasser " gereinigt, zu dem Asche der roten Färse, Ysop und Scharlach hinzugefügt wurden. Für die Erlösung eines Hauses waren zwei Vögel erforderlich. All diese Zeremonien, der Sündenerlass am Versöhnungstag, die Reinigung des Heiligtums von Unreinheiten durch den Ziegenbock von Azazel mit allen begleitenden Zeremonien, die Segnung Israels durch Aarons erhobene Hände und das Aufsagen des Verses: Der Herr segne dich - auf jeder dieser Zeremonien ruhte der g-ttliche Einfluss. Religiöse Zeremonien sind, wie das Werk der Natur, vollständig von G-tt bestimmt, aber jenseits der Macht des Menschen. Die Gebilde der Natur bestehen, wie du sehen kannst, aus genau bemessenen Proportionen der vier Elemente. Eine Kleinigkeit vervollkommnet sie und gibt ihnen die richtige Tier- oder Pflanzenform. Jedes Gemisch erhält die ihm gebührende Form, kann sie aber auch durch eine Kleinigkeit verlieren. Das Ei kann durch den kleinen Unfall von zu viel Hitze oder Kälte oder durch eine Bewegung verdorben werden und nicht mehr die Form eines Huhns annehmen, die das Huhn sonst erreicht, wenn es drei Wochen darauf sitzt. Wer kann also die Handlungen abwägen, auf denen der g-ttliche Einfluss ruht, außer G-tt allein? Dies ist der Irrtum der Alchimisten und Geisterbeschwörer. Die ersteren dachten nämlich, sie könnten das Elementarfeuer auf ihrer Waage wiegen und hervorbringen, was sie wollten, und so die Natur der Stoffe verändern, wie es bei den Lebewesen durch die natürliche Hitze geschieht, die die Nahrung in Blut, Fleisch, Knochen und andere Organe verwandelt. Sie bemühen sich, ein Feuer derselben Art zu entdecken, werden aber durch zufällige Ergebnisse ihrer Experimente, die nicht auf Berechnungen beruhen, in die Irre geführt, so wie die Entdeckung gemacht wurde, dass der Mensch aus der Aussaat des Samens im Mutterleib hervorgeht. Als jene Geisterbeschwörer hörten, dass die Erscheinung der G-ttheit von Adam bis zu den Kindern Israels durch Opfer erlangt wurde, dachten sie, dies sei das Ergebnis von Meditation und Forschung; dass die Propheten nur tief gelehrte Personen waren, die diese Wunder durch Berechnung vollbrachten. Dann waren sie ihrerseits bestrebt, Opfer festzulegen, die zu bestimmten Zeiten und astrologischen Gelegenheiten dargebracht werden sollten, begleitet von Zeremonien und dem Verbrennen von Weihrauch, die ihre Berechnungen vorschrieben. Sie verfassten sogar astrologische Bücher und andere Dinge, deren Erwähnung untersagt ist. Außerdem glaubten die Adepten der magischen Formeln, wenn sie hörten, dass ein Prophet auf diese oder jene Weise angesprochen worden war oder ein Wunder erlebt hatte, dass die Worte die Ursache des Wunders waren. Sie versuchten daher, ein ähnliches Kunststück zu vollbringen. Das Künstliche ist nicht wie das Natürliche. Religiöse Taten sind jedoch wie die Natur. In Unkenntnis ihrer Absichten hält man sie für ein Spiel, bis das Ergebnis sichtbar wird. Dann lobt man ihren Führer und Beweger und bekennt sich zu ihm. Stell dir vor, du hast nichts von der Kohabitation und ihren Folgen gehört, fühlst dich aber von den niedrigsten weiblichen Organen angezogen. Wenn du an die Erniedrigung der Hingabe einer Frau denkst oder an die Schande, sich einer Frau hinzugeben, würdest du verwundert sagen: Das ist ebenso eitel wie absurd. Wenn du aber ein Wesen wie dich siehst, das von einer Frau geboren wurde, dann wirst du staunen und bemerken, dass du zu den Bewahrern der Menschheit gehörst, die von G-tt geschaffen wurden, um die Erde zu bewohnen. Genauso verhält es sich mit den religiösen Handlungen, die von G-tt festgelegt wurden. Du schlachtest ein Lamm und schmierst dich mit seinem Blut ein, indem du es häutest, seine Eingeweide reinigst, es wäschst, zerlegst und sein Blut verspritzt. Dann richtest du das Holz auf, zündest das Feuer an und legst den Leichnam darauf. Wenn dies nicht auf g-ttlichen Befehl hin geschähe, würdest du von all diesen Handlungen wenig halten und glauben, dass sie dich eher von G-tt entfernen, als dass sie dich ihm nahe bringen. Sobald aber das Ganze richtig vollbracht ist und du das g-ttliche Feuer siehst oder in dir einen neuen, vorher unbekannten Geist bemerkst oder wahre Visionen und große Erscheinungen siehst, bist du dir bewusst, dass dies die Frucht der vorangegangenen Handlungen ist, wie auch des großen Einflusses, mit dem du in Berührung gekommen bist. Wenn du dieses Ziel erreicht hast, kümmere dich nicht darum, dass du sterben musst. Dein Tod ist nur der Verfall deines Körpers, während die Seele, wenn sie diese Stufe erreicht hat, nicht mehr von ihm absteigen und nicht mehr entfernt werden kann. Dies wird dir zeigen, dass die Annäherung an G-tt nur durch G-ttes Gebot möglich ist, und dass es keinen anderen Weg zur Erkenntnis der Gebote G-ttes gibt als den der Prophetie, nicht aber den der Spekulation und des Verstandes. Es gibt jedoch keine andere Verbindung zwischen uns und diesen Geboten als die wahrheitsgemäße Überlieferung. Diejenigen, die uns diese Gesetze überliefert haben, waren nicht ein paar vereinzelte Personen, sondern eine Vielzahl gelehrter und hochstehender Männer, die den Propheten nahe kamen. Und wenn die Überbringer des Gesetzes nur die Priester, Leviten und die siebzig Ältesten gewesen wären, wäre die Kette, die mit Mosche selbst beginnt, niemals unterbrochen worden.

54. Al Khazari: Ich weiß nur, dass das Volk des zweiten Tempels die Tora vergaß und das Gesetz der Sukkah nicht kannte, bis sie es geschrieben fanden. Ähnliches geschah mit dem Gesetz, dass ein Ammoniter nicht in die Versammlung G-ttes eintreten soll. In Bezug auf diese beiden Punkte heißt es: Sie fanden es geschrieben. Das beweist, dass sie das Wissen um das Gesetz verloren hatten.

55. Der Rebbi: Wenn das so ist, sind wir heute gelehrter und gelehrter als sie, denn wir meinen, die Thora zu kennen.

56. Al Khazari: Das sage ich auch.

57. Der Rebbi: Wenn man uns befehlen würde, würden wir wissen, wie und wo man es schlachtet, sein Blut auffängt, es häutet und zerlegt und in wie viele Stücke es zerteilt, wie man es darbringt, wie man das Blut sprengt, was man mit dem Speisopfer und dem Weinopfer macht, mit welchen Liedern man es begleitet, welche Pflichten der Heiligkeit, der Reinheit, der Salbung, der Kleidung und des Benehmens die Priester zu beachten haben, wie, wann und wo sie das heilige Fleisch essen sollen und andere Dinge, deren zu gedenken es zu weit führen würde.

58. Al Khazari: We cannot know this without a priest or prophet.

59. Der Rebbi: Siehe, wie das Volk des zweiten Tempels viele Jahre mit dem Bau des Altars beschäftigt war, bis G-tt ihnen half, den Tempel und die Mauern zu bauen. Glaubst du, dass sie ihre Opfergaben wahllos darbrachten?

60. Al Khazari: Ein Brandopfer kann kein Feueropfer sein, denn ein süßer Geruch ist ein Gesetz, das nicht von der Vernunft abhängt - es sei denn, alle Einzelheiten sind auf die Autorität und den Befehl G-ttes zurückzuführen. Das Volk war auch mit den Vorschriften für den Versöhnungstag vertraut, die wichtiger sind als die Vorschriften für die Sukkah. All diese Dinge erforderten die detaillierte Unterweisung durch einen Lehrer.

61. Der Rebbi: Sollte eine Person, die sich mit diesen winzigen Vorschriften der Thora auskennt, nicht wissen, wie man eine Hütte baut, oder das Gesetz über die Ammoniter kennen?

62. Al Khazari: Was soll ich also zu "sie fanden geschrieben" sagen.

63. Der Rebbi: Der Verfasser der Heiligen Schrift schenkte den verborgenen Dingen nicht so viel Aufmerksamkeit wie den allgemein bekannten. Er erwähnt daher nichts von der Weisheit, die Jehoschua von G-tt und Mosche erhalten hatte, sondern nur die Tage, an denen er am Jordan stand, den Tag, an dem die Sonne stillstand, und den Tag der Beschneidung, da diese Dinge das ganze Volk betrafen. Die Geschichten von Samson, Debora, Gideon, Samuel, David und Shlomo enthalten nichts über ihre eigene Bildung und religiöse Praxis. In der Geschichte von Shlomo finden wir einen Bericht über seine luxuriöse Tafel, seinen großen Reichtum, aber nichts über seine große Weisheit, außer dem Fall der beiden Frauen, denn dieser fand in der Öffentlichkeit statt. Die Weisheit, die er im Umgang mit der Königin von Saba und anderswo an den Tag legte, wird nicht erwähnt, weil es nicht die Absicht des Autors war, etwas zu berichten, das nicht das ganze Volk betraf oder interessierte. Besondere Aufzeichnungen, die sich nur auf bestimmte Personen beziehen, sind mit Ausnahme einiger weniger verloren gegangen, ebenso wie die großartigen prophetischen Reden, die wegen ihres erhabenen Inhalts und ihrer edlen Sprache von allen mit Freude auswendig gelernt wurden. Auch von der Geschichte Esras und Nehemias ist nichts überliefert, außer dem, was das ganze Volk betraf. Der Tag des Laubhüttenbaus war eine öffentliche Angelegenheit, denn an diesem Tag machte sich das Volk auf, um auf die Berge zu steigen und Oliven-, Myrten- und Palmzweige zu sammeln. Die Worte: sie fanden geschrieben, bedeuten, dass das ganze Volk ihnen Beachtung schenkte und mit dem Bau der Hütten begann. Die Gelehrten waren mit den Einzelheiten des Gesetzes nicht unbewandert, und noch weniger mit dem allgemeinen Inhalt des Gesetzes. Die Absicht des Autors war es, diesen Tag hervorzuheben, ebenso wie den anderen, an dem die ammonitischen und moabitischen Ehefrauen geschieden wurden. Dies war ein bemerkenswerter Tag, an dem sich die Männer von ihren Frauen und den Müttern ihrer Kinder scheiden lassen mussten, eine ernste und schmerzhafte Angelegenheit. Ich glaube nicht, dass ein anderes Volk als die Auserwählten einen ähnlichen Beweis für seinen Gehorsam gegenüber seinem Herrn erbringen würde. Wegen dieser öffentlichen Angelegenheit wurden die Worte: Sie fanden geschrieben, gesagt. Es bedeutet, dass, wenn der öffentliche Leser die Worte las: Ein Ammoniter oder Moabiter soll nicht hineingehen... wurde das Volk aufgerüttelt, und es entstand eine große Unruhe an diesem Tag.

64. Al Khazari: Nennen Sie mir ein Beispiel für die Art und Weise der Überlieferung, die ihre Wahrhaftigkeit beweist.

65. Der Rebbi: Die Prophetie dauerte etwa vierzig Jahre während des zweiten Tempels unter den Ältesten, die den Beistand der Schechinah aus dem ersten Tempel hatten. Individuell erworbene Prophetie hatte mit der Entfernung der Schechinah aufgehört und erschien nur in außergewöhnlichen Zeiten oder aufgrund großer Kraft, wie die von Abraham, Moshe, dem erwarteten MASHIACH, Eliyahu und ihresgleichen. In ihnen fand die Schechinah einen würdigen Wohnsitz, und ihre bloße Existenz half ihren Zeitgenossen, den Grad der Prophetie zu erreichen. Nach ihrer Rückkehr hatte das Volk noch Haggai, Zacharias, Esra und andere. Vierzig Jahre später wurden diese Propheten von einer Versammlung von Weisen abgelöst, den Männern der Großen Synode. Sie waren zu zahlreich, um gezählt zu werden. Sie waren mit Serubbabel zurückgekehrt und hatten ihre Tradition von den Propheten geerbt, wie es heißt: Die Propheten überlieferten [das Gesetz] an die Männer der Großen Synode. Die nächste Generation war die des Hohepriesters Simon des Gerechten und seiner Jünger und Freunde. Ihm folgte Antigonos von Socho, der sehr berühmt war. Seine Schüler waren Şadok und Boethos, die Begründer der nach ihnen benannten Sekten der Saddokäer und Boethosianer. Der nächste war Yose ben Joezer, der frommste unter den Priestern, und Yosef ben Joḥanan und ihre Freunde. Über die ersteren wurde gesagt: Mit dem Tod von Yose ben Joezer hörten die Trauben auf, wie es heißt: Keine Trauben zu essen; denn keine Sünde von ihm war bekannt von seiner Jugend bis zu seinem Tod. Ihm folgte Yehoshua ben Peraḥyah, dessen Geschichte bekannt ist. Zu seinen Jüngern gehörte Ysu der Nazarener, und Nittai von Arbela war sein Zeitgenosse. Nach ihm kamen Yehuda ben Tabbai und Simon ben Shetaḥ mit den Freunden der beiden.

In dieser Zeit entstand die Lehre der Karaiten als Folge eines Zwischenfalls zwischen den Weisen und König Jannai, der Priester war. Seine Mutter stand unter dem Verdacht, eine gottlose Frau zu sein. Einer der Weisen spielte darauf an und sagte zu ihm: Sei zufrieden, o König Jannai, mit der königlichen Krone, aber die priesterliche Krone überlasse dem Samen Aarons. Seine Freunde hetzten ihn gegen die Weisen und rieten ihm, sie einzuschüchtern, zu vertreiben, zu zerstreuen oder zu töten. Er erwiderte: Wenn ich die Weisen vernichte, was wird dann aus unserem Gesetz? Es gibt das geschriebene Gesetz, erwiderten sie, wer es studieren will, kann kommen und es tun; auf das mündliche Gesetz sollte man nicht achten. Er folgte ihrem Rat und vertrieb die Weisen, darunter auch seinen Schwiegersohn Simon ben Shetah. Der Rabbanismus wurde für einige Zeit niedergeschlagen. Die andere Partei versuchte, ein Gesetz zu schaffen, das auf ihrer eigenen Auffassung beruhte, scheiterte aber, bis Rebbi Simon ben Shetah mit seinen Jüngern aus Alexandria zurückkehrte und die Tradition wieder in ihren alten Zustand versetzte. Der Karaismus hatte jedoch unter den Menschen, die das mündliche Gesetz ablehnten, Wurzeln geschlagen und rief, wie wir heute sehen, alle möglichen Beweise zu Hilfe. Was die Sadokäer und Boethosianer betrifft, so sind sie die Sektierer, die in unserem Gebet anathematisiert werden. Die Anhänger Jesu sind die Baptisten, die die Lehre von der Taufe übernommen haben, indem sie sich im Jordan taufen ließen. Die Karaiten wandten sich den Grundprinzipien zu und leiteten daraus mit Hilfe von

Argumenten die besonderen Gesetze ab. Der Schaden reichte oft bis zu den Wurzeln, was eher auf Unwissenheit als auf Absicht zurückzuführen war. Die nächste Generation war die von Schemaja und Abtalion, deren Schüler Hillel und Schammai waren. Hillel war berühmt für seine Gelehrsamkeit und Sanftmut. Er war ein Nachkomme Davids und lebte hundertzwanzig Jahre. Er hatte Tausende von Schülern. Über die auserlesensten von ihnen wurde folgendes gesagt: Hillel der Ältere hatte achtzig Schüler. Dreißig waren würdig, sich mit der Schechina zu verbinden; dreißig waren geeignet, embolische Jahre zu verkünden, und zwanzig standen zwischen den beiden ersten Gruppen. Der größte von ihnen war Yehonaton ben Uzziel, der kleinste von ihnen war Rabban Yehonaton ben Zakkai, der keinen Vers in der Tora, noch Mischna, Talmud, Halakha, Agada, erläuternde Regeln der Weisen und Schriftgelehrten, noch irgendein Wort des Gesetzeskodexes unstudiert ließ. Über ihn wurde gesagt, dass er nie ein profanes Gespräch führte, immer der Letzte und der Erste im Studienhaus war, dort nie auch nur ein paar Minuten schlief, nie vier Meter ohne ein Wort der Tora oder der Phylakterien ging, nie untätig saß, sondern tief studierte. Niemand außer ihm hielt seinen Schülern Vorträge, er sagte nichts anderes als das, was er aus dem Mund seines Lehrers gehört hatte, und sagte nie, dass es Zeit sei, das Studienhaus zu verlassen. Dies war auch charakteristisch für seinen Schüler Rebbi Eliezer. Rabban Yehonaton ben Zakkai lebte hundertzwanzig Jahre wie sein Meister und erlebte den zweiten

Tempel. Zu seinen Schülern gehörte Rebbi Elieser ben Hyrkanos, der Verfasser der Kapitel von Rebbi Elieser, einem berühmten Werk über Astronomie, die Berechnung der Sphären und der Erde und andere tiefgründige astronomische Themen. Sein Schüler war Rebbi Ismael ben Elischa, der Hohepriester. Er ist der Autor der Werke mit den Titeln Hekhaloth, Hakharath Panim und der Ma'ase Merkabah, weil er in die Geheimnisse dieser Wissenschaft eingeweiht wurde und eines Grades nahe der Prophetie würdig ist. Er ist für die folgende Äußerung verantwortlich: Einst betrat ich das Allerheiligste, um den Weihrauch zu verbrennen, und ich sah Akhteriel Yah, den Herrn der Heerscharen, usw. Ein weiterer Schüler von ihm war der berühmte Rebbi Jehoschua, zwischen dem und Rabban Gamaliel die bekannte Affäre stattfand; ferner Rebbi Jose und Rebbi Elazar ben Arakh. Von dem letztgenannten wurde gesagt: Wenn alle Weisen Israels auf eine Waage gestellt würden und Elazar ben Arakh auf die andere, würde er sie überwiegen, denn neben diesen berühmten Männern und vielen Weisen, Priestern und Leviten, deren Beruf das Studium des Gesetzes war, blühten in derselben Zeit ungestört die siebzig gelehrten Mitglieder des Synhedrions, auf deren Weisung hin Beamte ernannt oder abgesetzt wurden. In diesem Zusammenhang wird erzählt: Rebbi Simon ben Yohai sagte: Ich hörte aus dem Mund der siebzig Ältesten an dem Tag, als Rebbi Elieser ben Asarja zum Präsidenten der Akademie ernannt wurde. Diese siebzig hatten hundert Anhänger, die letzteren -tausende; denn siebzig solch vollendete Männer können am besten aus Hunderten ausgewählt werden, die unter ihnen stehen, und so weiter nach und nach. In der nächsten Generation nach der Zerstörung des Tempels lebten Rebbi Akibah und Rebbi Tarfon und Rebbi Jose von Galiläa mit ihren Freunden. Rebbi Akibah erreichte einen Grad, der der Prophetie so nahe kam, dass er mit der geistigen Welt verkehrte, wie es heißt: Vier Personen betraten das Paradies; einer von ihnen spähte hinein und starb, der andere tat dasselbe und wurde verletzt; der dritte tat dasselbe und schnitt die Pflanzen ab, und nur einer ging in Frieden hinein und verließ es in Frieden. Dies war Rebbi Akibah. Der eine, der starb, konnte den Blick in die höhere Welt nicht ertragen, und sein Körper brach zusammen. Der zweite verlor seinen Verstand und flüsterte g-ttlichen Wahnsinn, ohne der Menschheit zu nützen. Der dritte geriet auf Abwege, weil er sich über die menschliche Intelligenz erhob und sagte: Menschliche Handlungen sind nur Instrumente, die zu geistigen Höhen führen. Da ich diese erreicht habe, kümmere ich mich nicht um religiöse Zeremonien. Er war korrupt und korrumpierte andere, irrte und veranlasste andere zu irren. Rebbi Akibah unterhielt sich mit beiden Welten ohne Schaden, und es wurde von ihm gesagt: Er war ebenso würdig, mit der Schechinah zu verkehren wie Mosche, aber die Zeit war nicht günstig. Er war einer der zehn Märtyrer und erkundigte sich während seiner Folterung bei seinen Schülern, ob die Zeit des Lesens der Shema gekommen sei. Sie antworteten: O unser Meister, jetzt schon? All meine Tage, antwortete er, habe ich mich bemüht, die Worte zu üben: "mit ganzem

Herzen und ganzer Seele - auch wenn es dich das Leben kostet"; jetzt, wenn sich die Gelegenheit ergibt, werde ich sie wahr machen. Er zog den eḥad in die Länge, bis seine Seele floh.

66. Al Khazari: Auf diese Weise kann man ein glückliches Leben verbringen und einen glücklichen Tod sterben, um dann ein ewiges Leben in nie endender Glückseligkeit zu leben.

67. Der Rebbi: In der nächsten Generation lebten Rebbi Meir, Rebbi Yehuda, Rebbi Simon ben Azzai und Rebbi Ḥananyah ben Teradion und ihre Freunde. Ihnen folgte Rebbi, nämlich Rebbi Yehuda Hannasi, unser Lehrer. Seine Zeitgenossen waren Rebbi Nathan, Rebbi Yehoshua ben Korḥah und viele andere, die die letzten Lehrer der Mischna waren, auch Tannaim genannt. Ihnen folgten die Amoraim, die die Autoritäten des Talmuds sind. Die Mischna wurde im Jahr 530 verfasst, nach der Zeitrechnung der Dokumente, die dem Jahr 150 nach der Zerstörung des Tempels und 530 Jahre nach dem Ende der Prophezeiung entspricht. In der Mischna wurden jene Sprüche und Taten wiedergegeben, die wir - wenige von vielen - zitiert haben. Sie behandelten die Mischna mit der gleichen Sorgfalt wie die Thora und gliederten sie in Abschnitte, Kapitel und Paragraphen. Ihre Überlieferungen sind so zuverlässig, dass kein Verdacht auf Erfindung aufkommen konnte. Außerdem enthält die Mischna eine große Menge an reinem Hebräisch, das nicht aus der Tora entlehnt ist. Sie zeichnet sich durch eine knappe Sprache, einen schönen Stil, eine hervorragende Komposition und die umfassende Verwendung von Homonymen aus, die in klarer Weise verwendet werden und weder Zweifel noch Unklarheiten zulassen. Dies ist so auffallend, dass jeder, der es mit echter Aufmerksamkeit betrachtet, sich bewusst sein muss, dass ein sterblicher Mensch nicht in der Lage ist, ein solches Werk ohne g-ttliche Hilfe zu verfassen. Nur derjenige, der ihm feindlich gesinnt ist, der es nicht kennt und sich nie bemüht hat, es zu lesen und zu studieren, der einige allgemeine und allegorische Äußerungen der Weisen hört, hält sie für sinnlos und mangelhaft, so wie jemand, der einen Menschen beurteilt, nachdem er ihn getroffen hat, ohne sich lange mit ihm unterhalten zu haben. Der folgende Ausspruch von Rebbi Nahum dem Schriftgelehrten wird zeigen, wie die Weisen ihr Wissen auf das der Propheten stützten: Ich habe von Rebbi Mayyasha gehört, der von den Paaren lernte, die es von den Propheten als eine Weisung hatten, die Mosche vom Sinai gegeben wurde.' Sie hüteten sich, die Lehren einzelner Personen weiterzugeben, wie der folgende Ausspruch zeigt, den einer von ihnen auf dem Sterbebett zu seinem Sohn sprach: Mein Sohn, ziehe deine Meinung über vier Themen zurück, die ich dich gelehrt habe. Warum", fragte der Sohn, "hast du deine nicht zurückgenommen? Ich lernte", antwortete der Vater, "von vielen, die ihrerseits von vielen gelernt hatten. Ich hielt mich an meine Überlieferung, und sie an die ihre. Du aber hast nur von einer Person gelernt. Es ist besser, die Lehren eines Einzelnen zu vernachlässigen und die der

Mehrheit anzunehmen. Dies sind einige Sprüche, wie ein Tropfen aus dem Meer, die die Vortrefflichkeit der Traditionen der Mischna zeigen. Es würde zu weit führen, dir einen Überblick über die Traditionen und Traditionisten des Talmuds, seine Methoden, Sätze und Aphorismen zu geben. Und wenn er auch manches enthält, was heute als weniger attraktiv angesehen wird, so wurde es doch damals für richtig gehalten.

68. Al Khazari: In der Tat scheinen mir einige Details in ihren Sprüchen ihren allgemeinen Prinzipien unterlegen zu sein. Sie verwenden Verse der Thora in einer Weise, die dem gesunden Menschenverstand nicht entspricht. Man kann nur sagen, dass die Anwendung solcher Verse einmal für juristische Ableitungen, ein anderes Mal für homiletische Zwecke, nicht mit ihrer wahren Bedeutung übereinstimmt. Ihre Agadas und Märchen sind oft gegen die Vernunft.

69. Der Rebbi: Hast du bemerkt, wie streng und genau die Kommentare zur Mischna und Boraitha gegeben werden? Sie sprechen mit einer Gründlichkeit und Klarheit, die sowohl den Worten als auch der Bedeutung dieser Texte gerecht werden.

70. Al Khazari: Ich bin mir sehr wohl bewusst, zu welcher Perfektion sie die Kunst der Dialektik gebracht haben, aber das ist ein Argument, das nicht widerlegt werden kann.

71. Der Rebbi: Dürfen wir davon ausgehen, dass derjenige, der mit so viel Gründlichkeit vorgeht, nicht so viel über den Inhalt eines Verses weiß wie wir.

72. Al Khazari: Dies ist sehr unwahrscheinlich. Zwei Fälle sind möglich. Entweder kennen wir ihre Methode zur Auslegung der Tora nicht, oder die Ausleger des rebbinischen Gesetzes sind nicht mit denen der Heiligen Schrift identisch. Die letztere Sichtweise ist absurd. Wir sehen selten, dass sie einen Vers rational und wörtlich wiedergeben, aber andererseits finden wir sie nie, dass sie eine Halacha anders als nach strenger Logik auslegen.

73. Der Rebbi: Gehen wir lieber von zwei anderen Möglichkeiten aus. Entweder verwenden sie geheime Auslegungsmethoden, die wir nicht erkennen können und die ihnen zusammen mit der Methode der Dreizehn Auslegungsregeln überliefert wurden, oder sie verwenden Bibelverse als eine Art Dreh- und Angelpunkt der Auslegung in einer Methode, die Asmakhta genannt wird, und machen sie zu einer Art Hallmark der Tradition. Ein Beispiel dafür findet sich im folgenden Vers: Und G-tt der Herr gebot dem Menschen und sprach: Von jedem Baum des Gartens darfst du frei essen. Er bildet die Grundlage für die sieben Gesetze Noahs in folgender Weise: Er gebot bezieht sich auf die Rechtsprechung. Der Herr bezieht sich auf das Verbot der G-tteslästerung. G-tt bezieht sich auf das Verbot des Götzendienstes. Der Mensch bezieht sich auf das Verbot des Mordes. Sagen bezieht sich auf das Verbot des Inzests. Von jedem

Baum des Gartens, Verbot der Vergewaltigung. Du darfst gewiss essen, ein Verbot des Fleisches vom lebenden Tier. Es besteht ein großer Unterschied zwischen diesen Anweisungen und dem Vers. Die Menschen nahmen diese sieben Gesetze jedoch als Tradition an und verbanden sie mit dem Vers als Gedächtnisstütze. Es ist auch möglich, dass sie beide Methoden der Versauslegung anwandten, oder andere, die uns heute verloren gegangen sind. In Anbetracht der bekannten Weisheit, der Frömmigkeit, des Eifers und der Zahl der Weisen, die einen gemeinsamen Plan ausschließen, ist es unsere Pflicht, ihnen zu folgen. Wenn wir einen Zweifel verspüren, liegt das nicht an ihren Worten, sondern an unserer eigenen Intelligenz. Das gilt auch für die Tora und ihren Inhalt. Das mangelhafte Verständnis der Tora müssen wir uns selbst zuschreiben. Was die Agadas betrifft, so dienen viele als Grundlage und Einleitung für Erklärungen und Erläuterungen. Zum Beispiel: Der Spruch "Als der Herr nach Ägypten hinabstieg" usw. soll den Glauben bekräftigen, dass die Befreiung aus Ägypten eine bewusste Tat G-ttes war und kein Zufall, und auch nicht mit Hilfe menschlicher Ränke, Geister, Sterne und Engel, Dschinns oder anderer phantasievoller Schöpfungen des Geistes erreicht wurde. Es geschah durch G-ttes Vorsehung allein. Aussagen dieser Art werden mit dem Wort kibejakhol eingeleitet, das bedeutet: Wenn dies so und so sein könnte, würde es so und so sein. Obwohl dies nicht im Talmud, sondern nur in einigen anderen Werken zu finden ist, ist es überall dort, wo es vorkommt, so zu verstehen. Dies ist auch die

Bedeutung der Worte Michajas, als er zu Ahab sagte:
Ich sah den Herrn auf seinem Thron sitzen ... das Heer
des Himmels. Und der Herr sprach: Wer wird Ahab
überreden? .... Und es kam ein Geist hervor usw.
Alles, was er damit ausdrücken wollte, war in der Tat:
Siehe, der Herr hat einen lügnerischen Geist in den
Mund all dieser Propheten gelegt. Verse dieser Art
dienen als Dreh- und Angelpunkt, um ein Thema
beredt und treffend zu machen und zu zeigen, dass es
auf Wahrheit beruht. In die gleiche Kategorie gehören
Erzählungen von Geistererscheinungen, was bei
solch frommen Menschen nicht ungewöhnlich ist.
Einige der Visionen, die sie sahen, waren die Folge
ihrer erhabenen Gedanken und ihres reinen
Verstandes, andere waren wirklich offensichtlich,
wie es bei den Visionen der Propheten der Fall war.
Das ist die Natur des Bath Qol [Stimme vom
Himmel], die zur Zeit des zweiten Tempels oft gehört
wurde und als gleichrangig mit der Prophezeiung und
der g-ttlichen Stimme angesehen wurde. Halte es
nicht für seltsam, was Rebbi Ismael sagte: Ich hörte
eine Stimme, die wie eine Taube gurrte, usw. Denn
die Geschichten von Moshe und Eliyahu beweisen,
dass so etwas möglich ist, und wenn ein wahrer
Bericht gegeben wird, muss er als solcher akzeptiert
werden. In einem ähnlichen Sinne müssen wir die
Worte verstehen: 'Wehe mir, dass ich mein Haus
zerstört habe, was den gleichen Charakter hat wie:
Und es reute den Herrn ... und es bekümmerte ihn in
seinem Herzen. Andere rebbinische Sprüche sind
Gleichnisse, die dazu dienen, geheimnisvolle Lehren
auszudrücken, die nicht öffentlich gemacht werden

sollten. Denn sie sind für die breite Masse nicht von Nutzen und wurden nur einigen wenigen Auserwählten zur Erforschung und Untersuchung übergeben, wenn sich eine geeignete Person - eine in einem Zeitalter oder in mehreren - finden ließ. Andere Sprüche erscheinen auf den ersten Blick sinnlos, aber dass sie ihren Sinn haben, wird schon nach kurzem Nachdenken deutlich. Ein Beispiel dafür ist das folgende: Sieben Dinge wurden vor der Welt geschaffen: Das Paradies, die Tora, die Gerechten, Israel, der Thron der Herrlichkeit, Jerusalem und der MASHIACH, der Sohn Davids. Das ist ähnlich wie die Aussage einiger Philosophen: Der erste Gedanke schließt die letzte Tat ein. Es war der Zweck der g-ttlichen Weisheit bei der Erschaffung der Welt, die Thora zu schaffen, die die Essenz der Weisheit war, und deren Träger die Gerechten sind, unter denen der Thron der Herrlichkeit steht und die wahrhaft Gerechten, die die Auserlesensten sind, nämlich Israel, und der richtige Ort für sie war Jerusalem, und nur der Beste der Menschen, nämlich der MASHIACH, der Sohn Davids, konnte mit ihnen verbunden werden, und sie alle gingen ins Paradies ein. Bildlich gesprochen muss man annehmen, dass sie vor der Welt geschaffen wurden. Scheinbar gegen den gesunden Menschenverstand ist auch der Spruch: Zehn Dinge wurden in der Dämmerung erschaffen, nämlich die Öffnung der Erde, die Öffnung der Quelle, das Maul der Eselin usw., da die Thora sonst nicht im Einklang mit der Natur stünde. Die Natur beansprucht, ihren normalen Lauf zu nehmen, während die Tora behauptet, diesen normalen Lauf zu verändern. Die Lösung ist, dass die gewöhnlichen Naturphänomene innerhalb der natürlichen Grenzen verändert werden, da sie in erster Linie durch den g-ttlichen Willen festgelegt wurden und seit den sechs Schöpfungstagen klar definiert sind. Ich will nicht leugnen, o König der Chasaren, dass es im Talmud Dinge gibt, für die ich dir keine befriedigende Erklärung geben kann und die ich auch nicht mit dem Ganzen in Verbindung bringen kann. Diese Dinge stehen im Talmud durch die Gewissenhaftigkeit der Jünger, die dem Grundsatz folgten, dass "selbst das banale Gerede der Weisen ein Studium erfordert". Sie achteten darauf, nur das wiederzugeben, was sie von ihren Lehrern gehört hatten, und strebten gleichzeitig danach, alles zu verstehen, was sie von ihren Meistern gehört hatten. Dabei gingen sie so weit, dass sie es mit denselben Worten wiedergaben, auch wenn sie den Sinn nicht verstanden hatten. In diesem Fall sagten sie: So sind wir gelehrt worden und haben gehört. Gelegentlich verbarg der Lehrer vor seinen Schülern die Gründe, die ihn zu bestimmten Aussagen veranlassten. Aber die Sache ist in dieser Form zu uns gekommen, und wir denken wenig darüber nach, weil wir ihren Sinn nicht kennen. Denn das Ganze bezieht sich auf Themen, die weder das Recht noch das Unrecht berühren. Machen wir uns also keine Gedanken darüber, und das Buch wird nichts verlieren, wenn wir die hier behandelten Punkte berücksichtigen.

74. Al Khazari: Du hast mich sehr erfreut und

meinen Glauben an die Tradition gestärkt. Nun
möchte ich etwas über die wissenschaftlichen
Beschäftigungen der Weisen erfahren. Doch zuvor
gib mir eine Abhandlung über die Namen G-ttes.
Über dieses Thema kannst du ausführlicher sprechen.

Sefer Ha'Kuzari

Buch des Chasaren

Vierter Essay

1. Der Rebbi: ELOHIM ist ein Begriff, der den Herrscher oder Lenker der Welt bezeichnet, wenn ich mich auf den Besitz des Ganzen beziehe, und eines Teils, wenn ich mich auf die Mächte der Natur oder der Sphären oder auf einen menschlichen Richter beziehe. Das Wort hat eine Pluralform, weil es von den heidnischen Götzendienern so verwendet wurde, die glaubten, dass jede Gottheit mit astralen und anderen Kräften ausgestattet war. Jede dieser Kräfte wurde Eloah genannt; ihre vereinten Kräfte wurden daher Elohim genannt. Sie schworen auf sie und taten so, als seien sie verpflichtet, sich an ihre Urteile zu halten. Diese Gottheiten waren so zahlreich wie die Kräfte, die den menschlichen Körper und das Universum lenken. Kraft" ist ein Name für eine der Ursachen von Bewegung. Jede Bewegung entspringt einer eigenen Kraft, die andere Kräfte ausschließt. Die Sphären von Sonne und Mond unterliegen nicht einer einzigen Kraft, sondern verschiedenen Kräften. Diese Menschen haben die Urkraft, von der alle diese Kräfte ausgehen, nicht berücksichtigt, weil sie ihre Existenz nicht anerkannten. Sie behaupteten, dass die Summe dieser Kräfte als Eloah bezeichnet wurde, so wie die Summe der Kräfte, die den menschlichen Körper steuern, "Seele" genannt wurde. Oder sie räumten die Existenz G-ttes ein, behaupteten aber, dass es keinen Sinn habe, ihm zu dienen. Sie hielten ihn für zu weit entfernt und erhaben, um uns zu kennen, geschweige denn, sich um uns zu kümmern. Solche Vorstellungen sind weit von G-tt entfernt. Infolge ihrer Theorien verehrten sie nicht ein Wesen, sondern viele, die sie als "Elohim" bezeichneten. Dies ist eine kollektive Form, die alle Ursachen gleichermaßen umfasst. Ein genauerer und erhabenerer Name findet sich in der Form, die als Tetragrammaton bekannt ist. Dies ist ein Eigenname, der nur durch Attribute angegeben werden kann, aber keinen Ort hat und früher unbekannt war. Wenn er allgemein als "Elohim" bezeichnet wurde, wurde das Tetragrammaton als besonderer Name verwendet. Das ist so, als ob man fragen würde: Welcher Gott soll angebetet werden, die Sonne, der Mond, der Himmel, die Tierkreiszeichen, irgendein Stern, das Feuer, ein Geist oder himmlische Engel usw., von denen jeder für sich genommen eine Aktivität und Kraft hat und Wachstum und Verfall bewirkt? Die Antwort auf diese Frage lautet: Der Herr, so als ob man sagen würde: So und So, oder ein Eigenname, wie Ruben oder Simeon, wenn man annimmt, dass diese Namen ihre Persönlichkeiten bezeichnen.

2. Al Khazari: Wie kann ich ein Wesen individualisieren, wenn ich nicht in der Lage bin, auf es hinzuweisen, und seine Existenz nur durch seine Handlungen beweisen kann.

3. Der Rebbi: Sie kann durch prophetische oder

visionäre Mittel gekennzeichnet sein. Demonstration kann in die Irre führen. Die Demonstration war die Mutter der Ketzerei und der zerstörerischen Ideen. Was, wenn nicht der Wunsch zu demonstrieren, brachte die Dualisten dazu, zwei ewige Ursachen anzunehmen? Und was brachte die Materialisten dazu, zu lehren, dass die Sphäre nicht nur ewig sei, sondern auch ihre eigene primäre Ursache sowie die der anderen Materie? Die Anbeter des Feuers und der Sonne sind nur das Ergebnis des Wunsches zu demonstrieren. Es gibt Unterschiede in der Art und Weise der Beweisführung, von denen einige ausführlicher sind als andere. Diejenigen, die am weitesten gehen, sind die Philosophen, und die Art und Weise ihrer Argumentation führte sie dazu, von einem Höchsten Wesen zu lehren, das weder nützt noch schadet und nichts von unseren Gebeten, Opfern, Gehorsam oder Ungehorsam weiß, und dass die Welt so ewig ist wie Er selbst. Keiner von ihnen gibt G-tt einen bestimmten Eigennamen, außer demjenigen, der seine Ansprache, sein Gebot oder Verbot, seine Zustimmung zum Gehorsam und seinen Tadel bei Ungehorsam hört. Er gibt ihm einen Namen als Bezeichnung für den, der zu ihm gesprochen hat, und er ist überzeugt, dass er der Schöpfer der Welt aus dem Nichts ist. Der erste Mensch hätte ihn nie erkannt, wenn er ihn nicht angesprochen, belohnt und bestraft und Eva nicht aus einer seiner Rippen geschaffen hätte. Das gab ihm die Überzeugung, dass dies der Schöpfer der Welt war, den er mit Worten und Eigenschaften bezeichnete und als Herrn bezeichnete. Ohne dies hätte er sich mit dem Namen

Elohim begnügt, ohne zu wissen, was er war, ob er eine Einheit oder viele war, ob er Einzelne erkannte oder nicht. Kain und Abel wurden durch die Mitteilungen ihres Vaters und durch prophetische Eingebung mit der Natur Seines Wesens vertraut gemacht. Noah, Abraham, Itzhak und Yaakov, Mosche und die Propheten nannten Ihn intuitiv "Herr", wie auch das Volk, das durch die Tradition gelehrt wurde, dass Sein Einfluss und Seine Führung bei den Menschen waren. Da Sein Einfluß auch bei den Frommen war, erfaßten sie Ihn durch Mittel, die da hießen: Herrlichkeit, Schechinah, Herrschaft, Feuer, Wolke, Gleichnis, Gestalt, die Erscheinung des Bogens, usw. Denn sie bewiesen ihnen, dass Er zu ihnen gesprochen hatte, und sie nannten es: Herrlichkeit G-ttes. Gelegentlich sprachen sie die heilige Lade mit dem Namen G-ttes an, wie es geschrieben steht: Steig auf, Herr, wenn sie sich aufmachten, und "Kehre um, Herr", wenn sie inne hielten, oder "G-tt ist aufgefahren mit Jauchzen, der Herr mit Posaunenschall", womit immer nur die Lade des Herrn gemeint ist. Manchmal wurde der Name Herr auch auf das Bindeglied zwischen G-tt und Israel angewandt, wie es geschrieben steht: Ich hasse sie nicht, Herr, die dich hassen. Mit "Hassern des Herrn" sind diejenigen gemeint, die den Namen, den Bund oder das Gesetz G-ttes hassen. Denn es besteht keine Verbindung zwischen G-tt und irgendeinem anderen Volk, da er sein Licht nur auf das auserwählte Volk ausgießt. Sie werden von Ihm angenommen, und Er von ihnen. Er wird "der G-tt Israels" genannt, während sie "das Volk des Herrn" und "das Volk des G-ttes Abrahams" sind. Selbst wenn einige Völker Ihm gefolgt wären und Ihn angebetet hätten, ihre Bekehrung war das Ergebnis von Hörensagen und Überlieferung, wo finden wir dann Seine Annahme von ihnen und Seine Verbindung mit ihnen, Sein Wohlgefallen an ihrem Gehorsam, Seinen Zorn über ihren Ungehorsam? Wir sehen sie der Natur und dem Zufall überlassen, durch die ihr Wohl oder Unglück bestimmt wird, nicht aber durch einen Einfluss, der sich als allein g-ttlichen Ursprungs erweist. So sind auch wir allein mit den Worten gemeint: So führte ihn der Herr allein, und kein fremder G-tt war bei ihm. Das Tetragrammaton ist ein Name, der ausschließlich von uns verwendet werden kann, da kein anderes Volk seine wahre Bedeutung kennt. Es ist ein Eigenname, der keinen Artikel trägt, wie es bei Elohim in der Form haelohim der Fall ist. Er gehört also zu den Vorrechten, durch die wir uns auszeichnen. Obwohl seine Bedeutung verborgen ist, sprechen die Buchstaben, aus denen er zusammengesetzt ist. Denn es sind die Buchstaben alef, he, wav und yod, die alle Konsonanten zum Klingen bringen, da kein Buchstabe ausgesprochen werden kann, solange er nicht von einem dieser vier unterstützt wird, nämlich a durch alef und he, u durch wav und i durch yod. Sie bilden gewissermaßen den Geist in den Körpern der Konsonanten. Der Name Oh ist wie das Tetragrammaton. Der Name EH'YEH kann von diesem Namen oder von der Wurzel hayah abgeleitet werden und soll den menschlichen Verstand davon abhalten, über eine unverständliche, aber reale Entität nachzudenken. Als Mosche fragte:

"Und sie werden zu mir sagen: Wie heißt Er?", war die Antwort: Warum sollten sie nach Dingen fragen, die sie nicht begreifen können? In ähnlicher Weise antwortete der Engel: "Warum fragst du so nach meinem Namen, da er doch geheim ist? Sprich zu ihnen eh'yeh, was bedeutet: 'Ich bin der, der ich bin', der Existierende, der für euch existiert, wann immer ihr mich sucht. Sie sollen nach keinem stärkeren Beweis suchen, als dass ich unter ihnen bin, und mich dementsprechend nennen. Mosche antwortete also: Eh'yeh hat mich zu euch gesandt. Einen ähnlichen Beweis hatte G-tt zuvor Mosche mit den Worten gegeben: Gewiss, ich werde mit dir sein, und dies soll dir ein Zeichen sein usw., nämlich dass ich dich gesandt habe und überall bei dir bin. Darauf folgt ein ähnlicher Satz, nämlich: Der G-tt deiner Väter, der G-tt Abrahams, der G-tt Itschaks und der G-tt Jaakows, also Personen, die bekanntlich durch den g-ttlichen Einfluss immer wieder begünstigt wurden. Was die Begriffe betrifft: Elohe haelohim ist eine Bezeichnung für die Tatsache, dass alle schöpferischen Kräfte von G-tt abhängig sind, der sie ordnet und leitet. Herr der Herren hat die gleiche Bedeutung. EL ist abgeleitet von ayaluth, die Quelle der Kräfte [der Natur], aber über sie erhaben. Der Ausdruck: Wer ist dir gleich unter den elim, ist daher zulässig, indem el in die Pluralform gesetzt wird. HEILIG drückt aus, dass er über alle Eigenschaften der geschaffenen Wesen erhaben ist, auch wenn viele von ihnen metaphorisch auf ihn angewendet werden. Aus diesem Grund hörte Jesaja ein endloses: "Heilig, heilig, heilig", was bedeutet, dass G-tt zu hoch, zu erhaben, zu heilig und zu rein ist, als dass irgendeine Unreinheit der Menschen, in deren Mitte sein Licht wohnt, ihn berühren könnte. Aus demselben Grund sah Jesaja ihn auf einem Thron sitzen, hoch und erhaben. Heilig ist außerdem eine Beschreibung des Geistigen, das niemals eine körperliche Form annimmt und dem nichts Konkretes ähneln kann. G-tt wird genannt: der Heilige Israels, was ein anderer Ausdruck für den g-ttlichen Einfluss ist, der mit Israel selbst und seiner ganzen Nachkommenschaft verbunden ist, um sie zu regieren und zu leiten, aber nicht nur in äußerem Kontakt mit ihnen zu sein. Nicht jeder, der will, darf sagen: "Mein G-tt und Heiliger", es sei denn in einer metaphorischen und traditionellen Weise. In Wirklichkeit darf dies nur ein Prophet oder ein frommer Mensch sagen, mit dem der g-ttliche Einfluss verbunden ist. Aus diesem Grund sagten sie zum Propheten: Bete zu dem Herrn, deinem G-tt. Das Verhältnis dieses Volkes zu den anderen sollte wie das eines Königs zum einfachen Volk sein, wie es geschrieben steht: Heilig sollt ihr sein, denn heilig bin ich, der Herr, euer G-tt. ADONAI, buchstabiert mit alef, daleth, nun, yod, weist auf etwas hin, das in einer so unermesslichen Höhe steht, dass eine wirkliche Bezeichnung unmöglich ist. Eine Angabe ist nur in eine Richtung möglich. Wir können auf Dinge hinweisen, die von Ihm geschaffen wurden und die seine unmittelbaren Werkzeuge sind. So spielen wir auf den Intellekt an und sagen, dass er im Herzen oder im Gehirn sitzt. Wir sagen auch, dieser oder jener Intellekt. In Wirklichkeit können wir nur auf ein Ding hinweisen, das von einem Raum umgeben ist.

Obwohl alle Organe dem Intellekt gehorchen, tun sie dies durch das Herz oder das Gehirn, die seine primären Werkzeuge sind und die als Sitz des Intellekts gelten. In ähnlicher Weise verweisen wir auf den Himmel, weil er dazu dient, den g-ttlichen Willen direkt und ohne die Hilfe von Vermittlern zu verwirklichen. Dagegen können wir nicht auf zusammengesetzte Dinge hinweisen, weil sie nur mit Hilfe von Zwischenursachen wirken können und mit G-tt kettenartig verbunden sind. Denn Er ist die Ursache der Ursachen. Er wird auch genannt - Er, der im Himmel wohnt, und "Denn G-tt ist im Himmel". Man sagt oft: "Wer den Himmel fürchtet, und wer den Himmel im Verborgenen fürchtet, für den wird Barmherzigkeit vom Himmel kommen. In ähnlicher Weise sprechen wir von der Feuersäule oder der Wolkensäule, beten sie an und sagen, dass G-tt darin ist, weil diese Säule ausschließlich Seinen Willen ausführte, im Gegensatz zu anderen Wolken und Feuern, die in der Luft aus verschiedenen Ursachen entstehen. So spricht man auch von dem - verzehrenden Feuer auf dem Gipfel des Berges, das das einfache Volk sah, sowie von der geistigen Gestalt, die nur für die höheren Klassen sichtbar war: unter Seinen Füßen gleichsam ein gepflastertes Werk aus einem Saphirstein. Er wird auch so genannt: Lebendiger G-tt. Die heilige Arche wird angedeutet als - Der Herr der ganzen Erde, weil Wunder geschahen, solange sie existierte, und mit ihr verschwanden. Wir sagen, dass es das Auge ist, das sieht, während es in Wirklichkeit die Seele ist, die sieht. Von Propheten und frommen Weisen wird in ähnlicher Weise gesprochen, denn auch sie sind ursprüngliche Werkzeuge des g-ttlichen Willens, der sie ohne Widerwillen einsetzt und durch sie Wunder vollbringt. Um dies zu veranschaulichen, sagten die Rebbis die Worte: Du sollst den Herrn, deinen G-tt, fürchten, auch die gelehrten Jünger. Derjenige, der einen solchen Grad einnimmt, hat das Recht, ein Mann G-ttes genannt zu werden, eine Bezeichnung, die menschliche und g-ttliche Eigenschaften umfasst, als ob man sagen würde: ein g-ttlicher Mensch. Wenn wir nun von einem g-ttlichen Wesen sprechen, verwenden wir die Bezeichnung Adonai-alef, daleth, nun, yod-als ob wir sagen wollten: O Herr. Metaphorisch gesprochen, weisen wir auf eine Sache hin, die von einem Ort umgeben ist, wie: Er, der zwischen den Cherubim wohnt", oder "Er, der in Zion wohnt", oder "Er, der in Jerusalem wohnt". Die Attribute dieser Art sind zahlreich, obwohl sein Wesen nur eines ist. Die Vielfalt ergibt sich aus der Vielfalt der Orte, an denen G-ttes Wesen wohnt, so wie die Strahlen der Sonne viele sind, während die Sonne überall dieselbe ist. Dieses Gleichnis ist nicht ganz vollständig. Wären nur die Strahlen der Sonne sichtbar, nicht aber die Sonne selbst, müsste man ihren Ursprung nachweisen. Ich muss auf dieses Thema noch etwas näher eingehen, denn es gibt einige strittige Punkte, nämlich erstens, wie es möglich ist, im Zusammenhang mit einem Wesen, das keinen Ort hat, von Raum zu sprechen; zweitens, wie kann man glauben, dass ein Gegenstand, auf den man zeigen kann, die Hauptursache sein könnte? Auf diese Einwände erwidern wir zunächst, dass die

Sinne nur die Eigenschaften der Dinge wahrnehmen können, nicht aber die Substrate selbst. Bei einem Prinzen z.B. nimmst du seine äußere und sichtbare Form und Proportionen wahr. Es sind nicht diese, denen du huldigen musst. Du siehst ihn im Krieg in einer Gewohnheit, in seiner Stadt in einer anderen, in seinem Haus in einer dritten. Du folgst eher deinem Urteil als deiner Wahrnehmung und sagst, dass er der König ist. Er kann erst als Knabe, dann als Jüngling, dann in der Blütezeit und schließlich als Greis erscheinen; oder als Gesunder oder Kranker, wobei sich sein Aussehen, sein Benehmen, seine Gesinnung und seine Eigenschaften ändern. Dennoch hältst du ihn für denselben und für den König, weil er zu dir gesprochen und dir seine Befehle gegeben hat. Die königliche Seite von ihm ist nur die intellektuelle und rationale, aber das ist ein Wesen, das nicht auf den Raum beschränkt ist und auf das man nicht hinweisen kann, obwohl du es tust und sagst, dass er der König ist. Ist er aber tot, und du siehst dieselbe alte Gestalt, so wirst du daraus schließen, daß dies nicht der König ist, sondern ein Körper, der bewegt werden kann, von wem er will, der vom Zufall und von der Laune anderer Leute abhängt, wie eine Wolke in der Luft, die ein Wind herbeiführt und ein anderer vertreibt, ein Wind sammelt, ein anderer zerstreut. Früher war er ein Körper, der allein dem königlichen Willen unterworfen war, ähnlich der g-ttlichen Wolkensäule, die kein Wind zu zerstreuen vermochte. Ein anderes Beispiel ist die Sonne, die wir als einen runden, flachen Körper sehen, der einem Schild ähnelt, Licht und Wärme spendet und sich in Ruhe befindet. Die

Vernunft hält sie für eine Kugel, die einhundertsechsundsechzigmal größer ist als die Erdkugel, die weder heiß noch unbeweglich ist, sondern sich in zwei entgegengesetzten Richtungen bewegt, von Westen nach Osten und von Osten nach Westen, unter Bedingungen, die zu erörtern zu weit führen würde. Die Sinne haben nicht die Fähigkeit, das Wesen der Dinge zu erkennen. Sie haben nur die besondere Fähigkeit, die zu ihnen gehörenden zufälligen Eigenheiten wahrzunehmen, die der Vernunft die Argumente für ihr Wesen und ihre Ursachen liefern. Das Warum und Wozu ist nur der reinen Vernunft zugänglich. Alles, was den aktiven Intellekt teilt, wie die Engel, erfasst die Gegenstände in ihrem wahren Wesen, ohne dass es des Mittels von Hilfsmitteln bedarf. Aber unser Verstand, der a priori nur theoretisch ist, kann, da er in der Materie versunken ist, nicht zur wahren Erkenntnis der Dinge vordringen, es sei denn durch die Gnade G-ttes, durch besondere Fähigkeiten, die er in die Sinne gelegt hat und die jenen wahrnehmbaren Hilfsmitteln ähneln, aber immer bei der ganzen Gattung zu finden sind. Es ist kein Unterschied zwischen meiner und deiner Wahrnehmung, daß diese umschriebene Scheibe, die Licht und Wärme spendet, die Sonne ist. Wenn auch diese Eigenschaften von der Vernunft geleugnet werden, so schadet das nicht, denn wir können daraus Argumente für unsere Zwecke ableiten. So kann auch ein scharfäugiger Mensch, der ein Kamel sucht, von einem schwachäugigen und schielenden Menschen unterstützt werden, der ihm sagt, dass er an einem bestimmten Ort zwei Kraniche gesehen hat. Der scharfäugige Mensch weiß dann, dass der andere nur ein Kamel gesehen hat, und dass die Schwäche seiner Augen ihn glauben ließ, es sei ein Kranich gewesen, und sein Schielen, es seien zwei Kraniche gewesen. Auf diese Weise kann sich der Scharfäugige den Beweis des Schwachäugigen zunutze machen, während dieser seine fehlerhafte Beschreibung mit seiner Sehschwäche entschuldigt. Ein ähnliches Verhältnis besteht zwischen den Sinnen und der Phantasie auf der einen und der Vernunft auf der anderen Seite. Der Schöpfer hat dieses Verhältnis zwischen den äußeren Sinnen und den wahrgenommenen Dingen ebenso weise geregelt, wie er das Verhältnis zwischen den abstrakten Sinnen und dem unkörperlichen Substrat festgelegt hat. Den Auserwählten unter seinen Geschöpfen hat er ein inneres Auge gegeben, das die Dinge so sieht, wie sie wirklich sind, ohne jede Veränderung. Die Vernunft ist somit in der Lage, den wahren Geist der Dinge zu erkennen. Derjenige, dem dieses Auge gegeben wurde, ist in der Tat hellsichtig. Andere Menschen, die ihm als blind erscheinen, führt er auf ihren Weg. Es ist möglich, dass dieses Auge die Kraft der Vorstellungskraft ist, solange es unter der Kontrolle des Intellekts steht. Es erblickt also einen großartigen und schrecklichen Anblick, der unmissverständliche Wahrheiten offenbart. Der beste Beweis für seine Wahrheit ist die Harmonie, die zwischen der Gesamtheit dieser Gattung und diesen Anblicken herrscht. Damit meine ich alle Propheten. Denn sie waren Zeugen von Dingen, die der eine dem anderen in der gleichen Weise beschrieb, wie wir es mit

Dingen tun, die wir gesehen haben. Wir bezeugen die Süße des Honigs und die Bitterkeit des Koloquinsels, und wenn jemand uns widerspricht, sagen wir, dass er eine naturgeschichtliche Tatsache nicht begriffen hat. Diese Propheten haben die g-ttliche Welt zweifellos mit dem inneren Auge gesehen; sie hatten einen Anblick, der mit ihrer natürlichen Vorstellungskraft harmonierte. Was immer sie niederschrieben, versahen sie mit Attributen, als hätten sie es in körperlicher Form gesehen. Diese Attribute sind wahr, soweit es sich um das handelt, was durch Inspiration, Einbildung und Gefühl gesucht wird; sie sind unwahr, soweit es sich um die Wirklichkeit handelt, die durch die Vernunft gesucht wird, wie wir im Gleichnis vom König gesehen haben. Denn wer sagt, er sei eine große, weiße Gestalt, die in Seide gekleidet ist und die königlichen Insignien auf dem Kopf trägt, hat keine Unwahrheit gesagt. Wer aber sagt, dies sei nichts anderes als der kluge, weise Mensch, der in dieser Stadt, in diesem Zeitalter Gebote und Verbote erlässt und dieses Volk regiert, der hat auch nicht die Unwahrheit gesagt. Wenn ein Prophet vor seinem geistigen Auge die vollkommenste Gestalt sieht, die er je gesehen hat, in Gestalt eines Königs oder Richters, der auf seinem Thron sitzt, Gebote und Verbote erlässt, Beamte ernennt und entlässt, dann weiß er, dass diese Gestalt einem mächtigen Fürsten gleicht. Wenn er aber eine Gestalt sieht, die Waffen oder Schreibgeräte trägt oder bereit ist, eine Arbeit zu verrichten, dann weiß er, dass diese Gestalt einem gehorsamen Diener gleicht. Finde es nicht abwegig, dass der Mensch mit

G-tt verglichen wird. Bei näherer Betrachtung könnte die Vernunft ihn mit dem Licht vergleichen, denn dieses ist das edelste und feinste aller materiellen Dinge und hat die größte Kraft, die Bestandteile der Welt zu umfassen. Wenn wir über die Attribute nachdenken, die sowohl im übertragenen als auch im wirklichen Sinne wesentlich sind, wie: lebendig, allwissend, allmächtig, lenkend, ordnend, alles gebührend, weise und gerecht, werden wir feststellen, dass nichts G-tt ähnlicher ist als die vernunftbegabte Seele - mit anderen Worten, der vollkommene Mensch. Aber hier müssen wir die Betonung auf seinen menschlichen Charakter legen, nicht auf seine Körperlichkeit, die er mit der Pflanze gemeinsam hat, oder auf sein mit Leben ausgestattetes Wesen, das er mit den Tieren gemeinsam hat. Die Philosophen haben die Welt mit einem großen Menschen und den Menschen mit einer kleinen Welt verglichen. Wenn dem so ist und G-tt der Geist, die Seele, der Verstand und das Leben der Welt ist - wie er genannt wird: der ewig Lebende -, dann ist der rationale Vergleich plausibel. Nein, das Auge des Propheten ist durchdringender als die Spekulation. Sein Blick reicht direkt zu den himmlischen Heerscharen hinauf, er sieht die Bewohner des Himmels und die geistigen Wesen, die G-tt nahe sind, und andere in menschlicher Gestalt. Sie werden in dem Vers angedeutet: Lasset uns den Menschen machen nach unserem Bilde, uns ähnlich. Das bedeutet: Ich habe die Schöpfung in weiser Voraussicht in folgender Reihenfolge geordnet: Elemente, Metalle, Tiere, die sowohl im Wasser als auch in der Luft leben, und solche mit voll entwickelten Sinnen und wunderbaren Instinkten. Neben dieser Klasse gibt es nur eine, die sich dem G-ttlichen und Himmlischen nähert. G-tt schuf den Menschen in der Form seiner Engel und Diener, die ihm nahe stehen, nicht an der Stelle, sondern im Rang, da man im Zusammenhang mit G-tt nicht von einer Stelle sprechen kann. Auch nach diesen beiden Vergleichen kann die Vorstellungskraft ihm keine andere Gestalt geben als die des edelsten menschlichen Wesens, das für die übrige Menschheit Ordnung und Harmonie schafft, und zwar in derselben systematischen Weise, wie G-tt es für das Universum getan hat. Zuweilen sieht der Prophet, wie Fürsten abgesetzt und andere auf den Thron gesetzt werden und Königreiche gerichtet werden, "bis die Throne aufgestellt sind und der Alte der Tage sitzt"; zuweilen sieht er, wie Zorn ausgegossen wird und das Volk trauert, weil es von Ihm verlassen zu werden droht, "der auf einem hohen und erhabenen Thron sitzt ... über ihm stehen die Seraphim. Zu anderen Zeiten, auch außerhalb der Grenzen der Prophetie, sieht er die Abfahrt des Wagens so, wie Hesekiel sie gesehen und in seinem Gedächtnis behalten hat. Denn als die geographischen Grenzen des Landes der Prophezeiung festgelegt wurden, "vom Roten Meer bis zum Philistermeer", waren die Wüste Sinai, Paran, Seir und Ägypten eingeschlossen. Auch dieses Gebiet war privilegiert. Wann immer sich ein Mensch darin aufhielt, der alle notwendigen Bedingungen erfüllte, wurden ihm diese Sehenswürdigkeiten deutlich sichtbar, "scheinbar und nicht in dunklen Reden", so wie Mosche die Stiftshütte, den Opferkult und das Land Kanaan in all seinen Teilen sah; oder in der Szene, als "der Herr vor ihm vorüberging". Auch Elijahu hatte eine Vision in diesem Bereich. Die griechischen Philosophen haben diese Dinge, denen man sich nicht durch Spekulation nähern kann, verworfen, weil die Spekulation alles verneint, was sie nicht gesehen hat. Die Propheten hingegen bestätigen es, denn sie können nicht leugnen, was sie mit ihrem geistigen Auge sehen durften. Eine solche Anzahl von ihnen, die in verschiedenen Epochen lebten, kann nicht nach einem gemeinsamen Verständnis gehandelt haben. Diese Aussagen wurden von zeitgenössischen Weisen bestätigt, die ihre prophetische Wirkung miterlebt hatten. Hätten die griechischen Philosophen sie gesehen, als sie prophezeiten und Wunder vollbrachten, hätten sie sie anerkannt und versucht, mit spekulativen Mitteln herauszufinden, wie man solche Dinge erreichen kann. Einige von ihnen taten das, so vor allem die nichtjüdischen Philosophen. Der Name Adonai, [buchstabiert alef, daleth, nun, yod] muss in ähnlicher Weise verstanden werden, wegen der Idee der g-ttlichen Souveränität, die er vermittelt. Wir sagen: O mein Herr, oder: Gesandter des Herrn, was ein anderer Name für die g-ttliche Ordination ist. Einige Engel sind nur vorläufig aus feinen Elementarteilchen geschaffen, andere sind dauerhaft und sind vielleicht jene geistigen Wesen, von denen die Propheten sprechen. Wir haben ihre Ansichten weder zu widerlegen noch anzunehmen. Was die Visionen von Jesaja, Hesekiel und Daniel betrifft, so besteht ein gewisser Zweifel, ob es sich um neu geschaffene Objekte handelt oder ob sie zu den dauerhaften geistigen Wesen gehören. Die Herrlichkeit G-ttes ist jene feine Substanz, die dem Willen G-ttes folgt und jede Form annimmt, die G-tt dem Propheten zeigen will. Dies ist die eine Ansicht. Nach einer anderen Auffassung bedeutet die Herrlichkeit G-ttes die Gesamtheit der Engel und der geistigen Wesen, sowie den Thron, den Wagen, das Firmament, die Räder, die Sphären und andere unvergängliche Wesen. All dies wird als Herrlichkeit bezeichnet, so wie das Gefolge eines Königs als seine Pracht bezeichnet wird. Vielleicht war es das, was Mosche sich wünschte, als er sagte: "Ich bitte Dich, zeige mir Deine Herrlichkeit". G-tt erfüllte seinen Wunsch unter der Bedingung, dass er Sein Gesicht nicht sehen sollte, was kein Sterblicher ertragen könnte, wie Er sagte: Und du sollst Mein Hinterteil sehen, aber Mein Angesicht soll nicht zu sehen sein. Dies schließt die Herrlichkeit ein, die das Auge des Propheten ertragen konnte, und es gibt Dinge in ihrem Gefolge, die sogar unser Auge sehen kann, wie die Wolke und das verzehrende Feuer, weil wir gewohnt sind, sie zu sehen. Die höheren Grade dieser Dinge sind so transzendental, dass selbst Propheten sie nicht wahrnehmen können. Wer sich jedoch kühn darum bemüht, beeinträchtigt seine Konstitution, so wie die Sehkraft beeinträchtigt ist. Menschen mit schwachen Augen sehen nur bei gedämpftem Licht nach Sonnenuntergang, wie die Fledermaus. Schwachäugige Menschen können nur im Schatten sehen, aber Menschen mit starken Augen können im Sonnenlicht sehen. Kein Auge aber kann in die helle

Sonne schauen, und wer das versucht, wird blind. Das ist die Erklärung für die Herrlichkeit G-ttes, die Engel des Herrn und die Schechinah des Herrn, wie sie in der Tora genannt werden. Gelegentlich werden sie auf Objekte der Natur angewandt: "Voll ist die ganze Erde von seiner Herrlichkeit" oder "Sein Reich regiert über alles". In Wahrheit werden Herrlichkeit und Reich nicht sichtbar, außer für die Frommen und Reinen und für die Propheten, die den Ketzern die Überzeugung vermitteln, dass Gericht und Herrschaft auf Erden G-tt gehören, der jede Handlung des Menschen kennt. Wenn das so ist, kann man wahrhaftig sagen: Der Herr ist König, und die Herrlichkeit G-ttes wird offenbart werden. Der Herr wird regieren in Ewigkeit, dein G-tt, o Zion, bis in alle Ewigkeit, sag zu Zion, dein G-tt regiert, die Herrlichkeit des Herrn ist über dir aufgegangen. Nun wirst du nicht alles ablehnen, was über solche Verse gesagt worden ist wie: Das Gleichnis des Herrn soll er sehen, sie sahen den Herrn Israels, noch ma'aseh merkabah und Sheur Komah, weil nach der Meinung mancher Ausleger die Ehrfurcht vor G-tt in den menschlichen Verstand eingepflanzt wird, wie es geschrieben steht: Damit seine Furcht vor euren Gesichtern sei.

4. Al Khazari: Wenn man davon überzeugt ist, dass G-tt das Reich, die Einheit, die Allmacht und die Allwissenheit ist, und dass alles von ihm abhängt, während er von niemandem abhängig ist, ist dann nicht Ehrfurcht und Liebe zu ihm eine notwendige Konsequenz, ohne solche Anthropomorphismen?

5. Der Rebbi: Das ist eine Doktrin der Philosophen. Wir sehen, dass die menschliche Seele Furcht zeigt, wenn sie auf etwas Schreckliches stößt, aber nicht bei der bloßen Ankündigung eines solchen Ereignisses. Ebenso wird sie von einer schönen Form angezogen, die das Auge anzieht, aber nicht so sehr von einer, von der nur gesprochen wird. Glaube nicht dem, der sich für weise hält, wenn er meint, er sei so weit fortgeschritten, dass er alle metaphysischen Probleme allein mit dem abstrakten Verstand erfassen kann, ohne Unterstützung durch etwas Vorstellbares oder Sichtbares, wie Worte, Schrift oder irgendwelche sichtbaren oder imaginären Formen. Siehst du nicht, dass du nicht einmal in der Lage bist, die Last deines Gebetes allein in Gedanken zu sammeln, ohne es vorzutragen? Du kannst auch nicht bis zu hundert zählen, ohne zu sprechen, und noch weniger, wenn diese hundert aus verschiedenen Zahlen zusammengesetzt sind. Wäre da nicht die sinnliche Wahrnehmung, die die Organisation des Verstandes durch ähnliche Sprüche umfasst, könnte diese Organisation nicht aufrechterhalten werden. Auf diese Weise stellen die Prophetenbilder die Größe, die Macht, die liebende Güte, die Allwissenheit, das Leben, die Ewigkeit, die Herrschaft und die Unabhängigkeit G-ttes dar, die Abhängigkeit von allem, was von ihm abhängt, seine Einheit und Heiligkeit, und in einem plötzlichen Aufblitzen offenbart sich diese große und majestätische Gestalt mit ihrer Pracht, ihren Eigenschaften, den Instrumenten, die die Macht verkörpern, usw., die erhobene Hand, das gezückte Schwert, Feuer, Wind,

Donner und Blitz, die seinem Befehl gehorchen, das Wort, das zur Warnung, zur Ankündigung des Geschehens und zur Vorhersage ergeht. Viele Engel stehen demütig vor ihm, und er gibt ihnen, was sie brauchen, ohne zu zögern. Er erhebt die Niedrigen, erniedrigt die Mächtigen, reicht den Reumütigen die Hand und sagt zu ihnen: Wer sich einer Sünde bewusst ist, soll Buße tun. Er ist zornig über die Bösen, setzt sie ab und ernennt sie, während vor Ihm tausend Tausende Ihm dienen. Das sind die Visionen, die der Prophet in einer Sekunde sieht. So kommen Furcht und Liebe ganz natürlich zu ihm und bleiben sein ganzes Leben lang in seinem Herzen. Er sehnt sich sogar danach, die Vision wieder und wieder zu sehen. Eine solche Wiederholung wurde für Shlomo als ein großes Ereignis angesehen, in den Worten: Der Herr, der ihm zweimal erschienen ist. Wird ein Philosoph jemals dasselbe Ergebnis erzielen?

6. Al Khazari: Das ist unmöglich. Denken ist wie Erzählen, aber man kann nicht zwei Dinge gleichzeitig erzählen. Sollte dies überhaupt möglich sein, so kann niemand, der sie hört, sie gleichzeitig aufnehmen. Die Einzelheiten eines Landes und seiner Bewohner, die man in einer Stunde sehen kann, würden in einem großen Band keinen Platz finden, während in einem Augenblick die Liebe oder der Hass zu einem Land in mein Herz eindringen könnte. Würde mir all dies aus einem Buch vorgelesen, würde es mich nicht so sehr beeindrucken, sondern im Gegenteil meinen Geist verwirren, da es sich mit Irrtümern, Phantasien und früheren Eindrücken vermischt. Und nichts würde völlig klar sein.

7. Der Rebbi: Wir sind wie jene schwachäugigen die die Helligkeit des Lichts nicht ertragen können. Wir ahmen daher die scharfäugigen Menschen nach, die vor uns lebten und sehen konnten. Wie nun ein Mensch mit gesunden Augen die Sonne nur von bestimmten erhöhten Stellen und zu einer bestimmten Tageszeit, wenn sie aufgeht, betrachten und anderen zeigen kann, so hat auch derjenige, der das g-ttliche Licht schauen kann, seine Zeiten und Orte, an denen er es erblicken kann. Diese Zeiten sind die Stunden des Gebets, besonders an den Tagen der Buße, und die Orte sind die der Prophetie.

8. Al Khazari: Ich sehe also, dass du die Herrschaft der Stunden, Tage und Orte anerkennst, wie es die Astrologen tun.

9. Der Rebbi: Wir können nicht leugnen, dass die himmlischen Sphären Einfluss auf die irdischen Dinge ausüben. Wir müssen zugeben, daß die materiellen Komponenten des Wachstums und des Verfalls von der Sphäre abhängig sind, während die Formen ihren Ursprung von demjenigen haben, der sie ordnet und leitet und sie zu Instrumenten für die Erhaltung aller Dinge macht, die nach seinem Willen existieren sollen. Die Einzelheiten sind uns unbekannt. Der Astrologe rühmt sich, sie zu kennen, aber wir lehnen das ab und behaupten, dass kein Sterblicher sie ergründen kann. Wenn wir feststellen, dass irgendein Element dieser Wissenschaft auf dem g-ttlichen Gesetz beruht, akzeptieren wir es. Aber auch dann müssen wir uns mit solchen astronomischen Kenntnissen begnügen, wie sie die Weisen besaßen, denn wir wünschen, dass sie durch g-ttliche Macht gestützt werden und dabei richtig sind. Fehlt diese, so ist sie nur erfunden, und an unserem irdischen Los ist mehr Wahrheit als an dem himmlischen. Derjenige, der fähig ist, diese Dinge zu ermessen, ist der wahre Prophet; der Ort, an dem sie sichtbar sind, ist der wahre Ort der Anbetung. Denn er ist ein g-ttlicher Ort, und das Gesetz, das von ihm ausgeht, ist die wahre Religion.

10. Al Khazari: Gewiss, wenn die späteren Religionen die Wahrheit anerkennen und sie nicht bestreiten, dann respektieren sie alle den Ort und nennen ihn den Trittstein der Propheten, das Tor des Himmels, den Ort der Sammlung der Seelen am Tag des Gerichts. Sie geben auch zu, dass es in Israel Prophezeiungen gab, deren Vorfahren sich in ähnlicher Weise ausgezeichnet haben. Schließlich glauben sie an das Schöpfungswerk, die Sintflut und fast alles, was in der Tora enthalten ist. Sie führen auch Pilgerfahrten zu diesem heiligen Ort durch.

11. Der Rebbi: Ich würde sie mit Proselyten vergleichen, die nicht das ganze Gesetz in all seinen Verästelungen, sondern nur die Grundprinzipien akzeptieren, wenn ihre Taten nicht ihre Worte widerlegen würden. Ihre Verehrung für das Land der Prophezeiung besteht hauptsächlich in Worten, und gleichzeitig verehren sie auch Orte, die den Götzen heilig sind. Das ist der Fall an Orten, an denen eine Versammlung stattfand, an denen aber kein Zeichen G-ttes sichtbar wurde. Sie behielten die Überreste des alten Götzendienstes und der Festtage bei, änderten aber nur die Formen. Diese wurden zwar abgerissen, aber die Reliquien wurden nicht beseitigt. Man könnte fast sagen, dass der Vers in der Tora, der immer wieder auftaucht: Du sollst nicht fremden Göttern dienen, Holz und Stein. eine Anspielung auf diejenigen enthält, die das Holz verehren, und diejenigen, die die Steine anbeten. Wir neigen uns aufgrund unserer Sünden täglich mehr zu ihnen. Sie glauben zwar, wie das Volk Abimelechs und Ninives, an G-tt, aber sie philosophieren über G-ttes Wege. Der Anführer jeder dieser Parteien behauptete, er habe das g-ttliche Licht an seiner Quelle, nämlich im Heiligen Land, gefunden, sei dort in den Himmel aufgestiegen und habe befohlen, alle Bewohner der Erde auf den rechten Weg zu führen. Sie wendeten ihre Gesichter zum Gebet dem Land zu, doch schon bald änderten sie ihre Haltung und wandten sich dem Ort zu, an dem die meisten ihrer Leute lebten. Das ist so, als ob ein Mensch alle Menschen zum Ort der Sonne führen wollte, weil sie blind sind und ihren Lauf nicht kennen. Er führt sie jedoch zum Süd- oder Nordpol und sagt ihnen: "Die Sonne ist dort, wenn ihr euch zu ihr hinwendet, werdet ihr sie sehen." Aber sie sehen nichts. Der erste Führer, Mosche, ließ das Volk am Berg Sinai stehen, damit sie das Licht sehen könnten, das er selbst gesehen hatte, falls sie es auf dieselbe Weise sehen könnten. Dann lud er die

siebzig Ältesten ein, es zu sehen, wie es geschrieben
steht: 'Sie sahen den G-tt Israels. Dann berief er die
zweite Versammlung der siebzig Ältesten ein, auf die
er so viel von seinem prophetischen Geist übertrug,
dass sie ihm gleichkamen, wie geschrieben steht: Und
er nahm von dem Geist, der auf ihm war, und gab ihn
den siebzig Ältesten. Einer berichtete dem anderen,
was er gesehen und gehört hatte. Auf diese Weise
wurde jeder böse Verdacht von den Menschen
genommen, damit sie nicht meinten, die Prophetie sei
nur ein Vorrecht der wenigen, die sie zu besitzen
behaupteten. Denn unter so vielen Menschen ist kein
gemeinsames Abkommen möglich, besonders wenn
es sich um große Heerscharen handelt, die ebenso gut
informiert sind wie Elisa, der den Tag kannte, an dem
G-tt Eliaju entfernen würde, wie geschrieben steht:
Du weißt, dass der Herr deinen Herrn heute
wegnehmen wird... Jeder Älteste diente als Zeuge für
Mosche und ermahnte das Volk, das Gesetz zu halten.

12. Al Khazari: Aber die Anhänger anderer
Religionen kommen dir näher als die Philosophen.

13. Der Rebbi: Sie sind von uns so weit entfernt wie
die Anhänger einer Religion von einem Philosophen.
Die ersteren suchen G-tt nicht nur, um ihn zu kennen,
sondern auch wegen anderer großer Vorteile, die sie
daraus ziehen. Der Philosoph hingegen sucht Ihn nur,
um Ihn genau beschreiben zu können, so wie er die
Erde beschreiben würde, indem er erklärt, dass sie
sich im Zentrum der großen Sphäre befindet, aber
nicht in dem des Tierkreises usw. Die Unkenntnis

über G-tt wäre ebenso wenig schädlich wie die Unkenntnis über die Erde für diejenigen, die sie für flach halten. Der wirkliche Nutzen liegt nur in der Erkenntnis der wahren Natur der Dinge, um dem aktiven Intellekt zu ähneln. Ob er gläubig oder ein Freidenker ist, spielt für ihn keine Rolle, wenn er ein Philosoph ist. Sein Axiom ist das: G-tt wird weder Gutes noch Böses tun. Wenn er an die Ewigkeit der Materie glaubt, kann er nicht annehmen, dass es eine Zeit gab, in der sie vor ihrer Erschaffung nicht existierte. Er meint, dass sie nie nicht existierte, dass sie nie aufhören wird zu existieren, dass G-tt nur in einem metaphorischen Sinn als ihr Schöpfer bezeichnet werden kann. Den Begriff Schöpfer und "Macher" erklärt er als Ursache und treibende Kraft der Welt. Die Wirkung währt so lange wie die Ursache. Wenn letztere nur potentiell ist, ist erstere potentiell; wenn sie real ist, ist sie real. G-tt ist die Ursache in der Wirklichkeit; das, was durch ihn verursacht wird, bleibt daher so lange bestehen, wie er seine Ursache bleibt. Wir können den Philosophen nicht vorwerfen, dass sie das Ziel verfehlt haben, denn sie sind nur durch Spekulationen zu dieser Erkenntnis gelangt, und das Ergebnis hätte nicht anders sein können, Die Aufrichtigsten unter ihnen sprechen zu den Anhängern einer geoffenbarten Religion mit den Worten des Sokrates: Meine Freunde, ich will eure Theologie nicht bestreiten, ich sage aber, dass ich sie nicht begreifen kann; ich verstehe nur die menschliche Weisheit. Diese spekulativen Religionen sind heute so weit entfernt, wie sie früher nahe waren. Wäre es nicht so, wären uns Jerobeam und seine Leute näher, obwohl sie Götzen anbeteten, denn sie waren Israeliten, da sie die Beschneidung praktizierten, den Sabbat einhielten und andere Vorschriften, mit wenigen Ausnahmen, die sie aus verwaltungstechnischen Gründen vernachlässigen mussten. Sie erkannten den G-tt Israels, der sie aus Ägypten befreit hatte, genauso an wie die Anbeter des goldenen Kalbes in der Wüste. Die erstere Klasse ist der letzteren allenfalls insofern überlegen, als sie Bilder verbot. Da sie jedoch die Kibla veränderten und den g-ttlichen Einfluss dort suchten, wo er nicht zu finden ist, und gleichzeitig die meisten zeremoniellen Gesetze änderten, kamen sie weit vom geraden Weg ab.

14. Al Khazari: Es sollte ein großer Unterschied zwischen der Partei Jerobeams und der Partei Ahabs gemacht werden. Diejenigen, die Baal anbeten, sind in jeder Hinsicht Götzendiener. Elijahu sagte diesbezüglich: Wenn der Herr G-tt ist, so folge ihm; wenn aber Baal, so folge ihm. Aus diesem Grund sind die Weisen in einem Dilemma, wie Josaphat an Ahabs Speisen teilhaben konnte. Bei Jerobeam haben sie keine solchen Zweifel. Der Protest Elijahus bezog sich nicht auf die Anbetung der Kälber, denn er sagte: Ich bin sehr eifersüchtig auf den Herrn, den G-tt Israels, gewesen. Die Partei Jerobeams betrachtete sich als dem Herrn, dem G-tt Israels, zugehörig,' auch alle ihre Handlungen, ihre Propheten waren Propheten G-ttes, während die Propheten Ahabs Propheten Baals waren. G-tt beauftragte Jehu, die Werke Ahabs zu zerstören. Er ging mit großem Eifer und List vor und sagte: "Ahab hat Baal ein wenig gedient: Ahab hat Baal ein wenig gedient, Jehu wird ihm viel dienen. Er zerstörte zwar alle Überreste des Baal, rührte aber die Kälber nicht an. Die Anbeter des ersten Kalbes, die Partei Jerobeams und die Anbeter der Höhen und des Bildes Michas hatten keine andere Vorstellung, als dass sie dem G-tt Israels dienten, obwohl sie in der Art, wie sie es taten, ungehorsam waren und den Tod verdienten. Das ist so, als wenn ein Mann seine Schwester entweder unter Zwang oder aus Lust heiratet und dennoch die von G-tt befohlenen Ehevorschriften einhält. Oder wenn jemand Schweinefleisch isst, aber die Vorschriften über das Schächten, das Blut und das Ritual beachtet.

15. Der Rebbi: Du hast die Aufmerksamkeit auf einen strittigen Punkt gelenkt, obwohl es für mich keinen Zweifel daran gibt. Aber wir sind von unserem Thema, nämlich den Eigenschaften, abgekommen. Um darauf zurückzukommen, will ich dir die Sache durch ein Gleichnis erklären, das von der Sonne stammt. Die Sonne ist nur ein einziger Körper, während diejenigen, die ihr Licht von ihr empfangen, in vielerlei Hinsicht voneinander abhängig sind. Diejenigen, die am besten geeignet sind, ihren Glanz aufzunehmen, sind der Rubin, der Kristall, die reine Luft und das Wasser, und ihr Licht wird deshalb transparent genannt. Auf glitzernden Steinen und polierten Oberflächen wird es leuchtend genannt; auf Holz, Erde usw. sichtbares Licht, und auf allen anderen Dingen wird es einfach als Licht bezeichnet, ohne irgendeine besondere Qualifikation. Dieser allgemeine Begriff, Licht, entspricht dem, was wir Elohim nennen, wie jetzt klar ist. Das durchsichtige Licht entspricht dem Ewigen, einem Eigennamen, der besonders die Beziehung zwischen Ihm und Seinen irdischen Geschöpfen beschreibt, ich meine die Propheten, deren Seelen verfeinert und empfänglich für Sein Licht sind, das sie durchdringt, wie das Sonnenlicht den Kristall und den Rubin. Ihre Seelen haben ihren Ursprung und ihre Entwicklung, wie bereits erklärt wurde, von Adam. Das Wesen und das Herz Adams tauchen in jeder Generation und in jedem Zeitalter wieder auf, während die große Masse der Menschheit als Schalen, Blätter, Schlamm usw. beiseite gelegt wird. Der G-tt dieses Wesens ist einzig und allein Adonai, und weil Er eine Verbindung mit dem Menschen herstellte, wurde der Name Elohim nach der Schöpfung in Adonai Elohim umgewandelt. Dies drücken die Weisen mit den Worten aus: Ein 'voller Name über einem vollen Universum'. Die Welt wurde erst mit der Erschaffung des Menschen vollendet, der das Herz all dessen bildet, was vor ihm geschaffen wurde. Kein intelligenter Mensch wird die von Elohim vermittelte Bedeutung missverstehen, obwohl dies in Bezug auf Adonai möglich ist, denn Prophezeiungen sind seltsam und selten bei einzelnen Individuen, und noch viel mehr bei einer Vielzahl. Aus diesem Grund glaubte Pharao nicht und sagte: Ich kenne den Herrn nicht, als ob er das Tetragrammaton so interpretierte, wie man das durchdringende Licht versteht, und sich dadurch an G-tt erinnert fühlte, dessen Licht dem Menschen innig verbunden ist. Mosche ergänzte seine Worte durch den Zusatz: der G-tt der Hebräer, um an die Patriarchen zu erinnern, die durch Prophezeiungen und Wunder Zeugnis ablegten. Elohim war ein Name, der in Ägypten sehr bekannt war. Der erste Pharao sagte zu Yosef: Denn Elohim hat dir dies alles gezeigt, und ein Mann, in dem der Geist Elohims ist. Das ist so, als ob ein Mensch allein die Sonne sieht und die Punkte ihres Aufgangs und ihres Verlaufs kennt, während wir anderen sie nie sehen und in Schatten und Nebel leben. Wir sehen also, dass sein Haus viel heller ist als unseres, weil er den Lauf der Sonne kennt und seine Fenster nach seinem Wunsch anordnen kann. Wir sehen auch, dass seine Feldfrüchte und Pflanzungen gedeihen, was, wie er sagt, die Folge davon ist, dass er den Lauf der Sonne kennt. Wir jedoch würden dies bestreiten und fragen: Was ist die Sonne? Wir kennen das Licht und seine mannigfaltigen Vorteile, aber es kommt nur zufällig zu uns. Zu mir, würde er antworten, kommt es so oft und so viel ich will, denn ich kenne seine Ursache und seinen Lauf. Wenn ich mich darauf vorbereite und alle meine Pläne und Werke auf die richtige Zeit abstimme, ernte ich den vollen Nutzen davon. Ein Ersatz für Adonai ist Gegenwart, wie in dem Vers: Meine Gegenwart wird mit dir gehen, oder - Wenn deine Gegenwart nicht mit mir geht. Das Gleiche ist in dem Vers gemeint: Lass meinen Herrn, ich bitte Dich, unter uns gehen. Die Bedeutung von Elohim kann durch Spekulationen erfasst werden, denn ein Führer und Verwalter der Welt ist ein Postulat der Vernunft. Auf der Grundlage verschiedener Spekulationen gehen die Meinungen auseinander, aber die der Philosophen ist die beste zu diesem Thema. Die Bedeutung Adonais kann jedoch nicht durch Spekulationen erfasst werden, sondern nur durch jene Intuition und prophetische Vision, die den Menschen sozusagen von seiner Art trennt und ihn in Kontakt mit Engelswesen bringt, die ihm einen neuen Geist einhauchen, wie es geschrieben steht: Du sollst in einen anderen Menschen verwandelt werden, G-tt gab ihm ein anderes Herz, Ein Geist kam über Amasai. Die Hand des Herrn war über mir. Erhalte mich mit Deinem freien Geist. All dies umschreibt den Heiligen Geist, der den Propheten in der Stunde seines Dienstes, den Nasiräer und den MASHIACH umhüllt, wenn sie von einem Propheten zum Priester oder zur königlichen Würde gesalbt werden, oder wenn G-tt ihm in irgendeiner Angelegenheit beisteht und ihn stärkt, oder wenn der Priester prophetische Äußerungen mittels der mystischen Kraft macht, die aus dem Gebrauch von Urim und Tummim stammt. Dann werden alle früheren Zweifel an Elohim beseitigt, und der Mensch verwirft die Spekulationen, mit denen er versucht hatte, das Wissen über G-ttes Herrschaft und Einheit zu erlangen. So wird der Mensch zum Diener, der den Gegenstand seiner Verehrung liebt und bereit ist, um seinetwillen zugrunde zu gehen, weil er die Süße dieser Anhänglichkeit als ebenso groß empfindet wie die Not, wenn sie fehlt. Dies steht im Gegensatz zu den Philosophen, die in der Anbetung G-ttes nichts anderes als eine äußerste Verfeinerung sehen, indem sie ihn in Wahrheit über alle anderen Wesen erheben, so wie die Sonne über die anderen sichtbaren Dinge gestellt wird, und dass die Leugnung der Existenz G-ttes das Zeichen eines niedrigen Niveaus der Seele ist, die sich an der Unwahrheit erfreut.

16. Al Khazari: Jetzt verstehe ich den Unterschied zwischen Elohim und Adonai, und ich sehe, wie sehr sich der G-tt Abrahams von dem des Aristoteles unterscheidet. Der Mensch sehnt sich nach Adonai als eine Sache der Liebe, des Geschmacks und der Überzeugung, während die Bindung an Elohim das Ergebnis von Spekulation ist. Ein Gefühl der ersten Art lädt seine Verehrer dazu ein, ihr Leben um seinetwillen hinzugeben und den Tod seiner Abwesenheit vorzuziehen. Die Spekulation hingegen macht die Verehrung nur zu einer Notwendigkeit, solange sie keinen Schaden anrichtet, aber keinen Schmerz um ihrer selbst willen erträgt. Ich würde also Aristoteles verzeihen, wenn er sich über die Einhaltung des Gesetzes wenig Gedanken macht, da er bezweifelt, dass G-tt es überhaupt zur Kenntnis nimmt.

17. Der Rebbi: Abraham trug seine Bürde ehrlich, nämlich das Leben in Ur Kasdim, die Auswanderung, die Beschneidung, die Entfernung Ismaels und die Not der Opferung Itzhaks, denn sein Anteil am g-ttlichen Einfluss war ihm durch Liebe, nicht aber durch Spekulation zugekommen. Er beobachtete, dass G-tt nicht die kleinste Kleinigkeit entging, dass er für seine Frömmigkeit schnell belohnt und so weit auf den rechten Weg geführt wurde, dass er alles in der von G-tt vorgeschriebenen Reihenfolge tat. Wie könnte er etwas anderes tun, als seine früheren Spekulationen zu missbilligen? Die Weisen erklären den Vers: Und Er führte ihn hinaus in die Welt, was bedeutet: Gib deine Horoskope auf! Das heißt, er befahl ihm, seine spekulativen Forschungen über die Sterne und andere Dinge aufzugeben und treu dem Gegenstand seiner Neigung zu folgen, wie es geschrieben steht: Kostet und seht, dass der Herr gut ist. Adonai wird daher mit Recht der G-tt Israels genannt, weil diese Ansicht bei den Heiden nicht zu finden ist. Er wird auch G-tt des Landes genannt, weil dieses in seiner Luft, seinem Boden und seinem Klima eine besondere Kraft besitzt, die in Verbindung mit der Bearbeitung des Bodens zur Verbesserung der Arten beiträgt. Wer dem g-ttlichen Gesetz folgt, folgt den Vertretern dieser Ansicht. Seine Seele findet Befriedigung in ihren Lehren, trotz der Einfachheit ihrer Sprache und der Schroffheit ihrer Gleichnisse. Dies ist nicht der Fall bei den Belehrungen der Philosophen mit ihrer Beredsamkeit und ihren schönen Lehren, so beeindruckend ihre Argumente auch sein mögen. Die Massen folgen ihnen nicht, denn die menschliche Seele hat eine Vorahnung der Wahrheit, wie man sagt: Die Worte der Wahrheit werden erkannt werden.

18. Al Khazari: Ich sehe, wie du dich gegen die Philosophen wendest und ihnen Dinge zuschreibst, von denen genau das Gegenteil bekannt ist. Von einem Menschen, der zurückgezogen lebt und richtig handelt, sagt man, er sei ein Philosoph und teile die

Ansichten der Philosophen. Du nimmst ihnen jede gute Tat.

19. Der Rebbi: Nein, was ich dir gesagt habe, ist die Grundlage ihres Glaubens, nämlich dass das höchste menschliche Glück in der spekulativen Wissenschaft und in der Auffassung aller intelligiblen Dinge durch Vernunft und Denken besteht. Dieses wird in den aktiven Intellekt verwandelt, also in den emanierenden Intellekt, der dem schöpferischen Intellekt ohne Furcht vor Verfall nahe ist. Dies kann jedoch nur erreicht werden, wenn man sein Leben der Forschung und dem ständigen Nachdenken widmet, was mit den weltlichen Beschäftigungen unvereinbar ist. Aus diesem Grund verzichteten sie auf Reichtum, Rang und Kinderfreuden, um sich nicht vom Studium ablenken zu lassen. Sobald der Mensch das Endziel der angestrebten Erkenntnis kennengelernt hat, braucht er sich nicht mehr darum zu kümmern, was er tut. Sie fürchten G-tt nicht um der Belohnung willen und denken auch nicht, dass sie bestraft werden, wenn sie stehlen oder morden. Sie empfehlen das Gute und raten vom Bösen ab, und zwar auf die bewundernswerteste Weise. Und um dem Schöpfer, der alles so perfekt geregelt hat, zu ähneln, haben sie Gesetze oder vielmehr Verordnungen ohne bindende Kraft geschaffen, die in Zeiten der Not außer Kraft gesetzt werden können. Das religiöse Gesetz ist jedoch nicht so, außer in seinen sozialen Teilen, und das Gesetz selbst legt diejenigen fest, die Ausnahmen zulassen, und diejenigen, die dies nicht tun.

20. Al Khazari: Das Licht, von dem du sprichst, ist nicht erloschen, ohne dass die Hoffnung besteht, dass es wieder angezündet wird. Es ist gänzlich verschwunden, und niemand ist in der Lage, es aufzuspüren.

21. Der Rebbi: Es ist nur für denjenigen erloschen, der uns nicht mit offenen Augen sieht, der aus unserer Erniedrigung, Armut und Zerstreuung auf das Erlöschen unseres Lichtes schließt und aus der Größe der anderen, ihren Eroberungen auf der Erde und ihrer Macht über uns schließt, dass ihr Licht noch brennt.

22. Al Khazari: Ich werde dies nicht als Argument verwenden, da ich zwei antagonistische Religionen vorherrschen sehe, obwohl es unmöglich ist, dass die Wahrheit auf zwei entgegengesetzten Seiten liegt. Sie kann nur auf einer oder auf keiner sein. Ich habe dir im Zusammenhang mit dem Vers erklärt: Siehe, Meinem Knecht soll es wohl ergehen, dass Demut und Sanftmut dem g-ttlichen Einfluss offensichtlich näher stehen als Ruhm und Eminenz. Das zeigt sich auch in diesen beiden Religionen. Die Christen rühmen sich nicht der Könige, Helden und Reichen, sondern derer, die Jesus die ganze Zeit nachgefolgt sind, bevor sein Glaube bei ihnen feste Wurzeln geschlagen hatte. Sie irrten umher, versteckten sich oder wurden getötet, wo immer man einen von ihnen fand, erlitten Schande und wurden um ihres Glaubens willen abgeschlachtet. Dies sind die Menschen, die sie rühmen, deren Diener sie verehren und in deren

Namen sie Kirchen bauen. In gleicher Weise haben die Helfer und Freunde des Islam viel Armut ertragen, bis sie Hilfe fanden. Sie rühmen sich ihrer Demut und ihres Martyriums, nicht der Fürsten, die sich ihres Reichtums und ihrer Macht rühmen, sondern derer, die in Lumpen gekleidet sind und sich dürftig von Gerstenbrot ernähren. Und doch, o jüdischer Rebbi, taten sie dies mit dem größten Gleichmut und der größten Hingabe an G-tt. Hätte ich jemals gesehen, dass die Juden um G-ttes willen so gehandelt haben, würde ich sie über die Könige aus dem Hause Davids stellen. Denn ich weiß sehr wohl, was du mich über die Worte gelehrt hast: Mit dem, der einen zerknirschten und demütigen Geist hat, und dass das Licht G-ttes nur auf den Seelen der Demütigen ruht.

23. Der Rebbi: Du hast recht, wenn du uns tadelst, dass wir die Erniedrigung ohne Nutzen ertragen. Aber wenn ich an bedeutende Männer unter uns denke, die durch ein leichthin gesprochenes Wort dieser Erniedrigung entgehen, freie Menschen werden und sich gegen ihre Unterdrücker wenden könnten, dies aber aus Hingabe an ihren Glauben nicht tun: ist das nicht der Weg, um Fürsprache und Vergebung vieler Sünden zu erlangen? Sollte das, was du von mir verlangst, wirklich jemals eintreten, so dürften wir nicht in diesem Zustand bleiben. Außerdem hat G-tt einen geheimen und weisen Plan für uns, den man mit der Weisheit vergleichen sollte, die in dem Samen verborgen ist, der in die Erde fällt, wo er eine äußere Verwandlung in Erde, Wasser und

Schmutz erfährt, ohne eine Spur für den zu hinterlassen, der auf ihn herabschaut. Es ist jedoch das Samenkorn selbst, das Erde und Wasser in seine eigene Substanz umwandelt, es von einer Stufe zur anderen trägt, bis es die Elemente verfeinert und sie in etwas verwandelt, das ihm selbst gleicht, indem es Schalen, Blätter usw. abwirft und den reinen Kern zum Vorschein kommen lässt, der fähig ist, den g-ttlichen Einfluss zu tragen. Der ursprüngliche Same bringt den Baum hervor, der Früchte trägt, die denen ähneln, aus denen er hervorgegangen ist. Auf dieselbe Weise verwandelt das Gesetz des Mosche jeden, der es ehrlich befolgt, auch wenn es ihn äußerlich abstoßen mag. Die Völker dienen lediglich dazu, den erwarteten MASHIACH vorzustellen und ihm den Weg zu ebnen, der die Frucht ist, und sie werden alle zu seiner Frucht werden. Dann werden sie, wenn sie Ihn anerkennen, zu einem einzigen Baum werden. Dann werden sie den Ursprung verehren, den sie früher zerstreut haben, wie wir bei den Worten beobachtet haben: "Siehe, Mein Knecht gedeiht." Betrachtet nicht, dass ihr Verzicht auf den Götzendienst und ihr energisches Bekenntnis zur Einheit G-ttes ein Grund zum Loben ist, und werft nicht einen tadelnden Blick auf die Israeliten, weil ihre Geschichte von Götzenanbetung erzählt. Andererseits ist zu bedenken, dass viele von ihnen der Ketzerei zuneigen und sich bemühen, sie zu verbreiten, dass sie sie in Volksliedern preisen, die in aller Munde sind, und die lautstark behaupten, dass es keinen König gibt, der über die Handlungen der Menschen herrscht, keinen, der sie belohnt oder bestraft, eine Lehre, die nie im Zusammenhang mit Israel erwähnt wird. Das Volk suchte nur deshalb, neben der Ausübung seines Glaubens, dessen Gesetze es befolgte, Vorteile aus Talismanen und Geistern zu ziehen, weil die Annahme magischer Praktiken zu seiner Zeit allgemein verbreitet war. Wäre dies nicht der Fall gewesen, hätten sie sich nicht zum Glauben der Völker bekehren können, unter denen sie im Exil lebten. Selbst Manasse und Zedekia und die größten Abtrünnigen Israels hatten nicht den Wunsch, die Religion Israels aufzugeben. Sie taten es vor allem wegen des Sieges und des weltlichen Gewinns, den sie mit Mitteln zu erreichen hofften, die sie trotz des g-ttlichen Verbots für wirksam hielten. Wenn diese Dinge heute so leichtfertig betrachtet würden, würdest du sehen, wie wir und sie durch sie verführt werden, wie wir durch andere Eitelkeiten verführt werden, wie Astrologie, Zauberei, magische Praktiken und andere Tricks, die von der Natur ebenso vollständig abgelehnt werden wie vom Gesetz.

24. Al Khazari: Ich bitte dich nun, mir eine Erklärung für die Relikte der Naturwissenschaft zu geben, von denen du behauptet hast, dass sie bei euch existieren.

25. Der Rebbi: Dazu gehört auch das Buch der Schöpfung des Patriarchen Abraham. Sein Inhalt ist sehr tiefgründig und bedarf einer gründlichen Erklärung. Es lehrt die Einheit und Allmacht G-ttes anhand verschiedener Beispiele, die auf der einen

Seite vielgestaltig und auf der anderen einheitlich sind. Sie sind in Bezug auf den Einen, ihren Lenker, harmonisch. Daraus ergeben sich die drei Faktoren: S'far, Sefer und Sippur. Mit S'far ist die Berechnung und Abwägung der geschaffenen Körper gemeint. Die Berechnung, die für die harmonische und vorteilhafte Anordnung eines Körpers erforderlich ist, basiert auf einer numerischen Zahl. Ausdehnung, Maß, Gewicht, Verhältnis der Bewegungen und musikalische Harmonie, all dies basiert auf der Zahl, die durch das Wort S'far ausgedrückt wird. Kein Gebäude geht aus der Hand des Architekten hervor, wenn sein Bild nicht zuvor in seiner Seele existiert hat. Sippur bedeutet die Sprache, oder vielmehr die g-ttliche Sprache, die Stimme der Worte des lebendigen G-ttes. Diese brachte die Existenz der Form hervor, die diese Sprache in den Worten annahm: Es werde Licht", "es werde ein Gewölbe". Kaum war das Wort gesprochen, kam das Ding ins Dasein. Dies ist auch Sefer, womit die Schrift gemeint ist, die Schrift G-ttes bedeutet Seine Geschöpfe, die Rede G-ttes ist Seine Schrift, der Wille G-ttes ist Seine Rede. In der Natur G-ttes sind also S'far, Sippur und Sefer eine Einheit, während sie im menschlichen Maßstab drei sind. Denn der Mensch will mit seiner Vernunft, spricht mit seinem Mund und schreibt diese Sprache mit seiner Hand. Diese drei Faktoren kennzeichnen eines der Geschöpfe G-ttes. Der Wille des Menschen, die Schrift und das Wort sind Kennzeichen der Sache, aber nicht das Wesen derselben. Der Wille aber, der im Wort G-ttes zum Ausdruck kommt, bezeichnet das Wesen der Sache und ist zugleich seine Schrift.

Stellen Sie sich einen Seidenweber vor, der sein Werk betrachtet. Die Seide gehorcht ihm, nimmt die Farben und Muster an, die er sich ausgedacht hat. Das Kleidungsstück entsteht also durch seinen Willen und seinen Entwurf. Wenn wir in der Lage wären, beim Sprechen oder Zeichnen einer menschlichen Figur eine menschliche Gestalt zu erzeugen, dann hätten wir das Wort G-ttes in unserer Macht und könnten erschaffen, so wie wir teilweise in der Lage sind, Objekte im Geiste zu formen. Gesprochene oder geschriebene Worte haben bestimmte Vorteile gegenüber anderen. In einigen Fällen passt der Name genau zum Gegenstand, in anderen weniger.Die von G-tt geschaffene Sprache, die er Adam gelehrt und auf seine Zunge und in sein Herz gelegt hat, ist ohne Zweifel die vollkommenste und geeignetste, um die genannten Dinge auszudrücken, wie es geschrieben steht: Und wie Adam jedes lebende Geschöpf nannte, so hieß es. Das bedeutet, dass es einen solchen Namen verdiente, der zu ihm passte und es charakterisierte. Dies zeigt die Vorzüglichkeit der "heiligen Sprache" und auch den Grund, warum die Engel sie vor allen anderen verwendeten. Die Schrift wird unter einem ähnlichen Gesichtspunkt beurteilt. Die Formen der Buchstaben sind nicht das Ergebnis eines Zufalls, sondern einer Einrichtung, die mit dem Charakter jedes Buchstabens in Einklang steht. Man sollte es nun nicht für unmöglich halten, dass Namen und Buchstabenkombinationen, ob gesprochen oder geschrieben, bestimmte Wirkungen haben. In beiden Fällen geht die Berechnung, d.h. der Gedanke der reinen, engelhaften Seele, der Handlung voraus.

Daher die drei Faktoren: S'far, Sippur und Sefer zu einer Einheit, und die Berechnung erscheint, als ob ein Wesen, das mit einer reinen Seele ausgestattet ist, sie gemacht, gesprochen und geschrieben hätte. In dem Buch heißt es weiter in Bezug auf G-tt: Er schuf seine Welt mit drei Sefirah-Faktoren: S'far, Sippur und Sefer. In G-ttes Natur sind sie alle eins, aber dieses eine bildet den Anfang der zweiunddreißig wunderbaren und geheimnisvollen Wege der g-ttlichen Weisheit, die aus den zehn Sefiroth und den zweiundzwanzig Buchstaben des hebräischen Alphabets bestehen. Dies weist auf die Aktualität der existierenden Dinge und ihre Unterschiede in Bezug auf Quantität und Qualität hin. Quantität bedeutet eine Zahl. Das Geheimnis der Zahl liegt in der Zahl Zehn, wie es in der Passage ausgedrückt wird: Zehn Sefiroth ohne alles andere; zehn und nicht neun, zehn und nicht elf. Ein tiefes Geheimnis liegt in der Tatsache, dass die Zählung bei zehn aufhört, weder mehr noch weniger. Der nächste Satz lautet daher: Verstehe vernünftig und urteile klug, prüfe und erforsche sie, bedenke, wäge und erwäge, mache alles klar und stelle den Schöpfer in seine Sphäre; ihr Maß ist zehn in endloser Folge. Es folgt eine Unterteilung nach der Qualität. Die zweiundzwanzig Buchstaben sind in drei Gruppen unterteilt, nämlich drei Mütter, sieben doppelte und zwölf einfache Konsonanten. Die drei Mütter sind Alef, Mem und Schin. Sie bergen ein großes und tiefes Geheimnis; denn von ihnen gehen Luft, Wasser und Feuer aus, mit deren Hilfe das Universum erschaffen wurde. Die Gruppierung dieser Konsonanten vereinigte sich mit der Ordnung des Makrokosmos und des Mikrokosmos, d.h. des Menschen, und der Ordnung der Zeit zu einer Linie, die "wahre Zeugen" genannt wird, d.h. Universum, Seele, Jahr. Dies beweist auch, dass die eine Ordnung das Werk eines einzigen Meisters ist, der G-tt ist. Und obwohl die Dinge mannigfaltig und voneinander verschieden sind, ist ihre Verschiedenheit die Folge der Verschiedenheit ihres Materials, das teils von höherer, teils von niederer Ordnung und von unreinem oder reinem Charakter ist. Der Geber der Formen, Entwürfe und Ordnungen hat jedoch in alles eine einzigartige Weisheit und eine Vorsehung gelegt, die in völliger Harmonie mit dieser einheitlichen Ordnung steht und im Makrokosmos, im Menschen und in der Anordnung der Sphären sichtbar ist. Dies ist es, was man die wahren Zeugen Seiner Einheit nennt, nämlich Universum, Seele, Jahr. Daraus ergibt sich ungefähr die folgende Tabelle

Drei Mütter: AM"S

Im Universum: Luft, Wasser, Feuer.

In der Seele: Brust, Bauch, Kopf.

Im Jahr: Nässe, Kälte, Hitze.
Sieben Doppelkonsonanten. Beth, Gimel, Daleth, Kaf, Pe, Resh, Tav.

Im Universum: Saturnus, Jupiter, Mars, Sonne, Venus, Merkur, Mond.

In der Seele: Weisheit, Reichtum, Regierung, Leben, Gnade, Nachkommenschaft, Frieden.

Im Jahr: Sabbat, Donnerstag, Dienstag, Sonntag, Freitag, Mittwoch, Montag.

Zwölf einfache Konsonanten: [ק צ ע ס נ ל י ט ח ז ו ה]
Im Universum: Widder, Stier, Zwillinge, Krebs, Löwe, Jungfrau, Waage, Skorpion, Bogenschütze, Kapern, Amphoren, Fische.

In der Seele: Organe des Sehens, des Hörens, des Riechens, des Sprechens, des Schmeckens, des Fühlens, Organe des Arbeitens, des Gehens, des Denkens, des Wütendseins, des Lachens und des Schlafens.

Im Jahr: Nisan, Iyyar, Sivan, Tammuz, Ab, Ellul, Tishri, Marheshwan, Kislev, Tebeth, Shebat Adar.

Eins auf drei, drei auf sieben und sieben auf zwölf. Alle diese Organe haben einen Punkt gemeinsam: die beratenden Nieren, die lachende Milz, die wütende Leber und den schlafenden Magen. Es ist nicht zu leugnen, dass die Nieren die Fähigkeit haben, gute Ratschläge zu erteilen, denn wir wissen, dass ein ähnlicher Umstand mit anderen Organen verbunden ist. Ein Eunuch ist von schwächerer Intelligenz als eine Frau; beiden fehlt der Bart und ein gesundes Urteilsvermögen. Die Milz wird "lachend" genannt, weil es in ihrer Natur liegt, sowohl Blut als auch Geist von unreinen und verdunkelnden Stoffen zu reinigen.

Wenn sie rein sind, entstehen Heiterkeit und Lachen. Die wütende Leber wird so genannt wegen der Galle, die von ihr ausgeht. Der Magen ist die Bezeichnung für die Verdauungsorgane. Das Herz wird nicht genannt, weil es das Hauptorgan ist, ebenso wenig das Zwerchfell und die Lunge, weil sie vor allem dem Herzen, dem übrigen Körper aber nur nebenbei dienen und ursprünglich nicht so gedacht waren. Die Aufgabe des Gehirns besteht darin, die verschiedenen Sinne zu sammeln, die mit ihm verbunden sind. Die Organe, die sich unterhalb des Zwerchfells befinden, haben ein anderes Geheimnis, denn sie repräsentieren die primäre Natur. Das Zwerchfell trennt die physische Welt von der tierischen, so wie der Hals die tierische von der rationalen Welt trennt, wie Platon im Timaios darlegt. Die Urmaterie hat ihren Ursprung in der physischen Welt, und hier ist der Ursprung des Seins zu finden. Von hier aus wird der Same ausgesandt und der Embryo aus den vier Elementen hervorgebracht. Hier wählte G-tt auch die Teile aus, die als Opfergaben verwendet werden, nämlich das Fett, das Blut, das Blutgefäß über der Leber und die beiden Nieren. Er wählte weder das Herz, noch das Gehirn, noch die Lunge, noch das Zwerchfell. Dies ist ein sehr tiefes Geheimnis, dessen Aufhebung verboten ist. Deshalb wird es gelehrt: Man soll das Werk der Schöpfung nicht untersuchen, außer unter seltenen Umständen. Das Buch sagt weiter: Sieben doppelte Konsonanten, sechs Ebenen für die sechs Seiten, und der heilige Tempel in der Mitte. Gesegnet sei Er von Seinem Ort; Er ist der Ort des Universums, aber das Universum ist nicht Sein

Ort. Dies ist eine Anspielung auf den g-ttlichen Einfluss, der die Gegensätze vereint. Das Buch vergleicht Ihn mit dem Mittelpunkt eines Körpers, der sechs Seiten und drei Dimensionen hat. Solange der Mittelpunkt nicht fest ist, können die Seiten nicht fest sein. Die Aufmerksamkeit wird ferner auf die Beziehung zwischen diesen und der Kraft gelenkt, die das Universum trägt und durch die die Gegensätze vereint werden, indem Vergleiche zwischen Universum, Seele und Jahr gezogen werden. Jedem von ihnen wird etwas gegeben, das seine Bestandteile begreift und ordnet. Der Drache im Universum ist wie ein König auf seinem Thron; die Sphäre im Jahr ist wie ein König auf dem Land; das Herz in der Seele ist wie ein König im Krieg. Drache ist der Name der Mondkugel und wird als Bezeichnung für die Welt der Vernunft verwendet, weil Dinge, die verborgen und von den Sinnen nicht wahrnehmbar sind, Drache genannt werden. Die "Sphäre" bezieht sich auf die Ekliptik der Sonnensphäre, denn sie regelt die Jahreszeiten. Das Herz regelt das tierische Leben und lenkt seine Gliederung. Die Bedeutung des Ganzen ist, dass die in allen drei sichtbare Weisheit und der g-ttliche Einfluss eins sind, während der Unterschied zwischen ihnen auf dem Unterschied der Materie beruht. Die Autorität, die die geistige Welt regiert, wird mit einem König auf seinem Thron verglichen, dessen Befehle oder selbst kleinste Andeutungen von seinen Dienern, hoch und niedrig, die ihn kennen, befolgt werden, ohne dass er oder sie sich bewegen. Wenn er die Sphären lenkt, wird er mit dem König auf dem Lande verglichen. Denn er muss sich an den

Grenzen zeigen, damit alle Teile ihn als einen gefürchteten und wohlwollenden Herrscher sehen. Wenn er die Tierwelt beherrscht, wird er mit einem König im Krieg verglichen, der von widersprüchlichen Gefühlen beherrscht wird; er wünscht seinen Freunden Erfolg und seinen Feinden Niederlage. Die Weisheit ist jedoch eine einzige. Aber die Weisheit, die sich in den Sphären zeigt, ist nicht größer als bei den kleinsten Tieren. Die ersteren sind zwar von höherem Rang, weil sie aus reiner und dauerhafter Materie bestehen, die nur von ihrem Schöpfer zerstört werden kann, während die Tiere aus einer Materie bestehen, die widersprüchlichen Einflüssen ausgesetzt ist, wie Hitze, Kälte und anderen, die ihre Natur beeinflussen. Die Zeit hätte sie zerstört, wenn die Vorsehung nicht das männliche und das weibliche Prinzip eingeführt hätte, um die Gattung trotz des Verfalls des Einzelnen zu erhalten. Dies ist eine Folge der Umdrehung der Sphäre wie auch des Auf- und Untergangs der Himmelskörper. Das Buch macht auf diesen Umstand aufmerksam und sagt, dass es keinen physischen Unterschied zwischen Frau und Mann gibt, außer bestimmten äußeren und inneren Organen. Die Anatomie lehrt, dass die weiblichen Genitalien nur die umgekehrten männlichen sind. Das Buch drückt dies so aus: Der Mann ist Alef, Mem, Shin; die Frau ist Alef, Shin, Mem; das Rad dreht sich vorwärts und rückwärts; oben nichts Besseres als Vergnügen, unten nichts Schlechteres als Verletzung. Das bedeutet, dass die Buchstabengruppen alef, mem, shin und alef, shin, mem; 'aynh, nun, gimel und nun, gimel, ayn immer dieselben sind, nur unterschiedlich gruppiert, so wie das Auf- und Untergehen der Sphäre unbeweglich bleibt und uns nur vor- und rückwärts zu bewegen scheint. Dann versinnbildlicht das Buch die menschlichen Organe auf folgende Weise: Zwei murmelnd, zwei jubelnd, zwei beratend, zwei jubelnd. Er stellt sie einander gegenüber, setzt sie in Opposition, wobei ein Teil der einen Seite mit einem der anderen verbündet ist, füreinander oder gegeneinander eintritt; die einen sind nichts ohne die anderen, aber alle sind miteinander verbunden. Die Anspielung ist klar, wenn man sie in ihrer Gesamtheit betrachtet, so schwierig es auch sein mag, sie im Einzelnen zu erklären, zu erklären, dass das Tier Gegensätze braucht, dass seine Erhaltung das Ergebnis dieses Kampfes ist, und dass es ohne diesen nicht existieren könnte. Nach der Aufzählung der Geschöpfe, an deren Spitze das edelste steht, nämlich der Geist des lebendigen G-ttes, sagt das Buch weiter: Erstens, der Geist des lebendigen G-ttes; zweitens, die Luft, die vom Geist ausgeht; drittens, das Wasser vom Wind; viertens, das Feuer vom Wasser. Das Element Erde wird nicht erwähnt, denn es bildet den groben Stoff der Geschöpfe, die alle aus Erde bestehen. Man sagt vielmehr: Dies ist ein feuriger Körper, oder ein atmosphärischer, oder ein wässriger. Deshalb stehen die drei Mütter, das Feuer, das Wasser und die Luft, an erster Stelle, aber vor ihnen kommt der Geist G-ttes, der Heilige Geist, aus dem die Engel geschaffen wurden und mit dem die Seele verbunden ist. Danach kommt die wahrnehmbare Atmosphäre, dann das Wasser, das sich oberhalb des Firmaments befindet und von der philosophischen Spekulation weder erfasst noch anerkannt wird. Eine Lösung könnte darin bestehen, dass es sich um die Zone intensiver Kälte handelt, die die Grenze der Wolken bildet. Darüber befindet sich der Äther, der der Ort des elementaren Feuers ist, wie es im Buch heißt: Feuer aus Wasser, oder wie die Thora sagt: Und der Geist G-ttes bewegte sich auf dem Gesicht des Wassers. Dieses Wasser ist der Urstoff, nicht qualifiziert, sondern tohu wabohu, der durch den umfassenden Willen G-ttes einen bestimmten Charakter und den Namen Geist G-ttes angenommen hat. Der Vergleich der Urmaterie mit Wasser ist sehr passend, denn aus einem Stoff, der feiner ist als Wasser, kann keine kompakte Substanz entstehen. Eine Substanz aber, die eine größere Dichte als Wasser hat, lässt wegen dieser Dichte die Einflüsse der Natur nicht zu. Nur irdische Materie kann bearbeitet werden, weil bei der Bearbeitung nur die Oberfläche des Materials, nicht aber alle seine Teilchen betroffen sind. Die Natur aber durchdringt die Atome. Es gibt folglich kein Naturprodukt, das nicht schon einmal in flüssigem Zustand existiert hätte. Wäre dies nicht der Fall, könnte man es nicht als natürliches, sondern nur als künstliches Münzpfund oder als zufälliges Gebilde bezeichnen. Die Natur kann ihren Einfluss nur auf flüssige Stoffe ausüben, die sie nach ihrem Willen formen, aber in Ruhe lassen kann, sobald es notwendig ist, dass sie hart werden. Dazu heißt es in dem Buch: "Er machte aus dem Chaos Substanz, und das Nichtvorhandene existierte. Er schnitzte große Säulen aus ungreifbarer

Luft. Weiter: Wasser aus Luft; er hat Tohu und Bohu, Schlamm und Lehm, geschnitzt und gehauen; er hat ·sie zu einer Art Blumenbeet gemacht, sie wie eine Mauer erhöht, sie wie einen Boden bedeckt, Wasser über sie gegossen, und sie wurden zu Staub. Tohu ist die grüne Linie, die das ganze Universum umgibt. Bohu sind die mit Schlamm bedeckten Steine, die im Ozean versenkt sind und zwischen denen Wasser hervorkommt.' In den folgenden Abschnitten wird das Geheimnis des heiligen Namens, nämlich des Tetragrammatons, erhellt, das dem Wesen des einen G-ttes entspricht, der ohne Quiddität ist. Denn die Quiddität eines Dinges liegt außerhalb seines Wesens, während die Existenz G-ttes mit seiner Quiddität identisch ist. Die Quiddität eines Dings ist seine Definition, und diese setzt sich aus der Art und der Teilbarkeit des definierten Dings zusammen. Die primäre Ursache aber hat weder Arten noch Teilbarkeit. Er kann daher nichts anderes sein als Er. Das Buch zeigt also, dass die Umdrehung der Kugel die Ursache für die Vielfalt der Dinge ist, und zwar mit folgenden Worten: Das Rad dreht sich vorwärts und rückwärts. Dies wird mit der Kombination einzelner Buchstaben verglichen, nämlich Alef in Kombination mit allen anderen, alle anderen mit Alef; Beth mit allen anderen, alle anderen mit Beth. Wenn man dies über das gesamte Alphabet fortsetzt, ergeben sich zweihunderteinunddreißig Kombinationen. Die Vielfalt wäre größer in Gruppen von drei und vier Buchstaben [was in der folgenden Formel ausgedrückt wird]: 'Drei Steine bauen sechs Häuser; vier Steine bauen vierundzwanzig Häuser;

geh und berechne das, was der menschliche Mund nicht ausdrücken und das Ohr nicht hören kann.' Es muss auch untersucht werden, wie sich die Dinge vor der Umdrehung der Kugel vervielfältigt haben, denn der Schöpfer ist einer, während die Kugel sozusagen sechs Seiten hat. Das Buch findet also in der geistigen Sprache einen Namen für den Schöpfer und wählt, um ihn in der physischen Sprache auszudrücken, die schlanksten Konsonanten, die im Vergleich zu den anderen Buchstaben wie ein Hauch sind, nämlich he, waw, yod. Das Buch sagt, dass der g-ttliche Wille, wenn er unter diesem großen Namen hervorgeht, alles ausführt, was G-tt wünscht. Es besteht kein Zweifel, dass Er und die Engel diese geistige Sprache sprechen und schon vor der Erschaffung der Welt alles wussten, was in der physischen Welt geschehen sollte, und auch, wie Sprache und Intelligenz von Ihm auf die Menschheit ausstrahlen würden, die in der Welt erschaffen werden sollte. Daraus folgt, dass die physische Welt in einer Weise erschaffen wurde, die mit dem greifbaren Element des heiligen und geistigen Namens übereinstimmt, der seinerseits mit dem greifbaren Namen YHW, YWH, HWY, HYW, WYH, WHY kongruent ist. Jede dieser Gruppen war für eine Richtung des Universums zuständig, und so entstand die Sphäre. Dies ist jedoch nicht zufriedenstellend, weil der Forschungsgegenstand entweder zu tiefgründig ist, um ergründet zu werden, oder unser Verstand unzureichend ist, oder aus beiden Gründen gleichzeitig. Philosophen, die über diese Dinge spekulieren, kommen zu dem Schluss, dass es nur einen Ursprung geben kann. Sie vermuteten einen Engel, der in der Nähe von G-tt steht und aus der ersten Ursache hervorgegangen ist. Diesem Engel schrieben sie zwei Eigenschaften zu: erstens das Bewusstsein seiner eigenen Existenz durch sein eigenes Wesen und zweitens das Bewusstsein, eine Ursache zu haben. Daraus resultierten zwei Dinge, nämlich ein Engel und die Sphäre der fixen Sterne. Aus seiner Erkenntnis der Hauptursache ging ein zweiter Engel hervor, und aus seinem Bewusstsein seiner Existenz ging die Sphäre des Saturnus hervor, und so weiter bis zum Mond und dem schöpferischen Intellekt. Die Menschen akzeptierten diese Theorie und ließen sich von ihr so sehr täuschen, dass sie sie für schlüssig hielten, weil sie den griechischen Philosophen zugeschrieben wurde. Es handelt sich jedoch um eine bloße Behauptung ohne Überzeugungskraft, gegen die sich verschiedene Einwände erheben lassen. Erstens: Aus welchem Grund hat diese Emanation aufgehört, ist die Hauptursache wirkungslos geworden? Zweitens könnte man fragen: Warum entstand aus der Erkenntnis des Saturnus von dem, was oben war, nicht ein Ding, und aus seiner Erkenntnis des ersten Engels ein anderes, so dass die saturninischen Emanationen vier zählten? Woher wissen wir überhaupt, daß, wenn ein Wesen sich seines Wesens bewußt wurde, eine Sphäre entstehen mußte, und daß aus der Erkenntnis der ersten Ursache ein Engel entstehen mußte? Wenn Aristoteles behauptet, dass er sich seiner Existenz bewusst war, kann man folgerichtig erwarten, dass eine Sphäre von ihm ausgeht, und wenn er behauptet, dass er die

Hauptursache erkannt hat, sollte ein Engel entstehen. Ich habe dir diese Grundzüge mitgeteilt, damit die Philosophen dich nicht verwirren und du denkst, du könntest deine Seele durch eine klare Beweisführung befriedigen, indem du sie befolgst. Diese Grundzüge sind für die Vernunft ebenso unannehmbar wie sie angesichts der Logik extravagant sind. Auch in diesem Punkt sind sich zwei Philosophen nicht einig, es sei denn, sie sind Schüler desselben Lehrers. Aber Empedokles, Pythagoras, Aristoteles, Platon und viele andere sind sich völlig uneinig.

26. Al Khazari: Warum sollten die Buchstaben H W Y oder ein Engel oder eine Kugel oder andere Dinge erforderlich sein, wenn wir an den g-ttlichen Willen und die g-ttliche Schöpfung glauben und wenn wir glauben, dass G-tt die unermessliche Vielfalt der Dinge und Arten in einem Augenblick erschaffen hat, wie es im Buch Genesis berichtet wird - dass er in alles die Fähigkeit der Erhaltung und Vermehrung gelegt hat und sie jeden Augenblick durch seine g-ttliche Macht aufrechterhält? Sagen wir nicht: Seine Gnade erneuert jeden Tag für immer das Werk der Schöpfung?!

27. Der Rebbi: Genau so, oh König der Chasaren, bei G-tt! Dies ist die Wahrheit, der wahre Glaube, und alles andere kann aufgegeben werden. Vielleicht war dies Abrahams Sichtweise, als ihm die g-ttliche Macht und Einheit vor der ihm zuteil gewordenen Offenbarung dämmerte. Sobald dies geschah, gab er alle seine Spekulationen auf und strebte nur noch danach, die Gunst G-ttes zu erlangen, nachdem er herausgefunden hatte, was das ist und wie und wo man sie erlangen kann. Die Weisen erklären die Worte: Und er brachte ihn in die Welt hinaus, so: Gib deine Horoskopie auf, das heißt: Gib die Astrologie ebenso auf wie jedes andere zweifelhafte Studium der Natur. Plato berichtet, dass ein Prophet, der zur Zeit des Königs Morinus lebte, prophetisch zu einem Philosophen sagte, der sich eifrig seiner Kunst widmete: Du kannst mich auf diesem Weg nicht erreichen, sondern nur diejenigen, die ich als Vermittler zwischen mich und die Menschen gestellt habe, nämlich die Propheten und das wahre Gesetz. Das Buch Yetzirah ist auf dem Geheimnis der zehn Einheiten aufgebaut, die in Ost und West gleichermaßen anerkannt sind, aber weder aus natürlichen Gründen noch aus rationaler Überzeugung. Die folgenden Sätze sind ein g-ttliches Geheimnis: Zehn Sefiroth ohne alles andere; schließe deinen Mund vom Sprechen, schließe dein Herz vom Denken. Wenn dein Herz wegläuft, kehre zu G-tt zurück; denn darüber sagt [der Prophet]: Laufen und zurückkehren. Auf dieser Grundlage wurde der Bund geschlossen. Ihr Maß ist zehn in unendlicher Folge, wobei das Ende mit dem Anfang und der Anfang mit dem Ende verbunden ist, wie eine Flamme, die mit der Kohle verbunden ist. Wisse, denke und überlege, dass der Schöpfer einer ist, ohne einen anderen, und es gibt keine Zahl, die du vor der einen zählen kannst. Das Buch schließt wie folgt: Sobald Abraham begriffen, nachgedacht, erkannt und klar erfasst hatte, offenbarte sich ihm der Herr des Universums, nannte ihn seinen Freund und schloss mit ihm einen Bund zwischen den zehn Fingern seiner Hand, was der Bund der Zunge ist, und zwischen den zehn Zehen seiner Füße, was der Bund der Beschneidung ist, und er sprach zu ihm das Wort: Bevor ich dich im Bauch formte, kannte ich dich.

28. Al Khazari: Geben Sie mir nun eine Vorstellung von den Erfolgen der Weisen in der Naturwissenschaft.

29. Der Rebbi: Ich habe dich bereits darauf aufmerksam gemacht, dass sie in echten astronomischen Beobachtungen so geübt waren, dass sie den Umlauf des Mondes kannten, der nach davidischer Überlieferung neunundzwanzig Tage, zwölf Stunden und siebenhundertdreiundneunzig Bruchteile [Chalakim] beträgt. Bis heute wurde kein Fehler darin gefunden. Sie berechneten auch das Sonnenjahr, wobei sie darauf achteten, dass das Pessachfest erst nach der Tekufah von Nisan fällt [Tekufot [hebräisch: תקופות, Singular: tekufah, wörtlich: Wende oder Zyklus, sind die vier Jahreszeiten, die von den Talmudschreibern anerkannt werden. Nach Samuel Yarḥinai markiert jede Tekufa den Beginn einer Periode von 91 Tagen und 7½ Stunden. Die vier Tekufot sind: A. Tekufat Nisan, die Frühlings-Tagundnachtgleiche, wenn die Sonne in den Widder eintritt; dies ist der Beginn des Frühlings oder Eit hazera [Saatzeit], wenn Tag und Nacht gleich sind. B. Tekufat Tammuz, die Sommersonnenwende, wenn die Sonne in den Krebs eintritt; dies ist die Sommerzeit oder Et ha-katsir [Erntezeit], wenn der Tag am längsten im Jahr ist. C. Tekufat Tishrei, die Herbsttagundnachtgleiche, wenn die Sonne in die Waage eintritt und der Herbst, oder Et ha-batsir [Erntezeit], beginnt, und wenn der Tag wieder gleich lang wie die Nacht ist. D. Tekufat Tevet, die Wintersonnenwende, wenn die Sonne in den Steinbock eintritt; dies ist der Beginn des Winters oder Et ha-ḥoref [Winterzeit], wenn die Nacht die längste im Jahr ist], wie einige von ihnen erklärten: Wenn ihr seht, dass die Tagundnachtgleiche von Nisan auf den sechzehnten Nisan fallen würde, dann macht das Jahr zu einem embolischen Jahr, damit das Passahfest nicht in die Winterzeit fällt. G-ttes Gebot legte das Fest mit den Worten fest: Haltet den Monat Abib ein. Der Tekufah, wie er vom Volk angenommen wird, ist nicht der wahre, sondern nur ein Näherungswert aufgrund der Einteilung des Jahres in vier Jahreszeiten, nämlich einundneunzig Tage und siebeneinhalb Stunden. Nach dieser Berechnung würde das Passahfest in den Winter fallen. Dies veranlasste die Christen, die Juden anzugreifen und zu glauben, dass diese die Grundlage ihres Glaubens verloren hätten. Sie selbst sind ohne Grundlage, da ihr Ostern nach ihrer Berechnung der allgemein bekannten Tagundnachtgleiche vor dem Frühlingsanfang liegen würde. Sie achteten jedoch nicht auf die wahre Tagundnachtgleiche, die geheim gehalten wurde und nicht zur allgemeinen Kenntnis gelangte. Nach ihren Berechnungen fällt Pessach nie anders, als wenn die Sonne den Kopf des Widders erreicht hat, wenn auch nur um einen Tag. In den letzten tausend Jahren ist kein Fehler aufgetreten, und dies stimmt mit der Berechnung von Al Battani überein, die höchst korrekt und genau ist. Die Umdrehungen der Sonne und des Mondes können nur durch eine genaue Kenntnis der Astronomie berechnet werden. Das Problem des Satzes: Wenn der Neumond vor dem Mittag erscheint, usw... wurde bereits diskutiert. Es gibt ein Buch zu diesem speziellen Thema mit dem Titel Kapitel von Rebbi Eliezer, in dem wir Abhandlungen über die Ausdehnung des Globus und jeder Sphäre, die Natur der Sterne, die Tierkreiszeichen, Konstellationen, Häuser, glückliche Omen, gute und böse Einflüsse, Auf- und Abstiege, Erhebungen und das Ausmaß ihrer Bewegungen finden. Er war einer der bekanntesten Ärzte der Mischna. Samuel, einer der Ärzte des Talmuds, sagte: Die Straßen des Himmels sind mir so vertraut wie die Straßen von Nehardaea. Sie widmeten sich diesem Studium nur im Dienste des Gesetzes, denn die Berechnung der Umdrehung des Mondes mit den Störungen seiner Bahn stimmte nicht vollständig mit der Berechnung der Zeit seiner Konjunktion mit der Sonne, der Molad, überein. Die Zeit, in der der Mond vor dem Molad und auch unmittelbar danach nicht sichtbar ist, kann nur mit Hilfe fundierter astronomischer Kenntnisse berechnet werden. In ähnlicher Weise kann das Wissen über die Veränderungen der vier Jahreszeiten nur mit Hilfe der Kenntnis der niedrigsten und höchsten Punkte und der verschiedenen Aufstiege der Sterne sowie ihrer Veränderungen richtig erlangt werden. Wer sich mit diesem Studium befasst, muss auch das Wissen über die Sphären mit einbeziehen. Die bemerkenswerte Kenntnis der Naturgeschichte, die sich in den Sprüchen der Weisen zeigt, ohne dass sie die Absicht hatten, diese Wissenschaft zu lehren, ist ganz erstaunlich. Welche Bücher müssen deiner Meinung nach selbst den Studenten unter ihnen zur Verfügung gestanden haben?

30. Al Khazari: Ich frage mich, wie es sein kann, dass die Bücher, die zu diesem Zweck geschrieben wurden, verloren gingen, während diese beiläufigen Sprüche gerettet wurden.

31. Der Rebbi: Denn ihr Inhalt blieb in den Köpfen einiger weniger Menschen, von denen nur einer ein Astronom, ein anderer ein Arzt oder ein Anatom war. Wenn ein Volk untergeht, dann verschwinden zuerst die höheren Schichten und mit ihnen die Literatur. Es bleiben nur die Gesetzesbücher übrig, die das Volk braucht, auswendig kennt, abschreibt und bewahrt. Was immer von diesen Wissenschaften in den talmudischen Gesetzbüchern enthalten war, wurde so durch den Eifer vieler Studenten geschützt und bewahrt. Dazu gehört alles, was die Regeln für das Schlachten von Vieh oder die Unzulässigkeit des Verzehrs betrifft. Vieles davon blieb Galen unbekannt. Wenn das nicht so wäre, warum erwähnt er dann nicht die leicht erkennbaren Krankheiten, auf die das Gesetz aufmerksam macht. Dazu gehören Krankheiten der Lunge und des Herzens, Wucherungen an letzterem und an seinen Seiten, das Zusammenwachsen der Lungenflügel, Mangel oder

Überschuss derselben, oder wenn sie ausgetrocknet oder zerfetzt sind. Ihre Bekanntschaft mit den lebenswichtigen und vegetativen Organen zeigt sich in folgendem Satz: Das Gehirn hat zwei Häute, denen zwei an den Hoden entsprechen. Am unteren Ende des Schädels befinden sich zwei bohnenförmige Wucherungen, in denen sich das Gehirn befindet, außen die Wirbelsäule. Weiteres: Es gibt drei Arterien; eine führt zum Herzen, die zweite zur Lunge und die dritte zur Leber. Sie unterschieden zwischen tödlichen und weniger gefährlichen Krankheiten mit den folgenden Worten: Wenn die Haut der Wirbelsäule erhalten ist, bleibt das Mark unversehrt. Derjenige, dessen Knochenmark weich wird, kann keine Kinder zeugen. Weiter: Eine Haut, die sich infolge einer Wunde an der Lunge bildet, ist keine echte Haut. Die Vorschrift über die "Sehne, die schrumpft", gilt nicht für Vögel, weil sie keine Hüftmulde haben. Erwähnenswert sind die folgenden Vorschriften: Der Mageninhalt eines rechtmäßigen Tieres, das von einem unrechtmäßigen gesäugt wird, ist unrechtmäßig, aber der Mageninhalt eines unrechtmäßigen Tieres, das von einem rechtmäßigen gesäugt wird, ist rechtmäßig, weil die Milch in den Eingeweiden fest wird. Sehr tiefgründig, wenn auch jenseits unserer Vorstellungskraft, ist das folgende Verbot: Fünf Kutikula sind unzulässig, nämlich die des Gehirns, der Hoden, der Milz, der Nieren und des unteren Endes der Wirbelsäule; alle diese sind unzulässig zu essen. Sie haben auch sehr geschickt die Höhe bestimmt, aus der ein Sturz ein Tier wegen Zertrümmerung der Gliedmaßen unzulässig macht, d.h. das Zerreißen von Gliedmaßen, das sein Leben gefährdet. Sie sagen wie folgt: Wenn man ein Tier oberhalb eines Bauwerks zurückgelassen hat und es unten wiederfindet, ist das Zerbrechen von Gliedmaßen nicht zu befürchten, weil das Tier sich selbst misst, was bedeutet, dass das Tier misst und sich auf den Sprung vorbereitet, ohne Schaden zu nehmen. Dies wäre nicht der Fall, wenn es gestoßen würde. Das Springen wird durch Geistesgegenwart unterstützt, während ein Schubser Angst erzeugt. Interessant ist auch die folgende Regelung: Die natürlich verkleinerte Lunge ist rechtmäßig, die künstlich verkleinerte ist wegen "Schrumpfung" unrechtmäßig. Das kann man prüfen, indem man sie vierundzwanzig Stunden in lauwarmes Wasser legt. Wenn sie wieder ein gesundes Aussehen annimmt, ist sie rechtmäßig, sonst nicht. Wenn die Lunge die Farbe von Antimon hat, ist sie rechtmäßig, wenn sie wie Tinte ist, ist sie unrechtmäßig, denn diese Schwärze ist eine krankhafte Umwandlung von Rot. Die gelbe Lunge ist rechtmäßig. Wenn eine Lunge teilweise rot ist, ist sie rechtmäßig, aber ungesetzlich, wenn sie ganz rot ist. Ein Kind mit einer gelblichen Färbung wurde vor Rebbi Nathan von Babylon gebracht, der entschied: Wartet, bis das Blut zurückgegangen ist. Er wollte damit sagen, dass die Beschneidung erst dann stattfinden sollte, wenn sich das Blut über den ganzen Körper verteilt hatte. Dies wurde getan, und das Leben des Kindes wurde gerettet, obwohl andere Kinder der gleichen Mutter bald nach der Beschneidung gestorben waren. Später wurde ein Kind mit einer rötlichen Färbung vorgeführt, und er sagte: "Wartet, bis das Blut absorbiert worden ist. Das Kind war daraufhin gerettet und wurde nach ihm benannt: Nathan Habbabli. Sie sagten weiter: Erlaubtes Fett kann eine innere Wunde verschließen, aber nicht unerlaubtes Fett. Eine sehr akute Entscheidung ist die folgende: Wenn eine Nadel in der dicken Wand des Magens zusammen mit einem Blutstropfen gefunden wird, [muss sie eingedrungen sein, bevor das Tier getötet wurde], wenn kein Blut sichtbar ist, muss sie danach eingedrungen sein. Dies hat Auswirkungen auf die Gültigkeit des Verkaufs, da nach der Tötung kein Blut an die Nadel gelangen konnte, da das Blut in einem toten Tier nicht fließt. Der Käufer kann daher das Tier nicht an den Verkäufer zurückgeben. Wenn jedoch Blut gefunden wird, kann er es mit der Begründung zurückgeben: Du hast mir ein Tier verkauft, das sterben könnte. Ein Schorf auf einer Wunde zeigt, dass diese drei Tage alt war, bevor das Tier getötet wurde; wenn kein Schorf zu sehen ist, muss der Kläger andere Beweise vorlegen. Die Merkmale eines sauberen Vogels sind die folgenden: Lege den Vogel auf ein gespanntes Seil; wenn er seine Krallen zweimal teilt, ist er ein unreiner Vogel, wenn er sie dreimal teilt, ist er ein sauberer. Und weiter: Jeder Vogel, der seine Nahrung in der Luft fängt, ist unrein, ein Vogel, der mit notorisch Unreinen zusammenlebt, wie der Star unter den Raben, ist von demselben Charakter. Ein Symptom der Geburt ist bei Kleinvieh der Blutfluss; bei Großvieh die Nachgeburt; bei der Frau: Plazenta und Nachgeburt. Sehr seltsam sind die Sprüche über das

Gift, das in den Krallen bestimmter Tiere enthalten ist: Katze, Sperber und Schwalbe stoßen Gift in Zicklein und Lämmer; das Wiesel verwundet Vögel. Der Fuchs und der Hund übertragen kein Gift. Das Gift wird durch die Klaue, aber nicht durch die Zähne übertragen; nur durch die Vorderpfote, aber nicht durch die Hinterpfote; nur wenn das Tier es absichtlich tut und lebendig ist. All dies bedeutet, dass ein Tier ein anderes nur dann vergiften kann, wenn es absichtlich, aber nicht zufällig zuschlägt, oder wenn die Klaue ohne Reißabsicht im Fleisch stecken bleibt. Der Zusatz "lebendes Tier" ist daher höchst bemerkenswert. Denn würde der schlagende Fuß abgetrennt und die Klaue im Fleisch der Wunde des anderen Tieres verbleiben, so findet keine Vergiftung statt, weil das Gift erst dann übertragen wird, wenn die Klaue herausgezogen wird, weshalb die Worte "bei lebendigem Leib" absichtlich nach "absichtlich" gesetzt werden. Sie sagen weiter: Wenn die Leber bis auf die Größe einer Olive in der Nähe der Galle, ihrer natürlichen Stelle, fehlt, ist das Tier rechtmäßig. Auf der Lunge ist die Materie unschädlich, aber nicht auf den Nieren. Klares Wasser und ein Loch sind unschädlich für die Niere, aber tödlich für die Lunge. Wenn ein Tier gehäutet wurde, reicht ein münzgroßes Stück an der Wirbelsäule aus, um das Tier rechtmäßig zu machen. Die Mischna enthält auch Vorschriften über unerlaubte Nahrung, Fehler von erstgeborenen Tieren, Fehler von Priestern, zu viele, um sie aufzuzählen, geschweige denn, sie zu kommentieren. Abgesehen davon wird die Anatomie des Skeletts in

einer sehr knappen, aber klaren Beschreibung
wiedergegeben. Ein bewundernswertes Sprichwort
lautet: Wenn die Därme herausragen, aber kein Loch
aufweisen, ist das Tier rechtmäßig. Die Mischna fügt
jedoch hinzu, dass dies nur dann der Fall ist, wenn sie
nicht umgedreht worden sind. Wenn dies geschehen
ist, ist das Tier unzulässig; denn es steht geschrieben:
Er hat dich erschaffen und festgesetzt, was bedeutet,
dass G-tt den Menschen als ein festes Wesen
erschaffen hat. Wenn eines seiner Organe verkehrt
wäre, könnte er nicht leben. Die Weisen
unterscheiden außerdem die verschiedenen
Erscheinungsformen von Blutabgang oder Wunden
und Hämorrhoiden, die Regeln der Menstruation und
des männlichen Abgangs, die Symptome des
Aussatzes und andere Dinge, die zu tief gehen, als
dass wir sie verstehen könnten.

Sefer Ha'Kuzari

Buch des Chasaren

Fünfter Essay

1. AL KHAZARI: Ich muss dich bemühen, mir eine klare und präzise Abhandlung über religiöse Prinzipien und Axiome nach der Methode der Mutakallim zu geben. Lass mich sie genau so hören, wie du sie studiert hast, damit ich sie annehmen oder widerlegen kann. Da mir kein vollkommener, von Zweifeln freier Glaube zuteil geworden ist und ich früher skeptisch war, meine eigenen Meinungen hatte und mich mit Philosophen und Anhängern anderer Religionen austauschte, halte ich es für sehr vorteilhaft, zu lernen und mich zu unterrichten, wie man gefährliche und törichte Ansichten widerlegt. Die Tradition an sich ist eine gute Sache, wenn sie die Seele befriedigt, aber eine beunruhigte Seele zieht die Forschung vor, besonders wenn die Untersuchung zur Überprüfung der Tradition führt. Dann werden Wissen und Tradition miteinander verbunden.

2. Der Rebbi: Wo ist die Seele, die stark genug ist, sich nicht von den Ansichten von Philosophen, Wissenschaftlern, Astrologen, Adepten, Magiern, Materialisten und anderen täuschen zu lassen, und die einen Glauben annehmen kann, ohne zuvor viele Stufen der Häresie durchlaufen zu haben? Das Leben ist kurz, aber die Arbeit lang. Es gibt nur wenige, für die der Glaube eine Selbstverständlichkeit ist, die alle diese Ansichten meiden und deren Seele immer die Punkte des Irrtums in ihnen erkennt. Ich hoffe, dass du einer von diesen wenigen bist. Da ich nicht widerstehen kann, werde ich dich nicht auf den Weg der Karaiten führen, die die Höhen der Metaphysik ohne Zwischenstufen erklommen haben. Ich werde dir einen klaren Standpunkt geben, der dir helfen wird, klare Vorstellungen von Materie und Form, Elementen, Natur, Seele, Intellekt und Metaphysik im Allgemeinen zu gewinnen. Danach werde ich dir so kurz wie möglich beweisen, dass die vernunftbegabte Seele ohne einen Körper existieren kann; ferner, dass es eine jenseitige Belohnung, Vorsehung und Allmacht gibt. Was die materiellen Gegenstände betrifft, so können wir ihre Quantität und Qualität mit unseren Sinnen wahrnehmen, während die Vernunft behauptet, dass sie von einem schwer vorstellbaren Drehpunkt getragen werden. Wie kann man sich ein Ding vorstellen, das weder Quantität noch Qualität hat? Die Einbildungskraft leugnet seine Existenz, aber die Vernunft antwortet, dass Quantität und Qualität Akzidenzien sind, die keine unabhängige Existenz haben, sondern notwendigerweise einen Gegenstand haben müssen, der sie trägt. Die Philosophen nennen diesen Gegenstand Materie und fügen hinzu, dass unsere Intelligenz seine Bedeutung nur unvollkommen erfasst, da Unvollkommenheit seine Natur ist; dass er nicht wirklich existiert und daher kein Prädikat beanspruchen kann, und obwohl er nur virtuell existiert, ist sein Prädikat körperlich. Aristoteles sagt, dass es sich sozusagen schämt, nackt zu erscheinen, und sich deshalb nur mit einer Form bekleidet zeigt. Manche glauben, dass das "Wasser", von dem im biblischen Schöpfungsbericht die Rede ist, eine Bezeichnung für diese Materie ist, und dass "der Geist des Herrn, der über der Wasseroberfläche schwebte", nur den g-ttlichen Willen ausdrückt, der alle Atome der Materie durchdringt, mit dem er tut, was, wie und wann er will, wie der Töpfer mit dem formlosen Ton. Die Abwesenheit von Form und Ordnung wird Dunkelheit und tohu wabohu genannt. Danach ordnete der weise, g-ttliche Wille die Umdrehung der obersten Sphäre an, die in vierundzwanzig Stunden eine Umdrehung vollzieht und alle anderen Sphären mitreißt. Dadurch erfuhr die Materie, die die Mondsphäre füllt, eine Veränderung, die mit den Bewegungen der Sphären übereinstimmte. Der erste Prozess bestand darin, dass die Luft in der Nähe der Mondkugel heiß wurde, weil sie der Peripherie am nächsten war. So wurde sie zu einem ätherischen Feuer, das die Naturphilosophen Elementarfeuer nennen, das weder Farbe noch Verbrennung hat und eine feine, zarte und leichte Substanz ist. Sie wird die Feuerkugel genannt. Danach kommt die Wasserkugel und dann die Erdkugel, die ein schweres und kompaktes Zentrum bildet, da sie am weitesten von der Peripherie entfernt ist. Dies sind die vier Elemente, aus deren Vermischung alle Dinge hervorgehen.

3. Al Khazari: Nach Meinung der Philosophen, wie ich sehe, entstehen die Dinge durch Zufall, denn sie sagen, dass das, was zufällig am nächsten an der

Kugel war, zu Feuer wurde, und das, was am weitesten entfernt war, zu Erde, während der mittlere Teil, je nach Nähe zum Rand oder zum Zentrum Luft oder Wasser wurde.

4. Der Rebbi: Doch die Notwendigkeit zwingt sie dazu, eine g-ttliche Weisheit in der Unterscheidung eines Elements vom anderen anzuerkennen. Das Feuerelement wird von dem atmosphärischen Element, das letztere von dem des Wassers und das wässrige von dem irdischen nicht durch Menge oder Stärke unterschieden, sondern durch die jedem Element eigene Form; das eine wird zu Feuer, das andere zu Luft, das dritte zu Wasser und das letzte zu Erde gemacht, sonst könnte man sagen, dass die ganze Sphäre mit erdiger Materie angefüllt ist, aber dass ein Teil feiner als der andere ist. Ein anderer kann behaupten, dass sie ganz aus Feuer besteht, nur die unteren Teile sind dichter und kühler. Wir sehen, dass die Sphären der Elemente einander berühren, aber jede ihre Form und Besonderheit bewahrt. Wir sehen, wie Luft, Wasser und Erde an einem Ort in Berührung sind, ohne sich gegenseitig zu absorbieren, bis sie durch andere Ursachen ineinander übergehen. Das Wasser nimmt die Form der Luft an, die Luft die Form des Feuers, und dann nimmt das Element mit Recht den Namen des anderen an. Da die Stoffe, abgesehen von ihren Zufällen, durch ihre Formen unterschieden werden, fanden es die Philosophen richtig, die Tätigkeit eines g-ttlichen schöpferischen Intellekts zu behaupten, der diese Formen verleiht, so wie er sie auch den Pflanzen und Tieren verliehen hat, die alle aus den vier Elementen bestehen. Die Rebe und die Palme unterscheiden sich nicht durch zufällige Eigenschaften, sondern durch Formen, die die Substanz der einen von der Substanz der anderen unterscheiden. Zufällige Eigenschaften würden nur eine Rebe von der anderen und eine Palme von der anderen unterscheiden, die eine schwarz, die andere weiß, die eine süßer, die eine länger oder kürzer, die eine dicker oder dünner als die andere. Die Formen der Substanzen haben keine Quantität; ein Pferd kann nicht weniger pferdeartig sein als ein anderes, und ein Mensch nicht menschlicher als ein anderes, denn die Begriffe "pferdeartig" und "menschlich" sind jedem einzelnen Pferd und Menschen gemeinsam. Die Philosophen erkannten unwillkürlich an, dass diese Formen nur durch den g-ttlichen Einfluss gegeben werden können, den sie formgebende Intelligenz nennen.

5. Al Khazari: Das ist, so wie du lebst, Glaube, da die Vernunft uns zwingt, so etwas anzuerkennen. Wie können wir nun von Zufällen sprechen, oder warum sagen wir nicht, dass derjenige, der durch eine im Einzelnen unbegreifliche Weisheit dieses Wesen zum Pferd und das andere zum Menschen gemacht hat, derselbe ist, der das Feuer zum Feuer und die Erde zur Erde gemacht hat, und zwar durch eine von G-tt geschaute Weisheit, nicht aber durch zufällige Nähe oder Entfernung von der Kugel.

6. Der Rebbi: Das ist das religiöse Argument. Der

Beweis dafür ist in den Kindern Israels zu finden, um derentwillen Veränderungen in der Natur bewirkt und neue Dinge geschaffen wurden. Wenn dieser Beweis wegfällt, könnten dein Gegner und du übereinstimmen, dass ein Weinstock an diesem Ort wuchs, weil ein Samen zufällig dorthin fiel. Das Samenkorn nahm seine Form nur zufällig an, weil die Umdrehung der Sphäre zu einer Konstellation führte, die eine Vermischung der Elemente verursachte, die das hervorbrachte, was du jetzt siehst.

7. Al Khazari: Ich sollte meinen Gegner auf die oberste Kugel und ihren Beweger hinweisen und ihn fragen, ob dies das Ergebnis eines Zufalls ist oder nicht. Ich sollte ihn weiter auf die sphärischen Konstellationen verweisen, die unbegrenzt sind. Wir sehen jedoch, dass die Anzahl der Formen des tierischen und pflanzlichen Lebens nicht unbegrenzt ist und weder eine Vermehrung noch eine Verringerung zulässt. Man könnte meinen, dass neue Konstellationen neue Formen hervorbringen würden und andere aussterben würden.

8. Der Rebbi: Dies ist umso richtiger, als wir bei vielen die ihnen innewohnende Weisheit und den Zweck verstehen, wie Aristoteles in seiner Abhandlung über den Nutzen der Tierarten oder Galen in "Der Nutzen der Organe", ganz zu schweigen von anderen wunderbaren Leistungen der g-ttlichen Weisheit. Bei den Haustieren, wie Schafen, Rindern, Pferden und Eseln, ist es klar, dass sie zum Nutzen des Menschen geschaffen wurden. Denn in ihrem wilden Zustand sind sie unvollkommen, aber nützlich, wenn sie domestiziert werden. Davids Anspielung in den Worten: Wie groß sind deine Werke, oh Herr, dient dazu, Epikurs Ansicht zu widerlegen, dass das Universum durch Zufall entstanden ist.

9. Al Khazari: Erläutern Sie mir, auch wenn es eine Abschweifung sein mag, die Bedeutung dieses Psalms.

10. Der Rebbi: Sie verläuft parallel zur Schöpfungsgeschichte. Die Worte: Er, der sich mit Licht bedeckt, entspricht: Es werde Licht, und es ward Licht. Die Worte: Er breitet den Himmel aus wie einen Teppich, entsprechen "Es werde ein Gewölbe"; die Worte: Er, der die Strahlen ausbreitet, zu - das Wasser über dem Himmelsgewölbe. Dann beschreibt er die atmosphärischen Erscheinungen, die Wolken, die Winde, die Feuer, die Blitze und den Donner, die alle unter G-ttes Führung stehen, wie es geschrieben steht: Denn durch sie richtet er das Volk. Im Psalm wird dies mit den Worten beschrieben: Er, der die Wolken zu seinem Wagen macht, der auf den Flügeln der Winde geht, der die Winde zu seinen Boten macht und seine Diener zu flammendem Feuer. Das bedeutet, dass Er sie dorthin schickt, wohin Er will und mit welchem Auftrag Er will. So weit die Phänomene der Atmosphäre. Der Psalm geht dann über zu - lass die Wasser ... sich sammeln ... und das trockene Land erscheinen, was eine Parallele zu ist: 'Er gründete die Erde auf ihren Grund'. Seiner Natur nach würde sich das Wasser über der Erde schließen und sie ganz bedecken, Hügel und Täler, wie ein Gewand, wie es im Psalm heißt: "Mit der Flut wie mit einem Gewand hast du sie bedeckt; das Wasser steht über den Bergen". Die g-ttliche Vorsehung hat jedoch ihre natürliche Neigung aufgehoben und sie in die Tiefe des Ozeans hinabgeschickt, um die Tiere entstehen und G-ttes Weisheit erscheinen zu lassen. Die Worte: Auf deinen Tadel hin fliehen sie, beschreiben den Rückzug des Wassers in den Meeren und unter der Erde. Auf denselben Zustand spielen auch die Worte an: Ihm, der die Erde über den Wassern ausbreitete", ein Satz, der in scheinbarem Widerspruch zu dem anderen steht: "Mit der Flut wie mit einem Gewand hast du sie bedeckt", wobei der letztere Satz der Natur des Wassers entspricht, während der erste die Weisheit und Allmacht G-ttes beschreibt. Dann fährt der Psalm fort: Du hast eine Schranke gesetzt, dass sie nicht hinübergehen und sich nicht wieder umdrehen, um die Erde zu bedecken. All dies ist zum Nutzen der Menschen gedacht. Durch bestimmte geschickte Bauwerke und Dämme hält der Mensch die Fluten der Flüsse zurück und nutzt nur so viel Wasser, wie er für Mühlen und Bewässerung benötigt. Im Psalm heißt es nun: Er lässt Quellen in den Tälern entspringen, damit sie allen Tieren in der Ebene zu trinken geben, sobald die wilden Tiere geschaffen sind. Die Worte: Auf ihnen wohnen die Vögel des Himmels. beziehen sich auf die Erschaffung der Vögel. Der Psalm geht dann weiter zu "Die Erde soll hervorbringen". Mit den Worten: Den Bergen gibt er zu trinken aus seinen oberen Gemächern. Dies ist nur ein anderer Ausdruck für: Es stieg aber ein Nebel von der Erde auf. ebenfalls zum Nutzen Adams und seiner Nachkommenschaft. Im Psalm heißt es: "Er lässt Gras sprießen für das Vieh, damit das Gras nicht verachtet wird, denn es dient den Haustieren, Rindern, Schafen und Pferden. Dies wird mit den Worten beschrieben: Der Dienst des Menschen, d.h. der Ackerbau, durch den er Getreide für sich selbst erzeugt, wie es in den Worten ausgedrückt wird: 'Brot aus der Erde hervorbringen. Dies ist eine Parallele zu dem Vers: Siehe, ich habe euch jedes Kraut gegeben, das Samen trägt, nämlich das Korn für den Menschen, und die Spreu für die übrigen Geschöpfe, wie es heißt: "Und jedem Tier auf Erden und jedem Vogel unter dem Himmel ... jedes grüne Kraut zur Speise. Der Psalm erwähnt dann die drei Nahrungsmittel, die aus dem Boden gewonnen werden, nämlich Korn, Wein und Öl, die in dem Begriff leḥem enthalten sind, und ihre Verwendungszwecke wie folgt: Wein, der das Herz des Menschen erfreut, um sein Gesicht leuchten zu lassen, mehr als Öl, und Brot, nämlich der Laib, der das Herz des Menschen bewahrt. Dann erwähnt er die Bedeutung des Regens für die Bäume mit den Worten: Die Bäume des Herrn werden satt. Diese hohen Bäume haben einen Nutzen für einige Tiere, wie es in den Worten ausgedrückt wird: Die Vögel bauen dort ihre Nester, so wie die hohen Berge anderen Tieren dienen, nämlich: "Die hohen Berge sind für die wilden Ziegen, die Felsen eine Zuflucht für die Kegel. So weit die Beschreibung des trockenen Landes. Der Psalm geht dann auf die biblischen Worte ein: Es sollen Lichter sein wie folgt: Den Mond machte er, um die Zeit zu messen. Danach wird der Nutzen der Nacht erwähnt, der nicht dem Zufall, sondern der Absicht entspringt. Es gibt keine Belanglosigkeit in seinem Werk, auch nicht in den zufälligen Folgen desselben. Die Nacht ist nur die Zeit der Abwesenheit des Sonnenlichts, die jedoch zu einem bestimmten Zweck eingesetzt wurde. Dies kommt in den Worten zum Ausdruck: Du machst die Finsternis, und es ist Nacht. Es folgt die Beschreibung der für den Menschen gefährlichen Tiere, die nachts ausziehen und sich tagsüber verstecken, während der Mensch und die Haustiere nachts schlafen und tagsüber umherziehen. Der Mensch geht hinaus zu seiner Arbeit und zu seinem Werk bis zum Abend. Nachdem wir also alle Landtiere in die Betrachtung der Flüsse und der himmlischen Lichter einbezogen und auch den Menschen erwähnt haben, bleiben nur noch die im Wasser lebenden Tiere übrig, deren Leben uns nur sehr wenig bekannt ist, weil die g-ttliche Weisheit, die ihnen zuteil geworden ist, uns nicht so offensichtlich ist wie bei den ersteren. Wenn der Psalmist von der sichtbaren Weisheit spricht, bricht er in ein Loblied aus und sagt: "Wie mannigfaltig sind deine Werke, o Herr. Dann nimmt er das Thema des Ozeans und der darin befindlichen Dinge wieder auf und schließt mit den Worten: Die Herrlichkeit des Herrn währet ewiglich; der Herr freue sich seiner Werke. Dies ist eine Wiedergabe der Worte: Und G-tt sah alles an, was er gemacht hatte, und siehe, es war sehr gut. Zugleich ist es eine Anspielung auf den siebten Tag in den Worten: Er ruhte, er segnete, er heiligte, denn er bezeichnete die Vollendung der Werke der Natur, die eine zeitliche Begrenzung hatten, und stellte den Menschen auf eine Stufe mit den Engeln, die als Geister über den natürlichen Trieben stehen und in ihren Werken nicht an die Zeit gebunden sind. Der Intellekt kann sich, wie wir sehen, Himmel und Erde in einem Augenblick vorstellen. Dies ist die Welt des himmlischen Lebens und der Glückseligkeit, in der die Seele in dem Augenblick, in dem sie sie erreicht, Ruhe findet. Lassen Sie uns nun die Diskussion über die Meinung der Philosophen fortsetzen, dass die Elemente, die entsprechend der Vielfalt der Klimazonen, der Atmosphäre und der Konstellationen verschiedene Kombinationen eingegangen sind, eine Vielfalt von Formen vom Geber der Formen erhalten haben. Alle Mineralien sind daher nur die Summe der spezifischen Kräfte und Fähigkeiten. Andere behaupten, dass die Kräfte und Qualitäten der Mineralien nur das Ergebnis von Kombinationen sind und folglich keine Formen g-ttlichen Ursprungs benötigen. Letztere sind nur für Pflanzen und Tiere notwendig, denen eine Seele zugeschrieben wird. Je feiner diese Mischung ist, desto edler ist die ihr eigene Form, in der sich die g-ttliche Weisheit in höherem Maße manifestiert. Sie wird zu einer Pflanze, die eine gewisse Empfindung und Wahrnehmung besitzt, in die Erde eindringt und sich von guter, feuchter Erde und süßem Wasser ernährt, wobei sie den Gegensatz vermeidet. Auf diese Weise wächst er, bis er zum Stillstand kommt, nachdem er einem anderen, ihm ähnlichen Samen das

Leben geschenkt und ihn hervorgebracht hat. Dieser Same verfolgt dann, gemäß einer ihm eingepflanzten Weisheit, einen ähnlichen Weg. Die Philosophen nennen dies Natur oder vielmehr Kräfte, die über die Erhaltung der Art wachen, da das Wesen des Einzelnen nicht erhalten werden kann, da es aus verschiedenen Bestandteilen zusammengesetzt ist. Ein Ding, das diese Kräfte des Wachstums, der Vermehrung und der Ernährung besitzt, ist frei von der Kraft der Bewegung und wird nach Meinung der Philosophen von der Natur gelenkt. In der Tat ist es G-tt, der es in einem bestimmten Zustand steuert. Nenne diesen Zustand, wie du willst, Natur, Seele, Kraft oder Engel. Ist die Mischung noch feiner und geeignet, von der g-ttlichen Weisheit geprägt zu werden, wird sie mit einer höheren Form als der bloßen physischen Kraft begünstigt. Sie ist in der Lage, ihre Nahrung aus der Ferne zu holen, und besitzt Organe, die ihr unterworfen sind und sich nur auf ihr Verlangen hin bewegen können. Es hat mehr Kontrolle über seine Teile als die Pflanze, mit der der Wind spielt, die weder Schaden abwehren noch das erlangen kann, was ihr nützlich ist. Das Tier hat Gliedmaßen, um sich von Ort zu Ort zu bewegen. Die Form, die ihm über sein physisches Leben hinaus zugewiesen ist, wird Seele genannt. Die Seelen sind sehr unterschiedlich, je nachdem, ob das eine oder das andere der vier Elemente überwiegt. Die Weisheit der Vorsehung hat auch jedes Lebewesen zum Nutzen der ganzen Welt geschaffen. Wir wissen vielleicht nicht, wozu die meisten von ihnen dienen, ebenso wenig wie wir die Geräte eines Schiffes kennen und sie deshalb für nutzlos halten, während der Kapitän und Erbauer des Schiffes dies weiß. Wir würden den Zweck vieler unserer Knochen und anderer Organe nicht kennen, wenn sie losgelöst vor uns lägen, und so kennen wir den Zweck jedes Knochens und jedes Gliedes nicht, obwohl wir es gebrauchen und überzeugt sind, dass unsere Handlungen beeinträchtigt wären, wenn uns eines fehlen würde, und wir könnten nicht darauf verzichten. Alle Atome der Welt sind ihrem Schöpfer bekannt und werden von ihm zusammengestellt, und nichts kann ihm hinzugefügt oder entnommen werden. Es ist notwendig, dass sich die Seelen voneinander unterscheiden und dass die Organe einer jeden Seele zu ihr passen. Deshalb stattete er den Löwen neben dem Mut auch mit Organen zum Ergreifen seiner Beute aus, wie Zähnen und Klauen; dem Hirsch aber gab er zum Ausgleich für seine Furchtbarkeit die Mittel zum Fliegen. Jede Seele benutzt instinktiv ihre Fähigkeiten entsprechend ihrer Natur, aber die Natur erreicht in keinem Teil des tierischen Lebens Vollkommenheit und hat folglich kein Verlangen, eine höhere Form als die lebende Seele zu erreichen. Im Menschen ist dies jedoch möglich, da er nach einer höheren Form strebt. Der g-ttliche Einfluss missgönnt ihm nichts. Er schenkt ihm eine höhere Form, die materielle oder passive Intelligenz genannt wird. Die Menschen unterscheiden sich voneinander, denn die meisten von ihnen sind physisch von unterschiedlicher Beschaffenheit, und der Intellekt folgt der letzteren. Ist seine Galle gelblich, so ist er schnell und aufmerksam; ist sie schwärzlich, so ist er ruhig und gelassen. Das Temperament folgt der Mischung der Körpersäfte. Wenn man einen Menschen mit einem ausgeglichenen Humor vorfindet, der seine gegensätzlichen Veranlagungen beherrscht, wie die beiden Waagen einer Waage in der Hand desjenigen, der sie wiegt und reguliert, indem er nach Belieben hinzufügt oder abzieht, dann besitzt ein solcher Mensch zweifellos ein Herz, das frei von starken Leidenschaften ist. Er begehrt einen Grad g-ttlichen Charakters, der über seinem eigenen liegt. Er ist verwirrt, weil er nicht weiß, welche Neigung die Oberhand gewinnen soll. Er gibt weder dem Zorn noch der Lust noch irgendeiner anderen Leidenschaft nach, sondern beherrscht sich selbst und sucht die g-ttliche Eingebung, um den rechten Weg zu gehen. Er ist derjenige, über den der g-ttliche und prophetische Geist ausgegossen wird, wenn er zur Prophetie fähig ist; wenn er aber unter diesem Grad steht, wird er nur mit Inspiration ausgestattet. Im letzteren Fall ist er ein frommer Mensch, aber kein Prophet. Bei G-tt gibt es keine Knauserigkeit, er gibt jedem das, was er verdient. Die Philosophen nennen den Geber dieses Grades den aktiven Verstand und betrachten ihn als einen Engel unter G-tt. Wenn der Intellekt eines Menschen in Verbindung mit dem ersteren steht, wird dies sein Paradies und sein dauerhaftes Leben genannt.

11. Al Khazari: Geben Sie mir einen kurzen Überblick über all dies.

12. Der Rebbi: Die Existenz der menschlichen Seele

zeigt sich bei den Lebewesen durch Bewegung und Wahrnehmung, im Gegensatz zu den Bewegungen der Elemente. Die Ursache der ersteren wird Seele oder tierische Kraft genannt. Diese wird in drei Bereiche unterteilt. Die erste ist diejenige, die dem tierischen und pflanzlichen Leben gemeinsam ist und vegetative Kraft genannt wird; die zweite, die dem Menschen und den übrigen Lebewesen gemeinsam ist, wird Lebenskraft genannt; die dritte, die dem Menschen eigen ist, wird Vernunftkraft genannt. Das Wesen der Seele im umfassenden und allgemeinen Sinne wird durch die Betrachtung ihrer Handlungen definiert, die aus den der Materie anhaftenden Formen hervorgehen, aber nicht aus der Materie, da sie nur Materie ohne Form ist. Das Messer zum Beispiel schneidet nicht, insofern es eine Substanz ist, sondern insofern es die Form eines Messers hat. In gleicher Weise fühlt und bewegt sich das Tier nicht, insofern es eine Substanz ist, sondern insofern es die Form eines Lebewesens hat. Das ist es, was man Seele nennt. Diese Formen heißen Vollkommenheiten, Entelechien, weil durch sie die Strukturen der Dinge vollkommen werden. Die Seele ist also eine Vollkommenheit. Wir unterscheiden eine primäre und eine sekundäre Vollkommenheit. Die erste ist das Prinzip der Handlungen, die zweite die Art der Handlungen, die aus dem Prinzip hervorgehen. Die Seele ist eine primäre Vollkommenheit, weil sie ein Prinzip ist, aus dem etwas anderes, eine sekundäre Entelechie, hervorgehen kann. Die Entelechie ist entweder Entelechie zu einem körperlichen Objekt oder

Entelechie zur amorphen Materie. Die Seele ist Entelechie zu einem korporativen Objekt. Körperschaftliche Objekte sind entweder natürlich oder künstlich. Die Seele ist zunächst Entelechie zu einem natürlichen Körperschaftsobjekt. Ein natürliches körperschaftliches Objekt ist entweder organisch oder anorganisch, was bedeutet, dass es seine Handlungen entweder mit Hilfe von Organen oder ohne sie ausführt. Die Seele ist Entelechie eines natürlichen korporativen Objekts, ausgestattet mit Organen und potentiell mit Leben, d.h. eine Triebfeder von potentiell belebten Handlungen, oder empfänglich für solche. Die nächste Konsequenz ist, dass die Seele nicht das Ergebnis einer Kombination von Elementen der Substanz ist. Wenn ein Ding aus einer Kombination von Bestandteilen entsteht, überwiegen einer oder mehrere dieser Bestandteile, seine Form gestaltet sich entsprechend. Oder die Bestandteile ringen miteinander, so dass nicht einer von ihnen seine Form behält, sondern ihr Medium eine neue Form hervorbringt. Die Seele, die nicht aus körperlichen Bestandteilen zusammengesetzt ist, ist also nichts als eine äußere Form, wie der Abdruck des Siegels im Ton, der aus Wasser und Erde besteht. Das Siegel ist nicht das Ergebnis der Formen von Wasser und Erde. Die erste der vegetativen Kräfte ist die der Ernährung, die sozusagen den Anfang bildet, während die der Vermehrung das Ende darstellt. Die Fähigkeit des Wachstums liegt in der Mitte und verbindet den Anfang mit dem Ende. Das Fortpflanzungsvermögen steht an erster Stelle, und obwohl es am Ende zu stehen scheint, herrscht es über die Substanz, die für die Aufnahme von Leben geeignet ist. Mit Hilfe von Wachstum und Ernährung kleidet es sie in die beabsichtigte Form. Die weitere Entwicklung überlässt sie den beiden letzteren bis zum Zeitpunkt der Vermehrung. Die Vermehrung wird unterstützt, die Ernährung unterstützt, das Wachstum gefördert und wird unterstützt. Die Ernährung hat diese vier bekannten Kräfte zur Verfügung. Alles, was sich bewegt, tut dies durch den Willen einer Wahrnehmung, sonst wäre die Wahrnehmung nutzlos. Die Vorsehung bringt jedoch nichts hervor, was nutzlos oder schädlich ist. Ebenso wenig hält sie etwas zurück, das notwendig oder nützlich ist. Selbst Weichtiere können sich, obwohl sie scheinbar ruhig liegen, zusammenziehen und strecken, und wenn sie auf den Rücken gelegt werden, bewegen sie sich, bis sie sich auf den Bauch drehen, um ihre Nahrung zu erreichen. Die äußeren Sinne sind also bekannt. Was die inneren Sinne betrifft, so ist der erste der allgemeine Sinn, denn das, was nützlich oder schädlich ist, kann nur durch Erfahrung gelernt werden. Deshalb hat G-tt dem Menschen das Vorstellungsvermögen gegeben, damit er damit die Formen der wahrgenommenen Gegenstände erfassen kann. Das ist es, was mit dem Begriff "allgemeiner Sinn" gemeint ist. Dann gab er ihm das Erinnerungsvermögen, um die Vorstellungen von den wahrgenommenen Dingen zu bewahren; ferner das Vorstellungsvermögen, um dem Gedächtnis das Verlorene wiederzugeben; das Urteilsvermögen, um immer wieder bei den neuen Erzeugnissen der Vorstellung, seien sie richtig oder falsch, innezuhalten, bis sie dem Gedächtnis wiedergegeben werden. Schließlich stattete er ihn mit der Kraft der Bewegung aus, um das Notwendige von nah und fern zu beschaffen und das Schädliche zu entfernen. Alle Kräfte eines Lebewesens sind entweder Wahrnehmungs- oder Bewegungskräfte. Die Bewegungskraft ist optativer Natur und wird in zwei Klassen unterteilt, nämlich erstens in die Bewegung zur Erlangung dessen, was erwünscht ist, die Begierde, und zweitens in die Bewegung zur Abwehr dessen, was unerwünscht ist, die Abneigung. Die Wahrnehmung wird ebenfalls in zwei Klassen eingeteilt, nämlich in äußere Fähigkeiten, wie die äußeren Sinne, und innere Fähigkeiten, wie die inneren Sinne. Die Triebkraft wirkt auf das Urteilsvermögen der Vorstellung und mit Hilfe der Phantasie. Sie bildet die äußerste Grenze des tierischen Lebens; denn die Triebkraft versagt ihm bei der Wiederherstellung der Ursachen von Wahrnehmung und Vorstellung. Es ist nur mit dem Sinn des Instinkts ausgestattet, um die Ursachen der Bewegung zu regulieren. Das vernunftbegabte Wesen hingegen ist mit Bewegung ausgestattet, um die vernunftbegabte Seele zu erhalten, die Handlung und Gedächtnis hat. Die fünf Sinne bieten bekanntlich die Möglichkeit, Form, Zahl, Größe, Bewegung und Ruhe wahrzunehmen. Das Vorhandensein des gesunden Menschenverstandes erklärt sich, wenn wir z. B. Honig als süß empfinden. Dies ist nur möglich, weil wir ein den fünf Sinnen gemeinsames Vermögen besitzen, nämlich die Wahrnehmungsfähigkeit, die sowohl im

Wachzustand als auch im Schlaf aktiv ist. Dazu kommt ein Vermögen, das entweder alles, was im gemeinsamen Sinn vereinigt ist, zusammenfasst oder trennt und die Unterschiede festhält, ohne jedoch die Formen des gemeinsamen Sinns zu berauben. Dies ist das Vorstellungsvermögen, das manchmal richtig, manchmal falsch ist, während das Wahrnehmungsvermögen immer richtig ist. Das nächste ist das Urteilsvermögen, das entscheidender Natur ist und darüber urteilt, ob ein Gegenstand wünschenswert oder unerwünscht ist. Das Wahrnehmungs- und das Vorstellungsvermögen können weder urteilen noch entscheiden, sondern können sich nur ein Bild von einem Gegenstand machen. Das Erinnerungsvermögen behält die Objekte, die es wahrgenommen hat, dass der Wolf ein Feind und das Kind ein geliebtes ist. Liebe und Hass, Glaube und Unglaube gehören in den Bereich des Urteilsvermögens. Das Gedächtnis bewahrt das, was das Urteilsvermögen für wahr erklärt. Das Vorstellungsvermögen wird so genannt, wenn es im Dienste des Urteils steht, aber wenn es von der Vernunft eingesetzt wird, nennt man es Nachdenken. Der Sitz des Wahrnehmungsvermögens befindet sich im vorderen Teil des Gehirns, der des Vorstellungsvermögens in der Mitte, der des Gedächtnisses im hinteren Teil. Der Sitz des Urteilsvermögens befindet sich im ganzen Gehirn, hauptsächlich an der Grenzlinie des Vorstellungsvermögens. Alle diese Fähigkeiten gehen mit ihren Organen zugrunde, und dem vernünftigen Wesen wird keine Dauer zugestanden, obwohl es den Kern dieser Fähigkeiten sozusagen für sich beansprucht und ihren wahren Charakter offenbart. Dies ist das Ergebnis der Reden der Philosophen über das, was unter der vernünftigen Seele liegt. Sie nennen die Seele hylic intellect, potentiellen Intellekt, weil sie der Materie gleicht, die das Bindeglied zwischen dem Nichts und der Wirklichkeit bildet, also allen potentiellen Objekten. Die rationalen Formen erhalten sie entweder durch gttliche Inspiration oder durch Anwendung. Die durch Eingebung gewonnenen Formen sind das Ergebnis einer ursprünglichen Vorstellung, die alle Menschen, die sich von der Natur leiten lassen, teilen. Die durch Anwendung gewonnenen Formen sind das Ergebnis von Spekulation und dialektischer Folgerung. Das Ergebnis ist die Bildung von logischen Schlussfolgerungen, wie Arten, Klassen, Abteilungen, Spezialitäten, einfache und verschieden zusammengesetzte Wörter, zusammengesetzte Schlussfolgerungen, die wahr oder unwahr sind, Sätze, aus denen entweder apodiktische, dialektische, rhetorische, sophistische oder poetische Schlussfolgerungen entstehen. Ferner die Feststellung der physikalischen Begriffe, wie Materie, Form, Nichts, Natur, Ort, Zeit, Bewegung, kugelförmige und elementare Substanzen, Wachstum und Verfall im Allgemeinen; der Ursprung der meteorologischen, mineralischen und irdischen Erscheinungen, wie Pflanzen und Tiere; das Wesen des Menschen; die Natur der Seele nach ihrer eigenen Auffassung; ferner die mathematischen Dinge, wie die Arithmetik, die Geometrie, die Musik, die

Astronomie; ferner die metaphysischen Dinge, wie die Erkenntnis des Anfangs und des Daseins als solchem im Allgemeinen und dessen Zubehör, sei es potentiell oder tatsächlich, des Prinzips, der Ursache, der Substanz, des Zufalls, der Art und der Klasse, des Gegensatzes und der Verwandtschaft, der Übereinstimmung und des Unterschieds, der Einheit und der Mehrzahl; die Feststellung der Grundsätze der spekulativen Fächer, wie der Mathematik, der Naturgeschichte, der Logik, die alle nur durch die Kenntnis der letztgenannten gewonnen werden können; ferner die Feststellung der Existenz des Urschöpfers, der universalen Seele, der Natur der Arten, der Beziehung des Verstandes zum Schöpfer, der Beziehung der Seele zum Verstand, der Beziehung der Natur zur Seele, der Beziehung der Materie und der Form zur Natur, der Beziehung der Sphären, der Sterne und anderer Erscheinungen zur Materie und Form. Dann müssen wir überlegen, warum sie mit solchen Unterschieden in der Reihenfolge aufgebaut sind, das Wissen um die g-ttliche Führung, die universelle Natur, die g-ttliche Vorsehung. Die vernunftbegabte Seele leitet zuweilen bestimmte Formen aus den Sinnen ab, indem sie die Wahrnehmung und das Gedächtnis auf ihre eigenen Bedürfnisse anwendet und sich der Phantasie und des Urteilsvermögens bedient. Wir werden dann feststellen, dass diese Formen einige Eigenschaften gemeinsam haben, dass sie sich aber in anderen unterscheiden; einige dieser Eigenschaften sind wesentlich, andere zufällig. Die Seele teilt oder kombiniert und erzeugt Arten, Kategorien,

Unterteilungen, Besonderheiten und Zufälligkeiten. Sie verbindet sie dann durch Syllogismen und kommt mit Hilfe des universellen Intellekts zu befriedigenden Schlussfolgerungen. Obwohl sie sich zunächst auf die Wahrnehmungsfähigkeiten stützt, benötigt sie diese weder für die Bildung der Ideen selbst noch für die Zusammenstellung der Syllogismen, sei es, um sie zu überprüfen, sei es, um eine Vorstellung zu bilden. Wie das Wahrnehmungsvermögen nur etwas in Bezug auf den wahrgenommenen Gegenstand erwirbt, so begreift das Denkvermögen nur etwas in Bezug auf den begriffenen Gegenstand, indem es die Form von der Materie abstrahiert und an der Materie hängen bleibt. Das Wahrnehmungsvermögen handelt aber nicht spontan wie die Vernunft, sondern es bedarf der treibenden Kraft sowie der Hilfe von Vermittlern, die eine Verbindung zwischen den Formen und ihm selbst herstellen. Die Verstandeskraft begreift spontan und begreift sich selbst so oft, wie sie will. Das Wahrnehmungsvermögen wird daher passiv, die Verstandeskraft aber aktiv genannt. Die eigentliche Vernunft ist nichts anderes als die Abstraktion von gedachten Gegenständen, die potentiell in der Vernunft selbst vorhanden sind und durch dieselbe verwirklicht werden. Man sagt daher auch, dass die eigentliche Vernunft gleichzeitig begreift und begriffen wird. Es gehört zu den besonderen Eigenschaften der Vernunft, dass sie durch Synthese und Analyse die Vielheit in die Einheit und die Einheit in die Vielheit verwandelt. Obwohl die Tätigkeit der Vernunft, durch sorgfältiges Abwägen

Proportionen zu kombinieren, eine gewisse Zeit zu erfordern scheint, ist die Ableitung der Schlussfolgerung nicht von der Zeit abhängig, da die Vernunft selbst über der Zeit steht. Wendet sich die vernunftbegabte Seele der Wissenschaft zu, wird ihre Tätigkeit theoretische Vernunft genannt. Nimmt sie sich aber vor, die tierischen Instinkte zu zähmen, so wird ihre Tätigkeit Führung genannt, und sie nimmt den Namen praktische Vernunft an. Bei manchen Menschen gelingt es der Vernunft, eine so enge Verbindung mit der universellen Vernunft herzustellen, dass sie sich über logische Schlussfolgerungen und Meditation erhebt und dieser Notwendigkeit durch Inspiration und Offenbarung entgeht. Diese besondere Unterscheidung wird als Heiligkeit oder Heiliger Geist bezeichnet. Ein Beweis dafür, dass die Seele wirklich ist, obwohl sie unkörperlich und kein Zubehör ist, findet sich in dem Umstand, dass sie die Form eines körperlichen Objekts ist. Ihrer Natur nach kann sie nicht geteilt werden wie ein körperlicher Gegenstand oder wie ein Zubehör, wenn das Substrat desselben geteilt wird. Farbe, Geruch, Geschmack, Hitze und Kälte werden geteilt, sobald ihre Substrate geteilt werden, obwohl ihre Natur unteilbar ist. Die Form des Intellekts besteht in dem vorgestellten Objekt. Die Vorstellung eines Menschen kann nicht geteilt werden, denn die Hälfte oder ein Stück eines Menschen kann nicht als Mensch bezeichnet werden, obwohl ein Teil eines körperlichen Gegenstandes oder eine Farbe ihre Namen behalten können. Farbe und körperlicher Gegenstand, wenn sie nur in der Vorstellung existieren, lassen auch im Denken keine Teilung zu. Man kann nicht sagen: Die Hälfte einer gedachten Farbe, oder die Hälfte eines gedachten körperlichen Gegenstandes, so wie man sagen kann: Die Hälfte dieses Gegenstandes wird wahrgenommen, oder die Hälfte der Farbe, die von ihm getragen wird und sich auf ihn bezieht. Man kann nicht von der Hälfte der Seele Zeids sprechen, wie man von der Hälfte seines Körpers sprechen kann; denn die erstere kann weder örtlich begrenzt, noch in irgendeiner Weise definiert, noch auf sie hingewiesen werden. Wenn sie nun weder ein körperliches Objekt noch ein von einem körperlichen Objekt getragenes Accessoire sein kann, so zeigt sich ihre Existenz durch ihre Aktivität. Es bleibt nichts anderes übrig, als in ihr eine Substanz mit einer eigenen Existenz zu sehen, die mit engelhaften Attributen und g-ttlicher Substantialität ausgestattet ist. Ihre primären Werkzeuge sind jene geistigen Formen, die sich im Zentrum des Gehirns aus dem psychischen Geist mit Hilfe der Vorstellungskraft formen. Das letztere gibt das Reflexionsvermögen, sobald es dominant genug wird, um synthetisches und analytisches Wissen hervorzubringen. Zuvor war sie phantasievoll, wenn das Urteilsvermögen in ihr vorherrschend war, wie es bei Kindern, Tieren und Menschen der Fall ist, deren Konstitution durch Krankheit geprüft wurde. Infolgedessen ist die menschliche Seele aufgrund der synthetischen und analytischen Prozesse jener Ausbildungen beraubt, die für die ungestörte Betrachtung einer Meinung erforderlich sind. In einem solchen Fall wird die Meinung ganz oder teilweise zu einem fehlerhaften Urteil. Ein Beweis dafür, dass die Seele vom Körper getrennt ist und ihn nicht braucht, ist der Umstand, dass die körperlichen Kräfte durch starke Einflüsse geschwächt werden. Das Augenorgan wird durch die Sonne geschädigt, das Ohr durch zu starken Schall. Die vernunftbegabte Seele aber behält die stärkeren Erkenntnisse, die sie erlangt hat. Außerdem greift das Alter den Körper an, aber nicht die Seele. Letztere ist nach dem fünfzigsten Lebensjahr stärker, während der Körper schwächer wird. Die Aktivität des Körpers ist begrenzt, was bei der Seele nicht der Fall ist, denn geometrische, arithmetische und logische Formen sind unbegrenzt. Es bleibt nun noch zu zeigen, dass es eine vom Körper getrennte geistige Substanz gibt, die zur Seele in der gleichen Beziehung steht wie das Licht zum Auge, und sobald die Seele vom Körper getrennt ist, wird sie mit dieser Substanz vereint. Die Seele erlangt ihr Wissen nicht empirisch. Denn die Ergebnisse der Erfahrung können nicht apodiktisch beurteilt werden. Niemand kann apodiktisch behaupten, dass kein Mensch seine Ohren bewegen kann, so wie wir beurteilen können, dass jeder Mensch fühlt; dass jeder, der fühlt, lebt; dass jeder, der lebt, eine Substanz ist; dass das Ganze größer ist als ein Teil und andere grundlegende Wahrheiten. Denn unser Glaube an die Richtigkeit von Meinungen wird nicht durch Belehrung geregelt, sonst müssten wir zu einer endlosen Kette von Schlussfolgerungen kommen. Dann aber tritt die vernunftbegabte Seele in Verbindung mit der g-ttlichen Emanation. Solange diese g-ttliche Emanation nicht durch die allgemeine geistige Form definiert ist, kann sie die Seele nicht mit ihr imprägnieren. Jedes Wesen, das eine wesentlich geistige Form besitzt, ist eine unkörperliche Substanz. Wenn das so ist, dann ist diese Emanation eine geistige, unkörperliche Substanz, die eine eigene Existenz hat. Die Vorstellung, die die Seele von der Form hat, ist eine Wahrnehmungselegie für sie. Es würde ihr gelingen, mit der geistigen Substanz in Kontakt zu kommen, wenn ihre Nähe zum Körper nicht stören würde. Eine vollständige Verbindung ist jedoch unmöglich, wenn nicht alle körperlichen Kräfte unterdrückt werden. Denn es ist allein der Körper, der diese Verbindung verhindert. Sobald die Seele von ihm getrennt ist, wird sie vollkommen, verbunden mit dem, was sie unempfindlich gegen Verletzungen macht, und vereint mit der edlen Substanz, die als das höhere Wissen bezeichnet wird. Alle anderen Kräfte wirken nur für den Körper und gehen zusammen mit den Organen zugrunde. Die vernunftbegabte Seele aber hat sie geformt und sich ihren Kern zu eigen gemacht, wie wir bereits erklärt haben.

13. Al Khazari: Dieser philosophische Diskurs scheint genauer und wahrhaftiger zu sein als andere.

14. Der Rebbi: Ich fürchtete, du würdest dich täuschen lassen und dich ihren Ansichten anschließen. Weil sie mathematische und logische Beweise vorlegen, akzeptieren die Menschen alles, was sie über Physik und Metaphysik sagen, und nehmen jedes Wort als Beweis. Hast du nicht von

Anfang an an ihren Theorien über die vier Elemente gezweifelt, an ihrer Suche nach der Welt des Feuers, in der sie das ätherische Feuer ansiedeln, das farblos ist und deshalb verhindert, dass man die Farbe des Himmels und der Sterne sieht? Wann haben wir jemals ein elementares Feuer angenommen? Der höchste Grad der Hitze erscheint, wenn er in der Erde gefunden wird, als Kohle; in der Luft als Flamme; im Wasser am Siedepunkt. Wann haben wir jemals gesehen, dass eine eruptive oder atmosphärische Substanz in die Substanz einer Pflanze oder eines Tieres eindringt, und behauptet, dass sie aus allen vier Elementen besteht, nämlich Feuer, Luft, Wasser und Erde? Nehmen wir an, wir hätten gesehen, wie Wasser und Erde in veränderter Form in die Substanz einer Pflanze eingedrungen sind; aber Luft und Hitze haben den Prozess nur durch ihre Qualität unterstützt, aber nicht als magmatische und atmosphärische Körper. Oder wann haben wir je gesehen, dass sie sich in die vier wirklichen Elemente auflösen? Wenn ein Teil zu einer Art Staub zerfällt, ist es kein wirklicher Staub, sondern Asche, die zu Heilzwecken verwendet werden kann. Ein anderer Teil, der zu einer Art Wasser reduziert wird, ist kein echtes Wasser, sondern eine ausgedrückte Flüssigkeit, ein Saft, der entweder giftig oder nahrhaft ist, aber kein trinkbares Wasser. Der Teil, der in eine Art Luft aufgelöst wird, ist Dampf oder Rauch, aber keine Luft, die man einatmen kann. Manchmal verändern sie ihren Zustand, wenn sie von einem Tier oder einer Pflanze aufgenommen werden, oder sie gehen eine Verbindung mit irdischen Teilchen ein, bewegen sich von Veränderung zu Veränderung, aber nur in seltenen Fällen werden sie auf das reine Element reduziert. Die Wissenschaft zwingt uns zwar, die Theorie anzunehmen, dass Hitze, Kälte, Feuchtigkeit und Trockenheit primäre Qualitäten sind, deren Einflüssen sich niemand entziehen kann; dass die Vernunft zusammengesetzte Dinge auf sie reduziert oder erklärt, dass sie aus ihnen zusammengesetzt sind; und dass sie Substanzen zur Verfügung stellt, die sie tragen, indem sie sie Feuer, Luft, Wasser und Erde nennt. Das ist aber nur eine Vorstellung und Benennung, aber es bedeutet nicht, dass sie aus der bloßen Theorie in die Wirklichkeit übergehen und durch Kombination alle existierenden Dinge hervorbringen können. Wie können die Philosophen eine solche Behauptung aufstellen, wenn sie doch die Ewigkeit der Materie lehren, und dass der Mensch nie anders entstanden ist als aus dem Samen und dem Blut, das Blut aus der Nahrung, die Nahrung aus dem Gemüse und das Gemüse, wie wir gesagt haben, aus dem Samen und dem Wasser, das mit Hilfe von Sonnenlicht, Luft und Erde umgewandelt wurde. Auch alle Sterne und sphärischen Konstellationen üben ihren Einfluss aus. Dies ist der Einwand gegen die Ansicht der Philosophen über die Elemente. Nach der Tora war es G-tt, der die Welt zusammen mit den Tieren und Pflanzen geschaffen hat. Es gibt keine Notwendigkeit, Zwischenglieder oder Kombinationen von Elementen vorauszusetzen. Wenn wir die Schöpfung zum Postulat machen, wird alles, was schwierig ist, leicht und alles, was krumm ist, gerade, sobald man annimmt, dass diese Welt einst nicht existierte, sondern durch den Willen G-ttes zu der von ihm gewünschten Zeit entstanden ist. Warum machst du dir die Mühe, die Art und Weise zu untersuchen, wie die Körper entstanden und mit Seelen ausgestattet wurden? Warum sträubst du dich, das "Firmament" und "das Wasser über dem Himmel" und die von den Weisen erwähnten bösen Geister, die Beschreibung der zu erwartenden Ereignisse in den Tagen des MASHIACH, die Auferstehung der Toten und die kommende Welt zu akzeptieren? Warum sollten wir solche künstlichen Theorien brauchen, um das Leben der Seele nach der Auflösung des Körpers zu beweisen, wenn wir doch zuverlässige Informationen über die Rückkehr der Seele haben, sei sie geistig oder körperlich. Wenn du dich bemühen würdest, diese Ansichten logisch zu bestätigen oder zu widerlegen, wäre das Leben vergebens. Wer bürgt für die Wahrheit der oben zitierten Theorie, dass die Seele eine geistige Substanz ist, die nicht vom Raum umschlossen werden kann und die nicht dem Wachstum und dem Verfall unterworfen ist? Wodurch unterscheidet sich meine Seele von deiner, oder vom aktiven Intellekt, von anderen Ursachen und der ersten Ursache? Warum hat sich die Seele des Aristoteles nicht mit der des Platon vereinigt, so dass jeder von ihnen den Glauben und die innersten Gedanken des anderen kennt? Warum begreifen nicht alle Philosophen ihre Begriffe gleichzeitig, wie es bei G-tt und dem aktiven Intellekt der Fall ist? Wie kann es sein, dass sie dem Vergessen unterworfen sind und für jeden einzelnen ihrer Begriffe ein Nachdenken benötigen? Warum ist sich ein Philosoph nicht seiner selbst bewusst, wenn er schläft oder berauscht ist, wenn er an einer Rippenfellentzündung leidet, wenn er ein Hirnfieber hat oder wenn er alt und gebrechlich ist? Wie soll man einen Menschen beurteilen, der, nachdem er die äußerste Grenze der philosophischen Spekulation erreicht hat, von einer Melancholie oder Depression befallen wird, die ihn all sein Wissen vergessen lässt? Ist er in seinen Augen nicht er selbst, oder soll man sagen, dass er ein anderer ist? Angenommen, er erholt sich allmählich von seinem Leiden und beginnt von neuem zu lernen, wird aber alt, ohne das frühere Ausmaß seines Wissens erreicht zu haben, hat er dann zwei Seelen, die eine anders als die andere? Angenommen, sein Temperament ändert sich in Richtung Liebe, Ehrgeiz oder Begierde, soll ich dann sagen, dass er eine Seele im Paradies und eine andere in der Hölle hat? Welches sind die Grenzen der metaphysischen Erkenntnis, durch die die menschliche Seele vom Körper getrennt wird, ohne zu vergehen? Wenn dies die vollständige Kenntnis der existierenden Dinge ist, bleibt viel übrig, was die Philosophen über Himmel, Erde und Meer nicht wissen. Wenn man sich aber mit einem Teilwissen begnügen muss, dann existiert jede vernunftbegabte Seele getrennt, weil ihr primäre Vorstellungen eingepflanzt sind. Beruht aber das isolierte Dasein der Seele auf der Vorstellung der Zehn Kategorien, oder noch höher, auf den Prinzipien der Intuition, in denen alle existierenden Dinge enthalten sind, die man logisch erfassen kann, ohne allen Einzelheiten nachzugehen, so ist dies ein Wissen, das man leicht an einem Tag erwerben kann.

Es wäre seltsam, wenn der Mensch an einem Tag ein Engel werden könnte. Wenn es erforderlich ist, die ganze Länge zu gehen und all diese Dinge in logischem und wissenschaftlichem Studium zu begreifen, dann ist die Sache unerreichbar und endet ihrer Meinung nach unfehlbar mit dem Tod desjenigen, der sie verfolgt. Nun hast du dich von schädlichen Phantasien täuschen lassen, hast das gesucht, was dir dein Schöpfer nicht zugestanden hat, und wozu der menschlichen Natur keine Möglichkeiten gegeben sind. Nur einigen wenigen Privilegierten ist es erlaubt, solche Dinge unter den oben genannten Bedingungen zu begreifen. Das sind die Seelen, die das ganze Universum erfassen, die ihren Herrn und seine Engel kennen, die einander sehen und die Geheimnisse des anderen kennen, wie der Prophet sagt: "Auch ich weiß es; schweiget. Wir anderen aber wüssten nicht, wie und auf welche Weise dies geschehen ist, es sei denn durch Prophezeiung. Wenn das, was die Philosophen wissen, wahr wäre, würden sie es gewiss erfahren, da sie über die Seelen und die Prophezeiung sprechen. Sie sind jedoch wie gewöhnliche Sterbliche. Was die menschliche Weisheit betrifft, so nehmen sie in der Tat einen hohen Rang ein, wie Sokrates sagte: "O mein Volk, ich leugne nicht euer Wissen über die Götter, aber ich gestehe, dass ich es nicht verstehe. Was mich betrifft, so bin ich nur in menschlichen Dingen weise. Die Philosophen rechtfertigen ihren Rückgriff auf die Spekulation mit dem Fehlen von Prophezeiungen und g-ttlichem Licht. Sie haben die demonstrativen Wissenschaften auf eine breite und

unbegrenzte Basis gestellt, und deshalb haben sie sich
voneinander getrennt, ohne sich über das zu einigen
oder zu widersprechen, worüber sie später in der
Metaphysik und gelegentlich in der Physik so weit
voneinander abweichende Ansichten hatten. Wenn es
eine Klasse gibt, die ein und dieselbe Ansicht vertritt,
so ist dies nicht das Ergebnis von Forschung und
Untersuchung, sondern weil sie derselben
philosophischen Schule angehören, in der diese
gelehrt wurde, wie die Schulen des Pythagoras, des
Empedokles, des Aristoteles, des Platon oder andere,
wie die Akademie und die Peripatetiker, die der
Schule des Aristoteles angehören. Sie gehen von
Ansichten aus, die die Vernunft missbilligen, aber
von dieser missbilligt werden. Ein Beispiel dafür ist
ihre Erklärung der Ursache für die Umdrehung der
Kugel und das Bestreben der letzteren, ihre
Unvollkommenheit zu beheben, um nach allen Seiten
hin absolut genau zu sein. Da dies jedoch nicht immer
möglich ist, versucht sie in allen Punkten in die
entgegengesetzte Richtung zu rotieren. Ähnliche
Theorien stellten sie in Bezug auf die Emanationen
aus der ersten Ursache auf, nämlich, dass aus der
Intuition der ersten Ursache ein Engel entstand, und
aus dessen Selbsterkenntnis eine Sphäre, und von da
aus in elf Stufen abwärts, bis die Emanation zum
Aktiven Intellekt gelangte, aus dem sich weder ein
Engel noch eine Sphäre entwickelte. All diese Dinge
sind noch weniger zufriedenstellend als das "Buch
der Schöpfung". Sie sind voller Zweifel, und es gibt
keine übereinstimmende Meinung zwischen den
einzelnen Philosophen. Dennoch kann man sie nicht

tadeln, nein, sie verdienen Dank für alles, was sie an abstrakten Spekulationen hervorgebracht haben. Denn ihre Absichten waren gut, sie haben die Gesetze der Vernunft beachtet und ein tugendhaftes Leben geführt. Auf jeden Fall haben sie dieses Lob verdient, weil ihnen nicht die gleichen Pflichten auferlegt wurden wie uns, als wir die Offenbarung und eine Tradition erhielten, die einer Offenbarung gleichkommt.

15. Al Khazari: Geben Sie mir eine kurze Zusammenfassung der Ansichten, die unter den Doktoren der Theologie, die die Karaiten nennen, verbreitet sind: Die Meister des Kalam.

16. Der Rebbi: Das würde nichts nützen; es wäre nur eine Übung in der Dialektik des Kalam und eine Lektion über den rebbinischen Satz: Sei vorsichtig, um zu lernen, welche Antwort du einem Epikuräer geben kannst. Der vollendete Philosoph kann, wie der Prophet, einem anderen Menschen nur wenig Belehrung erteilen und seine Einwände nicht dialektisch widerlegen. Was den Meister des Kalam betrifft, so verleiht ihm die Gelehrsamkeit ihren Glanz und veranlasst seine Zuhörer, ihn über die Frommen und Unbefleckten zu stellen, deren Gelehrsamkeit in den Grundsätzen eines Glaubensbekenntnisses besteht, das nicht widerlegt werden kann. Das Endziel des Mutakallim bei allem, was er lernt und lehrt, ist, dass diese Glaubensgrundsätze sowohl in seine Seele als auch in die seiner Schüler in der gleichen natürlichen Form eindringen, wie sie in der Seele des frommen Menschen existieren. In manchen Fällen fügt ihm die Kunst des Kalam größeren Schaden zu als die Grundsätze der Wahrheit, weil sie Zweifel und traditionelle Vorurteile lehrt. Ähnliches erleben wir bei Menschen, die sich der Prosodie widmen und das Scannen von Metern praktizieren. Dort hört man ein Gezeter und ein Wortgewirr in einer Kunst, die den von Natur aus Begabten keine Schwierigkeiten bereitet. Letztere haben Spaß daran, Verse zu machen, an denen es nichts auszusetzen gibt. Das Ziel der ersteren ist es, wie die letzteren zu sein, die in der Kunst des Verseschmiedens unwissend erscheinen, weil sie nicht lernen können, was die anderen zu lehren vermögen. Der von Natur aus Begabte kann jedoch einen ähnlich Begabten mit dem geringsten Hinweis unterrichten. In gleicher Weise werden in den Seelen der Menschen, die von Natur aus für die Religion und die Annäherung an G-tt offen sind, durch die Worte der Frommen Funken entzündet, die in ihren Herzen zu Leuchten werden, während der nicht so Begabte auf den Kalam zurückgreifen muss. Er hat oft keinen Nutzen davon, ja, er kommt darüber in Bedrängnis.

17. Al Khazari: Ich erwarte keine erschöpfende Abhandlung über dieses Thema, aber ich bitte dich um einige Auszüge wie die, die mir zuvor gegeben wurden. Denn du hast mein Ohr getroffen, und meine Seele sehnt sich danach.

18. Der Rebbi: Das ERSTE Axiom: befasst sich mit

die Erschaffung der Welt, mit dem Ziel, sie zu einer feststehenden Tatsache zu machen, und es verneint die Theorie, dass sie ohne Anfang ist. Wenn die Zeit keinen Anfang hätte, wäre die Zahl der Individuen, die in der Vergangenheit bis zu unserem Zeitalter existierten, endlos. Was unendlich ist, kann nicht aktuell sein. Wie könnten diese Individuen, die so zahlreich sind, dass sie ohne Zahl sind, wirklich geworden sein? Es besteht jedoch kein Zweifel, dass die Vergangenheit einen Anfang hatte und dass die existierenden Individuen durch eine Zahl begrenzt sind. Es liegt in der Macht des menschlichen Verstandes, Tausende oder Millionen zu zählen, die ohne Ende vervielfältigt werden, zumindest in der Theorie, aber in der Realität ist dies nicht möglich. Denn das, was wirklich wird und als eins gezählt werden kann, ist wie die Zahl, die ohne Zweifel sowohl wirklich als auch endlich ist. Wie kann das Unendliche wirklich werden? Die Welt hat also einen Anfang, und die Umdrehungen der Sphären sind einer endlichen Zahl unterworfen. Außerdem kann das Unendliche weder halbiert noch verdoppelt, noch einer arithmetischen Berechnung unterzogen werden. Wir wissen, dass die Umdrehungen der Sonne ein Zwölftel der Umdrehungen des Mondes sind, und dass die anderen Bewegungen der Sphären in einem ähnlichen Verhältnis zueinander stehen, wobei die eine der Teiler der anderen ist. Das Unendliche aber hat keinen Teiler. Wie könnte die eine wie die andere sein, die unendlich ist, indem sie entweder unter oder über ihr ist, ich meine größer oder kleiner an Zahl? Wie könnte das Unendliche zu uns kommen? Wenn eine unendliche Anzahl von Dingen vor uns existierte, wie konnte dann die [Idee der] Zahl zu uns kommen? Wenn ein Ding ein Ende hat, muss es auch einen Anfang gehabt haben, sonst müsste jedes einzelne Objekt auf die [vorherige] Existenz einer unendlichen Anzahl anderer gewartet haben; also, würde keines jemals ins Dasein kommen.

ZWEITES Axiom: Die Welt ist erschaffen, weil sie ein körperliches Objekt ist. Ein körperlicher Gegenstand kann nicht ohne Bewegung und Ruhe gedacht werden, die beide Eigenschaften von akzessorischem, aber nicht gleichzeitigem Charakter sind. Das, was akzessorisch ist, muss entsprechend seiner Natur neu geschaffen werden. Auch das, was vorher war, ist geschaffen worden. Denn wenn es ewig wäre, könnte es nicht nichtexistent sein. Folglich sind beide [Bewegung und Ruhe] geschaffen. Ein Ding, das ohne neu geschaffenes Zubehör nicht existieren kann, ist selbst geschaffen, weil ihm sein Zubehör nicht vorausgegangen sein kann. Wenn die letzteren geschaffen sind, müssen die ersteren es auch sein.

DRITTES Axiom: Jedes geschaffene Ding muß eine Ursache haben, die es geschaffen hat. Denn der geschaffene Gegenstand ist mit einer bestimmten Zeit verbunden, unabhängig von einer früheren oder späteren Epoche. Der Umstand, dass es von einer bestimmten Zeit umfasst wird, unabhängig von der Periode, macht einen Spezifikator notwendig.

VIERTES Axiom: G-tt ist ewig, ohne Anfang und ohne Ende. Wäre er erschaffen worden, würde er einen Schöpfer erfordern. Dies würde zu einer Kette von Schlussfolgerungen ohne Ende führen, bis wir zu dem ersten Schöpfer kommen, den wir suchen.

FÜNFTER Axiom: G-tt ist ewig und wird nie aufhören zu existieren. Denn ein Wesen, das nachweislich ohne Anfang ist, kann keine Nichtexistenz gehabt haben. Die Nichtexistenz muss eine Ursache haben, so wie auch das Verschwinden einer Sache aus der Existenz eine Ursache haben muss. Nichts verschwindet aus sich selbst heraus aus dem Dasein, sondern aufgrund seines Gegensatzes. G-tt aber hat weder einen Gegensatz noch ein Ebenbild. Denn wenn es etwas gäbe, das ihm in jeder Hinsicht gleich wäre, so wäre es er selbst, aber er kann nicht als zweifach bezeichnet werden. Das, was die Nichtexistenz verursacht, kann nicht ohne Anfang sein, wie bereits im Zusammenhang mit der Ewigkeit der Existenz G-ttes erklärt wurde. Er kann also kein geschaffenes Wesen sein, denn alles, was neu entsteht, muss seine Ursache im ewigen Wesen haben. Wie aber kann das Verursachte seine Ursache verschwinden lassen?

SECHSTES Axiom: G-tt ist nicht körperlich. Ein körperlicher Gegenstand kann nicht frei von neuem Beiwerk sein. Ein Ding, das nicht frei von neuem Beiwerk ist, wird geschaffen. G-tt kann nicht Akzidenz genannt werden, weil die Akzidenz nur auf einem Substrat existieren kann. Die Akzidenz wird durch das körperliche Objekt verursacht, von dem sie angezogen und getragen wird. G-tt kann jedoch nicht durch einen bestimmten Umriss oder Ort definiert werden, da dies die Eigenschaft eines körperlichen Objekts ist.

SIEBENTES Axiom: G-tt kennt alles, was groß oder klein ist, und nichts entgeht seiner Allwissenheit. Denn es hat sich gezeigt, dass er alles erschaffen, geordnet und eingesetzt hat, wie geschrieben steht: Er, der das Ohr gepflanzt hat, soll nicht hören; Er, der das Auge geformt hat, soll nicht sehen. Ferner: Ja, die Finsternis verbirgt sich nicht vor Dir, usw., und Denn Du hast meine Zügel geschaffen.

ACHTES Axiom: G-tt lebt. Da seine Allwissenheit und Allmacht bewiesen sind, muss er leben. Sein Leben ist jedoch nicht wie das unsere, das mit Sinnen und Bewegung geschaffen wurde, sondern ein Leben der reinen Vernunft. Sein Leben und Er sind identisch.

NEUNTES Axiom: G-tt hat einen Willen. Denn es liegt in seiner Macht, das Gegenteil von allem, was er ins Dasein gerufen hat, hervorzubringen, oder seine Nichtexistenz, oder seine Vorwegnahme oder seinen Aufschub. Seine Allmacht ist in jedem Fall dieselbe. Es muss einen Willen geben, der seine Allmacht auf einen dieser Punkte festlegt und den anderen ausschließt. Man könnte auch sagen, dass seine Allwissenheit sowohl seine Allmacht als auch seinen Willen entbehren kann. In diesem Fall wäre seine

Allwissenheit mit einer bestimmten Zeit und einem bestimmten Thema identisch, und seine ewige Allwissenheit wäre die Ursache für jedes existierende Wesen, so wie es ist. Dies stimmt mit der Ansicht der Philosophen überein.

ZEHNTES Axiom: Der g-ttliche Wille ist ohne Anfang und entspricht seiner Allwissenheit. Nichts in ihm kann erneuert oder verändert werden. Er ist lebendig durch das Leben seiner Natur, aber nicht durch ein erworbenes Leben. Er ist allmächtig durch seine eigene Macht, hat Willen durch seinen eigenen Willen. Denn das Nebeneinander von einer Sache und dem, was sie verneint, ist unmöglich. Man kann also nicht allgemein sagen: Omnipotent ohne Macht.

19. Al Khazari: Das genügt, um mein Gedächtnis aufzufrischen. Es besteht kein Zweifel, dass deine Abhandlung über die Seele und die Vernunft sowie diese Axiome von anderen Autoritäten zitiert wurden. Nun möchte ich deine eigene Meinung und deine Glaubensgrundsätze hören. Du hast deine Bereitschaft erklärt, diesen und ähnliche Punkte zu untersuchen. Es scheint mir, dass es nicht möglich sein wird, die Fragen der Prädestination und des freien Willens des Menschen auszulassen, da sie von wirklicher Bedeutung sind. Nun sage mir deine Meinung.

20. Der Rebbi: Nur ein perverser, ketzerischer Mensch würde die Natur des Möglichen leugnen, indem er Meinungen behauptet, an die er nicht glaubt.

An den Vorbereitungen, die er für Ereignisse trifft,
die er hofft oder fürchtet, kann man jedoch erkennen,
dass er an deren Möglichkeit glaubt und dass seine
Vorbereitungen nützlich sein können. Wenn er an die
absolute Notwendigkeit glaubte, würde er sich
einfach fügen und sich nicht mit Waffen gegen seinen
Feind oder mit Nahrung gegen seinen Hunger
ausrüsten. Glaubt er dagegen, dass entweder die
Vorbereitung oder das Unterlassen derselben nach
der Natur der Sache notwendig ist, so lässt er
Zwischenursachen und deren Folgen zu. In jeder
Zwischenursache wird er seinem Verlangen
begegnen, und wenn er gerecht und nicht pervers ist,
wird er sich zwischen sich und seinem Verlangen
nach erreichbaren Gegenständen gestellt finden, die
er nach Belieben verfolgen oder aufgeben kann. Ein
solcher Glaube ist nicht unvereinbar mit dem
Glauben an die g-ttliche Vorsehung, aber alles wird
auf verschiedene Weise auf sie zurückgeführt, wie ich
noch erklären werde. Ich bin der Meinung, dass alles,
dessen wir uns bewusst sind, auf zwei Arten auf die
Hauptursache zurückgeführt wird, entweder als
unmittelbarer Ausdruck des g-ttlichen Willens oder
durch Vermittler. Ein Beispiel der ersten Art findet
sich in der synthetischen Anordnung, die in Tieren,
Pflanzen und Sphären sichtbar ist, Objekte, die kein
intelligenter Beobachter auf einen Zufall
zurückführen würde, sondern auf einen
schöpferischen und weisen Willen, der allem seinen
Platz und seinen Anteil gibt. Ein Beispiel der zweiten
Art findet sich im Brennen eines Balkens. Das Feuer
ist eine feine, heiße und aktive Substanz, während das

Holz eine poröse und passive Substanz ist. Es liegt in der Natur der feinen und aktiven Substanz, auf ihr Objekt einzuwirken, während Hitze und Trockenheit die Feuchtigkeit des Objekts erwärmen und verflüchtigen, bis es vollständig aufgelöst ist. Wenn du nach den Ursachen dieser Prozesse suchst, sowohl der aktiven als auch der passiven, wirst du sie finden. Du kannst sogar die Ursachen ihrer Ursachen entdecken, bis du zu den Sphären gelangst, dann zu ihren Ursachen und schließlich zur Hauptursache. Man kann mit Recht sagen, dass alles von G-tt bestimmt ist, und ein anderer hat ebenso Recht, wenn er den freien Willen oder den Zufall des Menschen dafür verantwortlich macht, ohne ihn jedoch außerhalb der g-ttlichen Vorsehung zu stellen. Wenn du willst, kannst du die Sache durch die folgende Einteilung verständlicher machen. Die Wirkungen sind entweder g-ttlichen oder natürlichen Ursprungs, entweder zufällig oder willkürlich. Die g-ttlichen Wirkungen entstehen aktiv und haben keine anderen Ursachen als den Willen G-ttes. Die natürlichen Wirkungen entstehen aus zwischengeschalteten, vorbereitenden Ursachen, die sie zum gewünschten Ziel führen, sofern nicht eine der drei anderen Klassen im Wege steht. Die zufälligen sind ebenfalls das Ergebnis von Zwischenursachen, aber zufällig, nicht durch Natur oder Anordnung oder durch Willenskraft. Sie sind nicht bereit, zur Vollendung und zum Stillstand gebracht zu werden, und sie unterscheiden sich von den anderen drei Klassen. Was die willkürlichen Handlungen betrifft, so haben sie ihre Wurzeln im freien Willen des Menschen,

wenn er in der Lage ist, ihn auszuüben. Der freie
Wille gehört zur Klasse der Zwischenursachen und
besitzt Ursachen, die ihn kettenförmig auf die
Hauptursache zurückführen. Dieser Weg ist nicht
zwingend, denn das Ganze ist potentiell, und der
Verstand schwankt zwischen einer Meinung und
ihrem Gegenteil, wobei es ihm erlaubt ist, sich nach
Belieben zu wenden. Das Ergebnis ist Lob oder Tadel
für die Wahl, was bei den anderen Klassen nicht der
Fall ist. Eine zufällige oder natürliche Ursache kann
nicht getadelt werden, obwohl einige von ihnen eine
Möglichkeit einräumen. Aber man kann ein Kind
oder einen schlafenden Menschen nicht für einen
Schaden verantwortlich machen. Das Gegenteil war
genauso möglich, und sie können nicht beschuldigt
werden, weil ihnen das Urteilsvermögen fehlt.
Glaubst du, dass diejenigen, die die Möglichkeit
leugnen, nicht zornig auf diejenigen sind, die sie
absichtlich verletzen? Oder dulden sie es, ihrer
Kleider beraubt zu werden und folglich auch unter der
Kälte zu leiden, so wie sie sich an einem kalten Tag
dem Nordwind aussetzen würden? Oder glauben sie,
dass der Zorn darüber nur eine trügerische, zwecklose
Anstrengung ist, damit der Mensch sich über eine
bestimmte Sache ärgert oder Lob und Tadel
ausspricht, Hass zeigt usw.? In diesen Fällen hat der
freie Wille als solcher keine zwingende Ursache, weil
er selbst auf den Zwang reduziert ist. Die Sprache des
Menschen wäre dann so wenig frei wie das Schlagen
des Pulses. Dies würde dem offensichtlichen
Anschein widersprechen. Du erkennst, dass es in
deiner Macht steht, zu sprechen oder zu schweigen,

solange du im Besitz deines Verstandes bist und nicht von anderen Zufällen beherrscht wirst. Wenn alle Ereignisse das Ergebnis des ursprünglichen Willens der Hauptursache wären, würden sie, jedes für sich, in jedem Augenblick neu geschaffen werden. Wir könnten dann sagen, dass der Schöpfer die ganze Welt in diesem Augenblick neu erschaffen hat. Der Diener G-ttes wäre nicht besser als der Böse, denn beide wären gehorsam und würden nur das tun, wozu sie bestimmt sind. Gegen eine solche Überzeugung gibt es viele Einwände, und die Widerlegung des Scheins ist, wie wir schon sagten, sehr schwierig. Der Einwand gegen diejenigen, die behaupten, daß einige Dinge durch den freien Willen des Menschen der Vorsehung entzogen sind, ist durch das vorher Gesagte zu widerlegen, nämlich daß sie völlig außerhalb der Kontrolle der Vorsehung liegen, aber indirekt mit ihr verbunden sind. Es gibt noch einen weiteren Einwand, nämlich den, dass diese Dinge außerhalb der g-ttlichen Allwissenheit liegen, weil das absolut Mögliche natürlich eine unbekannte Größe ist. Die Mutakallim haben diese Angelegenheit eingehend erörtert, mit dem Ergebnis, dass die g-ttliche Kenntnis des Potentials nur zufällig ist und dass die Kenntnis einer Sache weder die Ursache für ihr Entstehen noch für ihr Verschwinden ist. Es gibt also eine Möglichkeit der Existenz und der Nichtexistenz. Denn die Kenntnis künftiger Ereignisse ist nicht die Ursache ihrer Existenz, ebenso wenig wie die Kenntnis der Dinge, die gewesen sind. Dies ist nur ein Beweis dafür, daß das Wissen G-tt oder den Engeln oder den Propheten oder den Priestern gehört. Wenn dieses Wissen die Ursache für die Existenz einer Sache wäre, würden viele Menschen allein um des g-ttlichen Wissens willen, dass sie fromm sind, ins Paradies kommen, auch wenn sie keine fromme Tat begangen haben. Andere würden in der Gehenom sein, weil G-tt weiß, dass sie böse sind, ohne dass sie eine Sünde begangen haben. Der Mensch müsste auch satt sein, ohne gegessen zu haben, weil er weiß, dass er es gewohnt ist, zu bestimmten Zeiten satt zu sein. Eine weitere Folge wäre, dass die Zwischenursachen aufhören würden zu existieren, und ihr Verschwinden würde mit dem der Zwischenfaktoren einhergehen. Dies macht den folgenden Vers verständlich: Und G-tt prüfte Abraham, um seinen theoretischen Gehorsam praktisch zu machen, und ließ ihn die Ursache seines Wohlstands sein. Er sagt anschließend: "Weil du dies getan hast ... will ich dich segnen". Da nun die Ereignisse entweder g-ttlichen Ursprungs sein müssen oder aus einer der anderen Klassen hervorgehen, und die Möglichkeit besteht, dass sie alle der Vorsehung zuzuschreiben sind, zog es das Volk vor, sie alle auf G-tt zu beziehen, weil dies den Glauben am wirksamsten fördert. Wer jedoch ein Volk von einem anderen, eine Person von einer anderen, eine Zeit von einer anderen, einen Ort von einem anderen und bestimmte Umstände von anderen zu unterscheiden weiß, wird erkennen, dass das vom Himmel diktierte Geschehen zumeist im auserwählten und heiligen Land und unter dem privilegierten israelitischen Volk stattfand, und zwar zu jener Zeit und unter Umständen, die von Gesetzen und Gebräuchen begleitet waren, deren Einhaltung von Nutzen war, während ihre Vernachlässigung Schaden anrichtete. Natürliche oder zufällige Umstände konnten gegen die unerwünschte Wirkung nichts ausrichten, noch konnten sie in der Zeit des frommen Verhaltens Schaden anrichten. Aus diesem Grund dienen die Israeliten jeder Religion als Beweis gegen die Ketzer, die der Ansicht des griechischen Epikur folgen, dass alle Dinge das Ergebnis von Zufällen sind, da in ihnen niemals ein fester Zweck zu erkennen ist. Seine Schule wird die der Hedonisten genannt, weil sie die Meinung vertraten, dass das Vergnügen das angestrebte Ziel und die Güte absolut sei. Das Bestreben desjenigen, der die Vorschriften eines Gesetzgebers befolgt, besteht darin, in seinen Augen Gunst zu finden und seine Wünsche vor ihn zu stellen. Er sucht nach Eingebungen, wenn er fromm ist, oder nach Wundern, wenn er ein Prophet ist, oder wenn sein Volk das g-ttliche Wohlgefallen genießt, und zwar auf der Grundlage der Bedingungen von Zeit, Ort und Handlung, wie sie in der Thora festgelegt sind. Er braucht sich nicht um natürliche oder zufällige Ursachen zu kümmern, denn er weiß, dass er vor ihren bösen Folgen geschützt ist, entweder durch eine vorausgehende Belehrung, die das Böse vertreibt, oder durch ein wunderbares Ereignis, das mit dem Bösen einhergeht. Das Gute, das sich aus zufälligen Ursachen ergibt, wird dem Sünder nicht verwehrt, noch viel weniger dem Tugendhaften. Glückliche Ereignisse, die den Bösen widerfahren, haben ihren Ursprung nur in diesen zufälligen und natürlichen Ursachen, aber niemand kann drohendes

Unheil abwenden. Die Guten hingegen gedeihen durch dieselben Ursachen, während sie vor Unglück bewahrt werden. Aber ich bin ein wenig von meinem Thema abgewichen. Ich komme auf dasselbe zurück und sage, dass David drei Ursachen für den Tod genannt hat, nämlich: G-tt kann ihn töten, g-ttliche Ursache; oder sein Tag wird kommen, um zu sterben, natürliche Ursache; oder er wird in den Kampf hinabsteigen und umkommen, zufällige Ursache. Die vierte Möglichkeit, nämlich den Selbstmord, lässt er aus, weil kein vernünftiges Wesen freiwillig den Tod sucht. Wenn Saul sich umbrachte, dann nicht, um den Tod zu suchen, sondern um Folter und Spott zu entgehen. Eine ähnliche Einteilung lässt sich auch für die Rede vornehmen. Die Rede eines Propheten, wenn er vom Heiligen Geist umhüllt ist, wird in allen Teilen durch den g-ttlichen Einfluss gelenkt, wobei der Prophet selbst nicht in der Lage ist, auch nur ein Wort zu verändern. Die natürliche Sprache besteht aus Mitteilungen und Andeutungen, die dem zu besprechenden Thema entsprechen, und der Verstand folgt ihnen ohne vorherige Konvention. Konventionelle Sprachen sind aus natürlichen und willkürlichen Elementen zusammengesetzt. Die zufällige Rede ist die eines Verrückten und steht weder im Einklang mit einem Thema noch mit dem Zweck. Die freie Rede ist die eines Propheten, wenn er nicht inspiriert ist, oder die eines intelligenten, denkenden Menschen, der seine Worte miteinander verbindet und seine Ausdrücke in Übereinstimmung mit dem Thema wählt, das er betrachtet. Wenn er wollte, könnte er jedes Wort durch ein anderes ersetzen, könnte sogar das ganze Thema fallen lassen und ein anderes aufgreifen. Alle diese Fälle können jedoch indirekt auf G-tt zurückgeführt werden, aber nicht als unmittelbare Ausgaben des Ersten Willens, sonst wären die Worte eines Kindes und eines Verrückten, die Rede eines Redners und das Lied eines Dichters die Worte G-ttes. Dies sei fern von Ihm. Die Entschuldigung eines trägen Menschen, der dem Tatkräftigen sagt, dass das, was sein wird, schon vorher in der Erkenntnis G-ttes existiert, ist nicht schlüssig. Denn sollte er sogar behaupten, dass das, was sein wird, sein muss, wird ihm gesagt: Ganz recht; aber dieses Argument soll dich nicht daran hindern, den besten Rat zu ergreifen, Waffen gegen deinen Feind und Nahrung gegen den Hunger vorzubereiten, sobald du weißt, daß sowohl deine Sicherheit als auch dein Untergang von Zwischenursachen abhängen. Eine davon, die am häufigsten vorkommt, ist die Anwendung von Energie und Fleiß oder von Trägheit und Untätigkeit. Versucht nicht, mich mit jenen seltenen und zufälligen Fällen zu widerlegen, dass nämlich ein umsichtiger Mensch umkommt, während der unvorsichtige und ungeschützte gerettet wird. Denn das Wort Sicherheit bedeutet etwas ganz anderes als das Wort Risiko. Ein vernünftiger Mensch wird nicht von einem Ort der Sicherheit zu einem Ort der Gefahr fliehen, so wie man von einem gefährlichen Ort zu einem sicheren Ort flieht. Wenn an einem gefährlichen Ort Sicherheit entsteht, wird dies als selten angesehen, aber wenn eine Person an einem sicheren Ort umkommt, wird dies als außergewöhnliches Ereignis bezeichnet. Man sollte also Vorsicht walten lassen. Eine der Ursachen für Unachtsamkeit ist die diesem Ratschlag entgegengesetzte Ansicht. Alles ist jedoch indirekt mit G-tt verbunden. Alles, was durch direkte Einweihung geschieht, gehört zu den seltsamen und wunderbaren Ereignissen und kann ohne zwischengeschaltete Ursachen auskommen. In manchen Fällen sind sie jedoch notwendig, wie bei der Bewahrung Mosches während seines vierzigtägigen Fastens, als er ohne Nahrung war, oder bei der Vernichtung des Heeres Sanheribs ohne sichtbare Ursache - es sei denn durch eine g-ttliche -, die wir nicht als solche betrachten können, da wir nicht wissen, was sie ist. Von solchen Menschen sagen wir, dass die Vorbereitung ihnen nichts nützt, d.h. die Vorbereitung im konkreten Sinn. Die sittliche Vorbereitung aber, die auf dem Geheimnis des Gesetzes beruht, nützt dem, der es kennt und versteht, weil sie das Gute bringt und das Böse abwehrt. Wenn der Mensch mit Tatkraft den Vermittlern hilft und die Objekte seiner Furcht mit reinem Verstand G-tt überlässt, geht es ihm gut, und er erleidet keinen Schaden. Wer aber die Gefahr heraufbeschwört, übertritt die Warnung: Du sollst den Herrn nicht in Versuchung führen, trotz seines G-ttvertrauens. Aber wenn man es für absurd hält, einem Menschen Befehle zu erteilen, von dem man im Voraus weiß, dass er entweder ungehorsam oder gehorsam sein wird, so ist dies nicht absurd. Wir haben bereits gezeigt, dass Ungehorsam und Gehorsam von zwischengeschalteten Ursachen abhängen. Die

Ursache für den Gehorsam ist der Befehl dazu. Der Gehorchende wusste vorher, dass er dies tun würde, und dass die Ursache dafür darin lag, dass er eine Zurechtweisung gehört hatte. Er bedenkt auch, dass der Ungehorsam von Zwischenursachen abhängt, die entweder in der Gesellschaft böser Menschen oder im Überwiegen eines bösen Temperaments oder in der Neigung zu Bequemlichkeit und Ruhe zu finden sind. Schließlich wusste er, dass sein Ungehorsam durch Zurechtweisung gemildert wurde. Zurechtweisung beeindruckt bekanntlich das Gemüt, und selbst die Seele eines ungehorsamen Menschen wird durch Zurechtweisung in gewisser Weise beeinflusst. In höherem Maße geschieht dies bei einer Vielzahl von Menschen, denn es findet sich auf jeden Fall eine Person, die sie annimmt. Die Zurechtweisung ist also keineswegs nutzlos, sondern nützlich.

Der ERSTE GRUNDSATZ, der die Bestätigung der oben erwähnten Ratschläge enthält, stellt die Existenz der Hauptursache fest. G-tt ist der weise Schöpfer, in dessen Werken nichts unnütz ist. Sie beruhen alle auf seiner Weisheit und einer Ordnung, die keinen Verfall erleidet. Wer darüber nachdenkt, muss die Überzeugung von der Größe Seiner Schöpfung tief in seinem Geist verwurzelt finden. Daraus ergibt sich die Überzeugung, dass in seinen Werken kein Makel zu finden ist. Wenn in irgendeiner Kleinigkeit ein Fehler auftaucht, wird sein Glaube nicht erschüttert, sondern er schreibt ihn seiner eigenen Unwissenheit und mangelhaften Intelligenz zu.

Der ZWEITE GRUNDSATZ lässt die Existenz von Zwischenursachen zu, die jedoch nicht aktiv sind, sondern Ursachen, entweder in Form von Stoffen oder von Instrumenten. Der Samen und das Blut sind die Stoffe, aus denen der Mensch entsteht, verbunden durch die Fortpflanzungsorgane. Der Geist und die Fähigkeiten sind Werkzeuge, die sie nach dem Willen G-ttes einsetzen, um eine in Proportion, Form und Pflege vollkommene Bildung hervorzubringen. Für jedes geschaffene Ding sind Zwischenursachen notwendig, wie der Staub, der für die Erschaffung Adams notwendig war. Es ist daher nicht überflüssig, die Existenz von Zwischenursachen anzunehmen.

Der DRITTE GRUNDSATZ: G-tt gibt jeder Substanz die beste und angemessenste Form. Er ist der Allgütige, der seine Güte, Weisheit und Führung nichts vorenthält. Seine Weisheit, die im Floh und in der Mücke sichtbar wird, ist nicht weniger als in der Ordnung der Sphären. Der Unterschied der Dinge ist das Ergebnis ihrer Substanzen. Man kann also nicht fragen: Warum hat Er mich nicht als Engel erschaffen, ebensowenig wie der Wurm fragen kann: Warum hast Du mich nicht als Menschen erschaffen.

Der VIERTE GRUNDSATZ drückt die Überzeugung aus, dass die existierenden Wesen von höherem oder niedrigerem Rang sind. Alles, was Gefühl und Empfindung besitzt, ist höher als die Geschöpfe, denen diese fehlen, da die ersteren dem Grad der Hauptursache, der Vernunft selbst, näher stehen. Die niedrigste Pflanze steht höher als das edelste Mineral, das niedrigste Tier ist höher als die edelste Pflanze, und der niedrigste Mensch ist höher als das edelste Tier. So nimmt auch der niedrigste Anhänger des g-ttlichen Gesetzes einen höheren Platz ein als der edelste Heide. Denn das g-ttliche Gesetz verleiht dem menschlichen Geist etwas von der Natur der Engel, etwas, das nicht anders erworben werden kann. Der Beweis dafür ist, dass die ständige Übung dieses Gesetzes bis zum Grad der prophetischen Inspiration führt, den der Mensch nicht näher an G-tt heranbringen kann. Ein verwerflicher Monotheist ist daher dem Heiden vorzuziehen, weil das g-ttliche Gesetz ihn befähigt hat, ein engelhaftes Leben zu führen und den Grad der Engel zu erreichen, auch wenn es durch seine Verwerflichkeit befleckt und verunstaltet wurde. Einige Spuren werden immer bleiben, und das Feuer seiner Sehnsucht danach ist noch nicht ganz erloschen. Wenn er die Wahl hätte, würde er es vorziehen, ungebildet zu bleiben, so wie ein kranker und von Schmerzen geplagter Mensch es nicht vorziehen würde, ein Pferd oder ein Fisch oder ein Vogel zu sein, der zwar glücklich und frei von Schmerzen ist, aber weit entfernt von der Vernunft, die ihn dem g-ttlichen Grad näher bringt.

Der FÜNFTER GRUNDSATZ: Der Verstand desjenigen, der die Zurechtweisung eines Beraters anhört, wird davon beeindruckt, wenn sie annehmbar ist. Wahre Zurechtweisung ist in jedem Fall nützlich, und auch wenn der Übeltäter nicht von seinem schlechten Weg abgebracht werden kann, wird durch diese Zurechtweisung ein Funke in seiner Seele entzündet, und er sieht ein, dass seine Tat schlecht ist. Dies ist Teil und Anfang der Reue.

Der SECHSTER GRUNDSATZ: Der Mensch findet in sich selbst die Kraft, Böses zu tun oder zu unterlassen, wenn es in seiner Hand liegt. Jedes Versagen in dieser Hinsicht ist auf das Fehlen oder die Unkenntnis von zwischengeschalteten Ursachen zurückzuführen. Wenn zum Beispiel ein fremder Bettler, der die Kunst des Regierens nicht kennt, Herrscher eines Volkes werden will, könnte man seinem Wunsch nicht nachkommen. Besäße er aber die Zwischenursachen und wüßte er sie zu gebrauchen, so wäre sein Wunsch berechtigt, ebenso wie bei einem Gegenstand, dessen Ursachen ihm zur Verfügung stehen und den er kennt und beherrscht, wenn er sein Haus, seine Kinder und seine Dienerschaft regiert, oder, in höherem Grade, seine Glieder, die er nach Belieben bewegen und dabei sprechen kann, wie er will, oder, in noch höherem Grade, seine Gedanken beherrscht und sich Gegenstände in der Ferne und in der Nähe vorstellt, wie er will. Er ist Herr über seine zwischengeschalteten Ursachen. Aus einem ähnlichen Grund ist es unwahrscheinlich, dass der schwache Schachspieler den starken schlagen kann. Bei einer Schachpartie kann man nicht von Glück oder Unglück sprechen, wie bei einem Krieg zwischen zwei Fürsten. Denn die Ursachen des Spiels sind völlig offen zu studieren, und der Könner wird immer der Eroberer sein. Er braucht nichts Gewöhnliches zu fürchten, was ihm große

Schwierigkeiten bereiten könnte, und er braucht auch nichts Zufälliges zu fürchten, außer vielleicht etwas Ungewöhnliches, das aus Unachtsamkeit entsteht. Letzteres fällt jedoch unter den Namen der Unwissenheit, von der bereits die Rede war. In diesem Sinne lässt sich alles auf die Hauptursache zurückführen, wie bereits angedeutet. Der ursprüngliche Wille wird in der Geschichte der Israeliten sichtbar, als die Schechinah unter ihnen wohnte. Später wurde es in den Herzen der Gläubigen zweifelhaft, ob diese Ereignisse primär durch G-tt oder durch sphärische oder zufällige Ursachen verursacht wurden. Dafür gibt es keinen entscheidenden Beweis. Es ist jedoch am besten, alles auf G-tt zu beziehen, besonders wichtige Ereignisse wie Tod, Sieg, Glück und Unglück usw.

21. Der Rebbi: Diese und ähnliche Themen bieten geeignete Anhaltspunkte für die Forschung, da sie den Charakter der g-ttlichen Verordnungen in Bezug auf den Menschen umfassen, wie sie in den prophetischen Worten angedeutet werden: Er heimsucht die Sünde der Väter an den Kindern ... an seinen Feinden ... und erbarmt sich zu Tausenden derer, die ihn lieben und seine Gebote halten. Das bedeutet, dass jede Ungerechtigkeit in Erinnerung bleibt, bis die Zeit der Bestrafung kommt, wie es in der Tora und den Lehren der Weisen festgelegt ist; dass manche Strafen durch Reue abgewendet werden können und manche nicht. Ferner gehören dazu die Bedingungen der Reue, die Prüfungen, Drangsale und Strafen für vergangene Übertretungen, die den

Menschen als Vergeltung in dieser oder der nächsten Welt oder für väterliche Übertretungen heimsuchen, und schließlich das Glück, das wir als Belohnung für frühere fromme Taten oder das "Verdienst der Väter" genießen oder das uns zur Prüfung geschickt wird. Diese Gesichtspunkte werden durch andere und tiefere kompliziert, und es bleibt ein gewisser Zweifel, ob eine Untersuchung die meisten Ursachen für das Unglück der Gerechten und den Wohlstand der Bösen aufdecken wird. Das, was wir nicht entdecken können, können wir getrost der Allwissenheit und Gerechtigkeit G-ttes überlassen, und der Mensch muss zugeben, dass er die Gründe nicht kennt, auch wenn sie an der Oberfläche liegen, und noch weniger kann er die wirklich verborgenen kennen. Wenn die Betrachtungen des Menschen ihn zum höchsten Wesen und zu den notwendigen Eigenschaften führen, entzieht er sich dem, weil er einen Lichtvorhang sieht, der das Auge blendet. Wir können es wegen unserer mangelhaften Sehkraft und unseres beschränkten Verstandes nicht wahrnehmen, aber nicht, weil es verborgen oder fehlerhaft ist. Denjenigen, die mit prophetischem Scharfblick ausgestattet sind, erscheint es zu hell und strahlend, als dass es eines weiteren Beweises bedürfte. Der Höhepunkt unserer Wertschätzung seiner Natur besteht darin, dass wir in der Lage sind, übernatürliche Ursachen in natürlichen Ereignissen zu erkennen. Dies schreiben wir einer nichtkörperlichen und g-ttlichen Kraft zu, so wie Galen, wenn er von der formenden Kraft spricht, diese über alle anderen Kräfte stellt. Seiner Meinung

nach ist sie nicht aus bestimmten Kombinationen
entstanden, sondern auf wundersame Weise, auf
Befehl G-ttes, und wir sehen, wie Substanzen
verändert werden, der Lauf der Natur verändert wird
und neue Dinge ohne Handwerk entstehen. Das ist
der Unterschied zwischen dem Werk von Mosche
und dem der Magier, deren geheime Kunst zu
entdecken war, wie Jeremia sagt: Sie sind eitel, ein
Werk des Irrtums. Er will damit sagen, dass sie bei
näherer Betrachtung so eitel erscheinen wie jedes
andere verächtliche Ding. Der g-ttliche Einfluss
hingegen erscheint, wenn er untersucht wird, als
reines Gold. Wenn wir diesen Grad erreicht haben,
sagen wir, dass es sicherlich ein unkörperliches
Wesen gibt, das alle körperlichen Substanzen lenkt,
das unser Verstand aber nicht zu untersuchen vermag.
Wir verweilen daher bei seinen Werken, verzichten
aber darauf, sein Wesen zu beschreiben. Denn wenn
wir sie begreifen könnten, wäre das ein Mangel an
ihm. Wir nehmen jedoch keine Rücksicht auf die
Worte der Philosophen, die die g-ttliche Welt in
verschiedene Grade einteilen. Sobald wir von
unserem Körper befreit sind, gibt es für uns nur einen
einzigen g-ttlichen Grad. Es ist G-tt allein, der alles
Körperliche beherrscht. Der Grund, warum die
Philosophen viele G-tter annahmen, liegt in ihren
Untersuchungen der Sphärenbewegungen, von denen
sie mehr als vierzig zählten. Sie fanden für jede
Bewegung eine eigene Ursache, woraus sie
schlossen, dass diese Bewegungen unabhängig und
nicht notwendig oder natürlich waren. Jede
Bewegung hat demnach ihren Ursprung in einer

Seele. Jede Seele hat einen Intellekt, und dieser Intellekt ist ein Engel, der von der materiellen Substanz getrennt ist. Sie nannten diese Intellekte oder Engel, oder sekundäre Ursachen und andere Namen. Der unterste Grad, der uns am nächsten ist, ist die aktive Intelligenz, von der sie lehrten, dass sie die Unterwelt lenkt. Die nächste ist die hylicische Intelligenz, dann kommen die Seele, die Natur, die natürlichen und tierischen Kräfte und die Fähigkeiten der einzelnen menschlichen Organe. All dies sind jedoch Feinheiten, die zu erforschen sich lohnt. Wer sich von ihnen täuschen lässt, ist auf jeden Fall ein Ketzer. Lasst auch das Argument der Karaiten beiseite, das aus Davids Testament an seinen Sohn stammt: Und du, Shlomo, mein Sohn, erkenne den G-tt deines Vaters und diene ihm. Sie schließen aus diesem Vers, dass eine vollständige Kenntnis G-ttes seiner Anbetung vorausgehen muss. Tatsächlich erinnerte David seinen Sohn daran, seinen Vater und seine Vorfahren in ihrem Glauben an den G-tt Abrahams, Itschaks und Jaakows nachzuahmen, dessen Fürsorge mit ihnen war und der seine Verheißungen erfüllte, indem er ihre Nachkommenschaft vermehrte, ihnen das heilige Land gab und seine Schechinah unter ihnen wohnen ließ. Es steht auch geschrieben: Götter, die ihr nicht kanntet", aber das bezieht sich nicht auf die wirkliche Wahrheit, sondern auf jene Dinge, von denen weder Gutes noch Böses ausgehen kann und die weder Vertrauen noch Furcht verdienen.

SCHLUSSFOLGERUNG DES BUCHES

22 - Der Rebbi war daraufhin bestrebt, das Land der Chasaren zu verlassen und sich nach Jerusalem zu begeben. Der König wollte ihn nicht gehen lassen und sprach in diesem Sinne zu ihm wie folgt: Was kann man heutzutage im heiligen Land suchen, da der g-ttliche Reflex dort fehlt, während man sich mit reinem Geist und Verlangen G-tt an jedem Ort nähern kann. Warum willst du dich in Gefahr begeben zu Lande und zu Wasser und unter verschiedenen Völkern.

23. Der Rebbi antwortete: Die sichtbare Schechinah ist in der Tat verschwunden, denn sie offenbart sich nur einem Propheten oder einer begünstigten Gemeinschaft und an einem besonderen Ort. Das ist es, wonach wir in dem Abschnitt suchen: Lass unsere Augen sehen, wenn Du nach Zion zurückkehrst. Was die unsichtbare und geistige Schechinah betrifft, so ist sie bei jedem geborenen Israeliten mit tugendhaftem Leben, reinem Herzen und aufrechtem Geist vor dem Herrn Israels. Das heilige Land wird vom Herrn Israels besonders ausgezeichnet, und keine Funktion kann außer dort vollkommen sein. Viele der israelitischen Gesetze betreffen nicht diejenigen, die nicht dort leben; Herz und Seele sind nur an dem Ort vollkommen rein und unbefleckt, von dem man glaubt, dass er von G-tt besonders auserwählt ist. Wenn dies im übertragenen Sinne wahr ist, wie viel mehr in der Wirklichkeit, wie wir gezeigt haben. So wird die Sehnsucht danach mit uneigennützigen Motiven geweckt, besonders für den, der dort leben und für vergangene Übertretungen sühnen will, da es keine Möglichkeit gibt, die von G-tt angeordneten Opfer für absichtliche und unabsichtliche Sünden zu bringen. Er wird durch den Spruch der Weisen unterstützt: Das Exil sühnt für die Sünden, vor allem, wenn das Exil ihn an einen Ort bringt, den G-tt auserwählt hat. Die Gefahr, der er auf dem Land und auf dem Meer ausgesetzt ist, fällt nicht unter die Kategorie von: Du sollst den Herrn nicht in Versuchung führen; aber der Vers bezieht sich auf die Gefahren, die man eingeht, wenn man mit Waren in der Hoffnung auf Gewinn reist. Derjenige, der wegen seines sehnlichen Wunsches, Vergebung zu erlangen, eine noch größere Gefahr auf sich nimmt, ist frei von Vorwürfen, wenn er die Bilanz seines Lebens gezogen hat, seine Dankbarkeit für sein vergangenes Leben zum Ausdruck gebracht hat und zufrieden ist, den Rest seiner Tage damit zu verbringen, die Gunst seines Herrn zu suchen. Er trotzt der Gefahr, und wenn er ihr entkommt, lobt er G-tt in Dankbarkeit. Sollte er aber durch seine Sünden umkommen, so hat er die Gunst G-ttes erlangt und darf darauf vertrauen, dass er durch seinen Tod den größten Teil seiner Sünden gesühnt hat. Das ist meiner Meinung nach besser, als die Gefahren des Krieges zu suchen, um durch Mut und Tapferkeit Ruhm und Beute zu erlangen. Diese Art von Gefahr ist sogar geringer als die derjenigen, die für Geld in den Krieg ziehen.

24. Al Khazari: Ich dachte, dass du die Freiheit

liebst, aber jetzt sehe ich, dass du neue religiöse Pflichten findest, die du im heiligen Land erfüllen musst, die hier aber ruhen.

25. Der Rebbi: Ich suche nur die Freiheit vom Dienst dieser zahlreichen Menschen, deren Gunst mir egal ist und die ich nie erlangen werde, obwohl ich mein ganzes Leben lang dafür gearbeitet habe. Selbst wenn ich sie erlangen könnte, würde es mir nichts nützen - ich meine, den Menschen zu dienen und um ihre Gunst zu werben. Ich würde lieber den Dienst desjenigen suchen, dessen Gunst man mit der geringsten Anstrengung erlangt, die aber in dieser und in der nächsten Welt von Nutzen ist. Das ist die Gunst G-ttes, sein Dienst bedeutet Freiheit, und Demut vor ihm ist wahre Ehre.

26. Al Khazari: Wenn du an alles glaubst, was du sagst, kennt G-tt deinen Verstand. Der Geist ist frei vor G-tt, der die Herzen kennt und das Verborgene offenbart.

27. Der Rebbi: Dies ist der Fall, wenn Handeln unmöglich ist. Der Mensch ist frei in seinem Bemühen und seiner Arbeit. Aber er verdient Tadel, wenn er nicht nach sichtbarem Lohn für sichtbare Arbeit sucht. Aus diesem Grund steht geschrieben: Ihr sollt mit den Trompeten blasen, und man soll an euch denken vor dem Herrn, eurem G-tt. Sie sollen euch zum Gedenken dienen. Ein Gedenken an das Blasen der Trompeten. G-tt braucht nicht erinnert zu werden, aber die Taten müssen perfekt sein, um belohnt zu werden. Ebenso müssen die Gedanken der Gebete auf die vollkommenste Weise ausgesprochen werden, um als Gebet und Flehen angesehen zu werden. Wenn du nun deine Absichten und Handlungen zur Vollkommenheit bringst, kannst du Belohnung erwarten. Dies wird im Volksmund durch Ermahnung ausgedrückt, und - die Tora spricht in der Weise der Menschen. Wenn die Handlung weniger als die Absicht oder die Absicht weniger als die Handlung ist, geht die Erwartung auf Belohnung verloren, außer bei unmöglichen Dingen. Es ist jedoch sehr nützlich, die gute Absicht zu zeigen, wenn die Tat unmöglich ist, wie wir es in unserem Gebet ausdrücken: Um unserer Sünden willen sind wir aus unserem Land vertrieben worden. Diese heilige Stätte dient dazu, die Menschen daran zu erinnern und sie zur Liebe zu G-tt anzuregen, denn sie ist eine Belohnung und ein Versprechen, wie geschrieben steht: Du wirst dich erheben und dich über Zion erbarmen, denn die Zeit, ihr zu gefallen, ja, die bestimmte Zeit ist gekommen. Denn deine Knechte haben Gefallen an ihren Steinen und umarmen ihren Staub. Das bedeutet, dass Jerusalem nur dann wieder aufgebaut werden kann, wenn Israel sich so sehr danach sehnt, dass es seine Steine und seinen Staub umarmt.

28. Al Khazari: Wenn das so ist, wäre es eine Sünde, dich zu behindern. Im Gegenteil, es ist ein Verdienst, dir zu helfen. Möge G-tt dir seine Hilfe gewähren und dein Beschützer und Freund sein. Möge Er dich in Seiner Barmherzigkeit begünstigen.